Lebenspartnerschaft und Kindschaftsrecht

Europäische Hochschulschriften

Publications Universitaires Européennes

European University Studies

Reihe II

Rechtswissenschaft

Série II Series II

Droit

Law

Bd./Vol. 3914

PETER LANG

Frankfurt am Main · Berlin · Bern · Bruxelles · New York · Oxford · Wien

Mareike Dittberner

Lebenspartnerschaft und Kindschaftsrecht

Die rechtliche Situation gleichgeschlechtlicher Paare unter besonderer Berücksichtigung kindschaftsrechtlicher Regelungen

PETER LANG
Europäischer Verlag der Wissenschaften

Bibliografische Information Der Deutschen Bibliothek
Die Deutsche Bibliothek verzeichnet diese Publikation in der Deutschen Nationalbibliografie; detaillierte bibliografische Daten sind im Internet über <http://dnb.ddb.de> abrufbar.

Zugl.: Münster (Westfalen), Univ., Diss., 2003

D 6
ISSN 0531-7312
ISBN 3-631-51928-1

www.peterlang.de

Vorwort

Die vorliegende Arbeit wurde im Wintersemester 2002/03 von der Rechtswissenschaftlichen Fakultät der Westfälischen Wilhelms-Universität Münster als Dissertation angenommen. Rechtsprechung und Literatur sind bis Dezember 2003 nachgetragen.

Großer Dank gilt meinem Doktorvater, Herrn Prof. Dr. Heinrich Dörner. Er hat mich bei der Bearbeitung des Themas durch seinen fachlichen Rat und seine konstruktive Kritik hilfreich begleitet. Zudem hat er mir im Rahmen meiner Tätigkeit als seine Mitarbeiterin ausreichend Freiraum gelassen, um die Arbeit fertig zu stellen.

Herrn Prof. Dr. Ansgar Staudinger danke ich für die Übernahme und die zügige Erstellung des Zweitgutachtens.

Für die große Hilfe bei der Durchsicht und Korrektur meiner Arbeit danke ich Markus Gerding, Nadine Straßmeier, Daniela Schneider, Angela Hahlbrok und ganz besonders meinem Vater.

Weiterer Dank für fachliche Anregungen, Hilfestellungen und Diskussionsbeiträge gilt Manfred Bruns vom LSVD, Martin Bertschi von Pink Cross, Lela Lähnemann von der Berliner Senatsverwaltung für Bildung, Jugend und Sport (Fachbereich für gleichgeschlechtliche Lebensweisen), Dorothee Linnemann, Reiner Neises und Dr. Rainer Kemper.

Darüber hinaus möchte ich mich ganz besonders bei meinen lieben Eltern und Freunden bedanken, die mich während der gesamten Zeit geduldig unterstützt haben.

Berlin, im Dezember 2003 *Mareike Dittberner*

Inhaltsverzeichnis

Abkürzungsverzeichnis

a.A.	andere Ansicht
AdoptionsvermittlG	Adoptionsvermittlungsgesetz
a.F.	alte Fassung
AG	Amtsgericht
AJP/PJA	Aktuelle Juristische Praxis
AK	Alternativer Kommentar
Alt.	Alternative
a.M.	am Main
ARD	Arbeitsgemeinschaft der öffentlich-rechtlichen Rundfunkanstalten der Bundesrepublik Deutschland
Art.	Artikel
Aufl.	Auflage
AuslG	Ausländergesetz
Az.	Aktenzeichen
BAföG	Bundesausbildungsförderungsgesetz
BAG	Bundesarbeitsgericht
BayObLG	Bayerisches Oberstes Landesgericht
BErzGG	Bundeserziehungsgeldgesetz
BGB	Bürgerliches Gesetzbuch
BGBl.	Bundesgesetzblatt
BGH	Bundesgerichtshof
BGHZ	Entscheidungen des BGH in Zivilsachen
BFH	Bundesfinanzhof
BfM	Bund für Menschenrechte
BRD	Bundesrepublik Deutschland
BR-Drs.	Bundesratsdrucksache
BSHG	Bundessozialhilfegesetz
BT-Drs.	Bundestagsdrucksache
BVerfG	Bundesverfassungsgericht
BVerfGE	Entscheidungen des BVerfG
BWNotZ	Zeitschrift für das Notariat in Baden-Württemberg
bzw.	beziehungsweise
ca.	circa
can.	canon
CCC	Constitutio Criminalis Carolina
CDU	Christlich Demokratische Union
CIC	Codex Iuris Canonici

CSU .... Christlich-Soziale Union

DEuFamR .... Deutsches und Europäisches Familienrecht
d.h. .... das heißt
DNotZ .... Deutsche Notar-Zeitschrift

EG .... Europäische Gemeinschaft
Einf. .... Einführung
Einl. .... Einleitung
ErbStG .... Erbschaftsteuer- und Schenkungsteuergesetz
ESchG .... Embryonenschutzgesetz
EStG .... Einkommensteuergesetz
EU .... Europäische Union

f. .... folgende
FamR .... Familienrecht
FamRZ .... Zeitschrift für das gesamte Familienrecht
FAZ .... Frankfurter Allgemeine Zeitung
FDP .... Freie Demokratische Partei
FF .... Forum Familien- und Erbrecht
ff. .... fortfolgende
Fn. .... Fußnote
FPR .... Familie, Partnerschaft, Recht
FR .... Frankfurter Rundschau
FS .... Festschrift
FuR .... Familie und Recht

gem. .... gemäß
GG .... Grundgesetz

Hamb GVBl. .... Gesetz- und Verordnungsblatt für das Land Hamburg
HausratsVO .... Verordnung über die Behandlung der Ehewohnung und des Hausrats
Hk .... Handkommentar
Hrsg. .... Herausgeber
HS .... Halbsatz

ILGA .... International Lesbian and Gay Association
IPRax .... Praxis des Internationalen Privat- und Verfahrensrechts
i.V.m. .... in Verbindung mit

JA .... Juristische Arbeitsblätter

JR	Juristische Rundschau
JuS	Juristische Schulung
JZ	Juristen-Zeitung
Kap.	Kapitel
Kind-Prax	Kindschaftsrechtliche Praxis
KJ	Kritische Justiz
krit.	kritisch
KZ	Konzentrationslager
LG	Landgericht
LPartG	Lebenspartnerschaftsgesetz
LPartGErgG	Lebenspartnerschaftsergänzungsgesetz
LSU	Lesben und Schwule in der Union
LSVD	Lesben- und Schwulenverband in Deutschland
MDR	Monatsschrift für Deutsches Recht
MJ	Maastricht Journal of European and Comparative Law
MPI	Max-Planck-Institut
MüKo	Münchener Kommentar
m.w.N.	mit weiteren Nachweisen
n. Chr.	nach Christus
n.F.	neue Fassung
NJ	Neue Justiz
NJW	Neue Juristische Wochenschrift
NJW-RR	NJW-Rechtsprechungs-Report
Nr.	Nummer
NRW	Nordrhein-Westfalen
NVwZ	Neue Zeitschrift für Verwaltungsrecht
OLG	Oberlandesgericht
PACS	Pacte Civil de Solidarité
PStG	Personenstandsgesetz
RGBl.	Reichsgesetzblatt
Rn.	Randnummer
RNotZ	Rheinische Notar-Zeitschrift
RStGB	Reichsstrafgesetzbuch
S.	Satz; Seite

SA	Sturmabteilung
SGB	Sozialgesetzbuch
SozialR	Sozialrecht
SPD	Sozialdemokratische Partei Deutschlands
StAZ	Das Standesamt
SteuerR	Steuerrecht
StGB	Strafgesetzbuch
StPO	Strafprozessordnung
StÄndG	Strafrechtsänderungsgesetz
StrRG	Strafrechtsreformgesetz
StVollzG	Strafvollzugsgesetz
SZ	Süddeutsche Zeitung
USA	United States of America
v.	vom
v. Chr.	vor Christus
vgl.	vergleiche
Vol.	Volume
WHO	World Health Organization
z.B.	zum Beispiel
ZEuP	Zeitschrift für Europäisches Privatrecht
ZEV	Zeitschrift für Erbrecht und Vermögensnachfolge
ZfJ	Zentralblatt für Jugendrecht
ZfSH/SGB	Zeitschrift für Sozialhilfe und Sozialgesetzbuch
Ziff.	Ziffer
zit.	zitiert
ZPO	Zivilprozessordnung
ZRP	Zeitschrift für Rechtspolitik

1. Kapitel
Einleitung

A. Begriffsklärung

Die Terminologie im Zusammenhang mit gleichgeschlechtlichen Paaren ist uneinheitlich und ruft häufig ein gewisses Unbehagen hervor. Deshalb erscheint es angebracht, im Vorfeld der folgenden Darstellung einige Begriffe zu klären.

Die Bezeichnung „homosexuell" wird üblicherweise zur Beschreibung von Personen mit gleichgeschlechtlicher Neigung verwendet. Der Begriff ist jedoch nicht unproblematisch, da er die sexuelle Komponente als Teil der Persönlichkeit unangemessen in den Vordergrund stellt. Dabei ist offensichtlich, dass weder bei homo- noch bei heterosexuellen Menschen die jeweilige Sexualität Schlüsse auf sonstige Charaktereigenschaften zulässt[1].

Schwierig ist der Begriff auch deshalb, weil er durch Betonung der Sexualität unnötige Berührungsängste mit dem Thema auslöst. Andere Umschreibungen wie „homoerotisch" oder „homophil" rufen allerdings ähnliche Vorbehalte hervor und sind in der Fachliteratur zudem eher unüblich. Mangels Alternative wird daher auch in dieser Arbeit die Bezeichnung „homosexuell" verwendet, womit sowohl Männer als auch Frauen mit homosexueller Orientierung gemeint sind[2].

In juristischen oder politischen Publikationen werden oftmals auch Umschreibungen wie „gleichgeschlechtliche Lebensweise" oder „gleichgeschlechtliche Partnerschaft" gewählt[3], um eine begriffliche Problematik zu vermeiden[4].

Besonders viel Unbehagen bereiten häufig die Begriffe „Schwule" und „Lesben", die von vielen Menschen als abwertende und diskriminierende Schimpfwörter empfunden werden. Bis 1989 war es deshalb beispielsweise nicht erlaubt, sie in den Überschriften von Anträgen im Bundestag zu verwenden, weil man davon ausging, dass dies „der Gosse zugehörige" Bezeichnungen seien, die nicht

---

[1] *Rauchfleisch*, Schwule, Lesben, Bisexuelle, 9; *V. Sommer*, 17.

[2] Früher war es üblich, nur den Mann als homosexuell, die Frau dagegen als lesbisch zu bezeichnen.

[3] Vgl. beispielsweise *Heun*, 23 ff.; *Dopffel/Kötz/Scherpe*, 391 ff.; *Palandt/Brudermüller*, Einl. LPartG, Rn. 1.

[4] Vgl. *Dreier/Gröschner*, Art. 6, Rn. 30.

in Bundestagsdrucksachen erscheinen dürften[5]. Homosexuelle Menschen sind jedoch im Laufe ihrer Emanzipation immer mehr dazu übergegangen, sich selbstbewusst als schwul oder lesbisch zu bezeichnen[6]. So nennt sich der größte deutsche Interessenverband von Homosexuellen „Lesben- und Schwulenverband in Deutschland", kurz LSVD[7]. Da diese Bezeichnungen zunehmend auch in der Fachliteratur mit positiver bzw. neutraler Konnotation vorkommen[8], werden sie in den folgenden Ausführungen ebenfalls gebraucht.

Speziell für den Bereich des Kindschaftsrechts sei noch auf den Begriff des Co-Elternteils, bzw. der Co-Mutter oder des Co-Vaters hingewiesen. Diese Terminologie hat sich in der rechtspolitischen Diskussion um homosexuelle Elternschaft etabliert[9] und bezeichnet ganz allgemein denjenigen, der gegenüber dem Kind seines gleichgeschlechtlichen Partners eine soziale Elternrolle einnimmt. Zur Vereinfachung und zur Vermeidung von Wortwiederholungen soll sie auch in dieser Arbeit verwendet werden.

B. Problemstellung

Homosexualität wurde lange Zeit von der Mehrheit der Bevölkerung in christlich-abendländischen Kulturen mit Krankheit, Sünde, Unsittlichkeit und Widernatürlichkeit gleichgesetzt[10]. Dementsprechend war die rechtliche Situation gleichgeschlechtlicher Paare bisher von erheblichen Diskriminierungen geprägt. Auch nachdem die lange Tradition der Strafverfolgung ihr Ende fand und das Zusammenleben in homosexueller Gemeinschaft von staatlicher Seite aus nicht mehr als sittenwidrig betrachtet wurde, sahen sich gleichgeschlechtliche Partnerschaften weiterhin vielfältigen und existentiellen Schwierigkeiten ausgesetzt, da ihnen bis vor kurzem noch die Möglichkeit fehlte, ihre Beziehung rechtlich abzusichern.

---

5 *Oesterle-Schwerin*, 201 (204 ff.).

6 *Buba/Vaskovics*, 35; *Rauchfleisch*, Schwule, Lesben, Bisexuelle, 9; *Oesterle-Schwerin*, 201 (204 f.).

7 Http://www.lsvd.de. Auch die Homosexuellen in der CDU/CSU haben sich unter dem Namen LSU als Abkürzung für „Lesben und Schwule in der Union" zu einer Interessenvertretung zusammengeschlossen, http://www.lsu-online.de.

8 Vgl. beispielsweise *Heun*, 23 f.; *Muscheler*, Rn. 168; *Roellecke*, NJW 2002, 2539 (2540); Entschließung zur Gleichberechtigung von Schwulen und Lesben in der EG, BT-Drs. 12/7069; *Zuck*, NJW 1995, 175 f.; *Verschraegen*, FamRZ 2000, 65 (67).

9 Vgl. z.B. *v.Puttkamer*, Regenbogenfamilien, 75 (83); *Muscheler*, Rn. 226; *Berger/Reisbeck/Schwer*, 39.

10 *Bell/Weinberg*, 228; *Buckley*, 7, 9 f., 13.

Dieser Zustand hat sich mit Inkrafttreten des Lebenspartnerschaftsgesetzes[11] im August 2001 grundlegend geändert. Das neue Rechtsinstitut der eingetragenen Lebenspartnerschaft bildet das Ergebnis einer langwierigen gesellschaftspolitischen Diskussion, die sich im Zuge der allgemein gestiegenen Toleranz gegenüber Homosexualität aus den Forderungen der Betroffenen nach rechtlicher Gleichbehandlung entwickelt hatte, aber angesichts vielfältiger Vorurteile in konservativen und kirchlichen Kreisen auf vehemente Ablehnung gestoßen war[12]. So wurde die äußerst kontrovers, zum Teil unsachlich geführten Diskussion auch über das Inkrafttreten des Lebenspartnerschaftsgesetzes hinaus mit einer Klage vor dem Bundesverfassungsgericht fortgesetzt. Durch seine Entscheidung vom 17. Juli 2002 hat das Bundesverfassungsgericht dem Streit schließlich ein vorläufiges Ende gesetzt und das Lebenspartnerschaftsgesetz für verfassungsgemäß erklärt[13]. Damit steht gleichgeschlechtlichen Paaren durch die eingetragene Lebenspartnerschaft nun erstmals in der Geschichte der BRD ein Rechtsinstitut offen, welches sie in vielen Punkten mit der Ehe gleichstellt und ihre rechtliche Situation entschieden verbessert hat.

Eine völlige rechtliche Gleichstellung ist jedoch bislang unterblieben. Dies gilt insbesondere für den Bereich des Kindschaftsrechts. Obwohl etwa eine Million homosexueller Elternteile in der Bundesrepublik leben[14], ist der Problematik von Kindern in gleichgeschlechtlichen Gemeinschaften bisher kaum Beachtung geschenkt worden. Diese Thematik ist zumeist gar nicht bekannt. Da es unmöglich ist, sich mit einem Partner des gleichen Geschlechts fortzupflanzen, wird verbreitet auf eine zwangsläufige Kinderlosigkeit homosexueller Paare geschlos-

---

[11] Gesetz zur Beendigung der Diskriminierung gleichgeschlechtlicher Gemeinschaften: Lebensgemeinschaften, vom 16.2.2001, BGBl. I, 266.

[12] *Geis*, 27 (30 f.): „Die Gesellschaft, solange sie noch gesund empfindet, wird diese sexuelle Lebensform nie als gleichberechtigt mit der Lebensform von Mann und Frau anerkennen. [...] Die Menschen haben immer gewusst, und wenn nicht alles durcheinander gerät, werden sie auch immer wissen, dass unter Ehe die Gemeinschaft zwischen Mann und Frau [...] zu verstehen ist und dass Homosexualität eine Verirrung darstellt."; *Louven*, ZRP 1993, 12 (13) sowie gleichlautend *Otto*, StAZ 1993, 149 (150): „Zur Grundstruktur der Ehe gehört die Verschiedengeschlechtlichkeit, [...]. Dass man diese Normalität und Selbstverständlichkeit rechtfertigen muss, zeigt, dass das Rechtsgefühl einiger Bürger Schaden genommen hat. Gleichgeschlechtliche Partner sollen nicht diskriminiert werden. Wenn sie aber das Menschenrecht einfordern, heiraten zu können, provozieren sie die Rechtsgemeinschaft, greifen ihre Wertvorstellungen an und diskriminieren die Ehe als wesentliche Grundlage unseres Gemeinschaftslebens."; Edmund Stoiber (CSU): „Wenn ich über steuer- und erbrechtliche Anerkennung von homosexuellen Paaren diskutiere, dann kann ich gleich über Teufelsanbetung diskutieren", zit. nach *Heun*, 26, Fn. 18; *Laun*, 53 f.: „Die gleichgeschlechtliche Neigung hält die Kirche für eine Verirrung, weil sie der Natur des Menschen nicht entspricht, [...]. Zudem ist Homosexualität ein Übel auch deswegen, weil sie zu einem objektiv sündhaften Verhalten drängt.".

[13] BVerfG, NJW 2002, 2543 - Az. 1 BvF 1/01, 1 BvF 2/01 - vom 17.7.2002, http://www.bverfg.de.

[14] Siehe unten 2. Kap. A. Demographische Daten.

sen[15]. Zudem wird in einer homosexuellen Elternschaft häufig eine unerwünschte Abkehr von der traditionellen Familie erblickt, die eine Gefahr für die Gesellschaft darstelle. Trotz einer allgemein gestiegenen Toleranz gegenüber Homosexualität lastet auf dem Bereich der homosexuellen Elternschaft daher nach wie vor ein großes Tabu[16]. Auch das Lebenspartnerschaftsgesetz hat deshalb nur wenige kindschaftsrechtliche Regelungen bereitgestellt, so dass die rechtliche Situation gleichgeschlechtlicher Paare mit Kindern bislang weitestgehend ungeregelt geblieben ist.

Angesichts der Schutzwürdigkeit der betroffenen Kinder widmet sich die vorliegende Arbeit über die Rechtslage von gleichgeschlechtlichen Paaren daher besonders den kindschaftsrechtlichen Fragen. Nach einem Überblick über die tatsächlichen Gegebenheiten wird zunächst erörtert, wie sich die rechtliche Situation von gleichgeschlechtlichen Paaren mit Kindern derzeit gestaltet und welche Möglichkeiten der rechtlichen Absicherung bestehen. Dabei finden insbesondere die Regelungen des Lebenspartnerschaftsgesetzes Berücksichtigung. Anhand der gewonnenen Ergebnisse beschäftigt sich die Untersuchung anschließend mit der Frage, inwieweit ein Regelungsbedarf zum Schutze der betroffenen Kinder besteht.

C. Historischer Überblick

Die rechtliche und gesellschaftliche Diskriminierung von Homosexuellen hat eine lange Geschichte und beruht auf vielfältigen Ursachen. Vor allen Dingen aber hat sie über die Jahrhunderte hinweg zu einer erheblichen Anzahl an tief verwurzelten Vorurteilen und diffusen Ablehnungsgefühlen gegenüber Homosexuellen geführt, die bis in die heutige Zeit nachwirken und auch bei den aktuellen Diskussionen um eine rechtliche Gleichstellung immer noch eine Rolle spielen[17]. Aus diesem Grunde ist es angebracht, im Folgenden einen historischen Überblick über den gesellschaftlichen Umgang mit Homosexualität zu liefern.

Nachdem Homosexualität zunächst im klassischen Altertum Griechenlands und Roms seit etwa 800 v. Chr. durchaus verbreitet und toleriert war[18], begann die

---

[15] *Thiel*, 14.

[16] So auch *Muscheler*, Rn. 170; *Rauchfleisch*, Alternative Familienformen, 42 f.

[17] *Stein-Hilbers*, 5; ausführlich zur Entwicklung der Vorurteile: *Bleibtreu-Ehrenberg* (1970), passim; *Bleibtreu-Ehrenberg* (1978), passim.

[18] Die Homosexualität unter Männern ist als sog. Knabenliebe in die Geschichte eingegangen. Sie unterlag zwar strengen Regeln bezüglich der Rollenverteilung und des Alters der Beteiligten, so dass sie nicht zwischen Gleichaltrigen stattfinden durfte und der Ältere (Erastes) sich stets aktiv und der Jüngere (Eromenos) dagegen passiv zu verhalten hatte. Innerhalb dieses Rahmens war sie aber gesellschaftlich anerkannt und durchaus üblich, vgl.

Diskriminierung in der abendländischen Kultur mit der Ausbreitung des Christentums[19]. Nach der christlichen Moral bestand die einzige natürliche Aufgabe von Sexualität in der Fortpflanzung, so dass Homosexualität als widernatürlich, unsittlich und sündhaft angesehen wurde[20]. Diese Fortpflanzungsmoral diente besonders den Staatsinteressen an Volksvermehrung[21]. Seit dem 4. Jahrhundert n. Chr. stand daher auf homosexuelle Betätigung in fast allen christlichen Staaten die Todesstrafe[22]. Homosexuelle wurden auch zu Sündenböcken für Erdbeben, Seuchen und Hungersnöte gemacht, da man ihr angeblich widernatürliches Verhalten als Gotteslästerung betrachtete[23]. In Anlehnung an die biblische Strafe für Sodom und Gomorrha wurden sie als Sodomiten auf dem Scheiterhaufen verbrannt[24].

Da sich die Geschichtsschreibung hauptsächlich auf Männer konzentrierte, ist es letztlich nicht eindeutig zu klären, wie häufig auch Frauen diesen Strafen zum Opfer fielen[25]. Fest steht jedoch, dass die Peinliche Gerichtsordnung Kaiser Karls V. von 1532, die Constitutio Criminalis Carolina, auch die weibliche Homosexualität explizit unter Todesstrafe stellte[26]. Außerdem wurden lesbische Frauen im Zuge der Hexenverfolgung getötet, da Homosexualität als eine Ungehorsamkeitsdemonstration gegen die kirchlichen Gebote in den Zusammenhang mit Hexerei gebracht wurde[27].

V. Sommer, 28 f. Über die Homosexualität unter Frauen ist dagegen kaum etwas bekannt, was wohl in erster Linie darauf zurückzuführen ist, dass es im antiken Griechenland nur wenige Schriftstellerinnen gab. Jedoch ist von der berühmtesten griechischen Dichterin Sappho (ca. 617-560 v. Chr.) überliefert, dass sie als Leiterin eines Mädchenkreises aus der sozialen Oberschicht diese auf der Insel Lesbos unterrichtete und dabei auch erotische Beziehungen zu ihren Schülerinnen unterhielt. Dies lässt vermuten, dass auch die Homosexualität unter Frauen gesellschaftlich toleriert war, vgl. *V. Sommer*, 30; *Hänsch*, 11 f.; *Dover*, 171 ff.

19 *V. Sommer*, 28, 40; *Stümke*, 8.

20 *V. Sommer*, 51; *Stümke*, 7 ff.

21 *Stümke*, 9.

22 *Stümke*, 8.

23 So beispielsweise unter Kaiser Justinian (527-565 n. Chr.), vgl. dazu *Stümke*, 9; *K. Sommer*, 31; *V. Sommer*, 43. Zum Teil wird sogar noch in der heutigen Zeit AIDS von fundamentalen Christen als die „Schwulenseuche“ angesehen, die Gott zur Bestrafung der Homosexuellen geschickt haben soll, vgl. *Fthenakis*, 351 (362); *Malt*, 28.

24 *V. Sommer*, 44; *Stümke*, 8; *Hutter*, 61.

25 *Hänsch*, 11 (12); *Hutter*, 115 f.

26 CCC Art. 116: „Straff der unkeusch, so wider die natur beschicht. Item so eyn mensch mit eynem vihe, man mit man, weib mit weib, unkeusch treiben, die haben auch das lebè verwürckt, und man soll sie der gemeynen gewonheyt nach mit dem fewer vom leben zum todt richten.“, vgl. *K. Sommer*, 361; *Hutter*, 116.

27 *Hänsch*, 11 (12); ausführlich dazu: *Bleibtreu-Ehrenberg* (1978), 253 ff.

Im letzten Drittel des 18. Jahrhunderts ging man zu milderen Strafen über, so dass nach der französischen Revolution in allen deutschen Staaten die Todesstrafe für homosexuelle Betätigung abgeschafft wurde[28]. Beispielsweise sah das Preußische Allgemeine Landrecht von 1794 stattdessen Zuchthaus, Verbannung und Prügel als Strafe vor[29]. In Bayern[30] wurde 1813 die Todesstrafe sogar von völliger Straflosigkeit für die sogenannte einfache Homosexualität abgelöst[31], ebenso 1840 in Hannover[32]. Lediglich qualifizierte Fälle wie Gewaltanwendung oder Verführung von Jugendlichen blieben strafbar[33]. In anderen deutschen Staaten wie Württemberg (1839)[34], dem Herzogtum Braunschweig (1840)[35] und Baden (1845)[36] wurde die Strafbarkeit ebenfalls erheblich eingeschränkt[37].

Grund für diese Liberalisierung war die Aufklärung, die allmählich das religiöse Weltbild durch Vernunft und Rationalität ersetzte und so eine bürgerliche Weltanschauung schuf[38]. Die Rechtfertigung der Strafen beruhte nicht mehr auf einem göttlichen Gesetz, sondern auf dem sogenannten Naturrecht, das sich aus der menschlichen Natur herleitete[39]. Dieses sollte ein vernunftorientiertes Zusammenleben von Individuen in einer Gesellschaft garantieren[40]. Für aufgeklärte Juristen war die Aufrechterhaltung der guten Sitten deshalb nicht mehr unmittelbarer Zweck des Staates, solange die Gesellschaft dadurch nicht beeinträchtigt wurde[41].

Aus diesem Grunde wurde Homosexualität milder bzw. gar nicht mehr bestraft. Gleichzeitig sah man darin aber immer noch einen Verstoß gegen das Naturrecht, da der natürliche Sinn der Sexualität weiterhin in der Fortpflanzung bestand. Homosexuelle, die sich in diesem Sinne widernatürlich verhielten, wurden deshalb als krank eingestuft[42]. Sogenannte Heilungsversuche reichten von dem Ratschlag zur Heirat über die Einweisung in eine Irrenanstalt unter Anwen-

---

28 *K. Sommer*, 32; *Bleibtreu-Ehrenberg* (1970), 389 f.

29 Allgemeines Landrecht für die preußischen Staaten von 1794, Teil 2, Titel 20, §§ 1069 f.; *K. Sommer*, 361; *Stümke*, 11; *Bleibtreu-Ehrenberg* (1978), 310 f.

30 Strafgesetzbuch für das Königreich Bayern von 1813, Art. 186 ff.

31 *K. Sommer*, 31; *Stümke*, 11.

32 Kriminalgesetzbuch für das Königreich Hannover von 1840, Art. 276.

33 *K. Sommer*, 32.

34 Strafgesetzbuch für das Königreich Württemberg von 1839, Art. 310.

35 Kriminalgesetzbuch für das Herzogtum Braunschweig von 1840, § 195.

36 Strafgesetzbuch für das Großherzogtum Baden von 1845, § 371.

37 *K. Sommer*, 32 f.

38 *Bleibtreu-Ehrenberg* (1970), 389 f.; *K. Sommer*, 31 f; *Stümke*, 11.

39 *Malt*, 22; *Stümke*, 13.

40 Rousseaus grundlegende Demokratietheorie erläutert bei: *Schmidt*, 61 ff.

41 *Stümke*, 12 f.; *Bleibtreu-Ehrenberg* (1970), 390.

42 *K. Sommer*, 59; *Hutter*, 96; *Stümke*, 13.

dung von Hypnose, Chemo-, Elektroschock- oder Hormontherapie bis hin zur Kastration[43].

Als 1871 das Deutsche Reich unter preußischer Hegemonie gegründet wurde, verschwand die in einigen deutschen Staaten erwirkte Straflosigkeit für Homosexualität jedoch wieder. Trotz Protesten von liberaler Seite setzten sich die konservativen Kräfte durch und übernahmen den § 143 des Preußischen Strafgesetzbuches von 1851 als § 175 in das neue Reichsstrafgesetzbuch von 1871: *„die widernatürliche Unzucht, welche zwischen Personen männlichen Geschlechts oder von Menschen mit Tieren begangen wird, ist mit Gefängnis zu bestrafen; auch kann auf Verlust der bürgerlichen Ehrenrechte erkannt werden."*[44] Dabei sah man den Grund der Strafbarkeit zum einen in einer Entsprechung des gesunden Volksempfindens[45]. Zum anderen diente sie der Wahrung staatlicher Interessen. Die Gesellschaft sollte vor Homosexuellen geschützt werden. Man sah durch sie das gesunde Familienleben, die Jugend und die bürgerliche Existenz - beruhend auf der sich im 19. Jahrhundert entwickelnden Rollenverteilung zwischen Männern und Frauen im Sinne des aufkommenden Ideals der bürgerlichen Kleinfamilie - bedroht[46].

Hierbei fällt auf, dass lediglich die männliche Form der Homosexualität unter Strafe gestellt worden ist. Eine Erklärung[47] ist insbesondere darin zu sehen, dass durch die gesellschaftliche Umstrukturierung nur Männer in Öffentlichkeit, Erwerbsleben und Politik in Erscheinung traten, während sich das Leben der Frauen zum größten Teil in der Privatsphäre abspielte und zumeist geprägt war von einer starken sozialen Abhängigkeit vom Ehemann[48]. Ihre Sexualität existierte daher offiziell nur innerhalb der Ehe[49]. Weibliche Homosexualität wurde des-

---

[43] *K. Sommer*, 67 ff.; *Stümke*, 14; *Hutter*, 88 f.; *Hirschfeld*, 162 ff. Auch heute noch versuchen Organisationen, Homosexuelle durch Therapien von ihrem vermeintlichen Leiden zu „heilen", so z.B. die von der katholischen Kirche unterstützte Organisation Wüstenstrom, siehe dazu *Hoffmann*, 71 ff.; http://www.wuestenstrom.de.

[44] *Stümke*, 21; *K. Sommer*, 40 f.

[45] *K. Sommer*, 36 f.; *Stümke*, 48 f.

[46] *Frevert*, 50 ff., 61 ff; *K. Sommer*, 87; *Stümke*, 49.

[47] Über die Gründe für die Straflosigkeit weiblicher Homosexualität besteht bis heute Uneinigkeit (*Hutter*, 115; *Malt*, 23). Die Verhandlungen des Staatsrates zu diesem Gesetz geben keinen Aufschluss über die Motive der Ausklammerung (*Bleibtreu-Ehrenberg* (1970), 388). Zum Teil ist deshalb die Rede von einem Fehler bei der Übersetzung des Begriffs Sodomie, der ungewollt eine inhaltliche Änderung zur Folge hatte (*Bleibtreu-Ehrenberg* (1970), 388 f.; ablehnend *Hutter*, 115 ff.). Eine weitere Begründung wird darin gesehen, dass die eigentliche Sünde im unnötigen, d. h. nicht der Fortpflanzung dienenden Samenverlust bestand. Dieser konnte bei weiblicher Homosexualität nicht vorkommen, so dass dieses Verhalten zwar auch als unsittlich, nicht jedoch als strafwürdig angesehen wurde (*Stein-Hilbers*, 6 ff.; *Hutter*, 116).

[48] *Hark*, 19 (22); ausführlich dazu: *Frevert*, 50 ff., 61 ff.

[49] *Hark*, 19 (22).

wegen entweder gar nicht erst wahr- bzw. ernst genommen oder ihre Existenz geleugnet[50].

Lediglich im Jahre 1909 wurde ein Gesetzesvorentwurf[51] erstellt, der mit der Begründung, dass die Gefahr für das Familienleben und die Jugend in beiden Fällen die gleiche sei, eine Ausdehnung der Strafbarkeit auch auf sexuelle Handlungen zwischen Frauen vorsah[52]. Dieses Vorhaben scheiterte aber an der Schwierigkeit, solche Handlungen präzise tatbestandsmäßig beschreiben und nachweisen zu können[53].

In der Rechtspraxis wurden tatsächlich nur sehr wenige Männer nach § 175 RStGB verurteilt, was seinen Grund in der zumeist vorgelegenen Einvernehmlichkeit zwischen den beteiligten Personen fand[54]. Stärkste Auswirkung des Paragraphen war deswegen die gesellschaftliche Diskriminierung. Homosexuelle wurden aus Angst vor Entdeckung in ein Doppelleben gezwungen und hatten vielfach unter Erpressung von Schweigegeldern zu leiden[55]. Viele suchten einen Ausweg im Suizid[56]. Die Pönalisierung der männlichen Homosexualität brachte aber auch erste Kämpfer für die Rechte von Homosexuellen hervor, so beispielsweise Ulrichs[57] und Hirschfeld[58], die sich in erster Linie für ein Ende staatlicher und gesellschaftlicher Verfolgung von Homosexuellen und die Abschaffung des § 175 RStGB einsetzten.

Mit Gründung der Weimarer Republik 1918/19, die mit ihrer ersten demokratischen Verfassung Deutschlands den Bürgern erstmalig ein Recht auf freie Meinungsäußerung sowie Koalitions-, Presse- und Versammlungsfreiheit einräumte, stellte sich eine zunehmend größere Toleranz gegenüber Homosexuellen ein[59]. Es wurden viele Vereinigungen[60] von Homosexuellen gegründet, Zeitschriften[61]

---

50 *Hutter*, 117, 122; *Hänsch*, 11 (12 f.); vgl. dazu auch *Rauchfleisch*, Alternative Familienformen, 55.

51 Vorentwurf für Reform des RStGB von 1909, § 250 VE 1909, abgedruckt bei *K. Sommer*, 365.

52 *Stümke*, 50 f.

53 *Schoppmann*, 17 f.; *Hutter*, 130 ff.; *K. Sommer*, 148 f.

54 *Stümke*, 23 ff.

55 *Hirschfeld*, 23 ff.

56 *Stümke*, 28. Eine Studie von 1914 kam zu dem Ergebnis, dass von 10.000 Homosexuellen 25 % Suizidversuche hinter sich hatten, von denen 3 % erfolgreich waren.

57 Karl Heinrich Ulrichs 1825-1895, Jurist und Privatgelehrter, brachte 1864 erstmalig in der Geschichte Schrift gegen staatliche und gesellschaftliche Diskriminierung von Homosexuellen heraus, dazu *Stümke*, 16 ff.

58 Magnus Hirschfeld 1868-1935, Arzt, gründete 1897 das „Wissenschaftliche-humanitäre Komitee", dessen Hauptanliegen die Abschaffung des § 175 RStGB war und das bis 1933 bestand, dazu *Stümke*, 21 ff.; ausführlich *Hirschfeld*, passim.

59 *K. Sommer*, 163; *Stümke*, 53; *Grib*, 6.

60 Die größte Vereinigung war der „Bund für Menschenrechte" (BfM), 1922 gegründet, 48.000 Mitglieder, dazu *Stümke*, 53 f.

für homosexuelle Leser herausgegeben und der weltweit erste Film[62] mit homosexueller Thematik aufgeführt. Zudem bildete sich gerade in größeren Städten, besonders in Berlin, eine immer größer werdende Subkultur bestehend aus Lokalen und Tanzveranstaltungen für homosexuelles Publikum[63].

Ab 1925, nach der Ablösung der Weimarer Koalition durch eine konservative Regierung mit deutschnationaler Beteiligung, wurde die öffentliche Meinung Homosexuellen gegenüber zunehmend feindselig[64]. Anstatt der erhofften Abschaffung des § 175 RStGB wurde direkt ein Entwurf zu seiner Verschärfung eingereicht, der künftig „jede unzüchtige Handlung" zwischen Männern unter Strafe stellen wollte und in besonders schweren Fällen strenges Gefängnis bis zu 5 Jahren vorsah[65]. Dieses Vorhaben stützte man auf die damals häufig vertretene Verführungstheorie, nach der es im Grunde nur wenige zur Homosexualität veranlagte Menschen gebe, während die restlichen Homosexuellen lediglich verführt worden seien. Diese Verführung musste nach Meinung der Entwurfsverfasser verhindert werden, da man durch das sonst erwartete Umsichgreifen von Homosexualität eine Entartung des Volkes und einen Verfall seiner Kraft befürchtete[66].

In der Abstimmung des Strafrechtsausschusses von 1929 wurde dieser verschärfende Entwurf jedoch mit knapper Mehrheit abgelehnt und stattdessen für eine Regelung gestimmt, welche einvernehmliche homosexuelle Handlungen unter Erwachsenen künftig straffrei lassen sollte[67]. Der entsprechende Gesetzentwurf gelangte allerdings nicht mehr rechtzeitig vor der Machtergreifung durch die Nationalsozialisten zur Abstimmung in den Reichstag und trat daher nie in Kraft[68].

Stattdessen wurde durch die anschließende nationalsozialistische Homosexuellenverfolgung die in der Weimarer Republik angestrebte Liberalisierung gewaltsam ins Gegenteil verkehrt[69]. Nach der nationalsozialistischen Ideologie war Homosexualität ein zu eliminierendes Übel[70]. Sie stellte die bevölkerungspoliti-

---

61 Z.B. die Zeitschrift „Die Insel" mit einer monatlichen Höchstauflage von 150.000 Exemplaren, dazu *Stümke*, 53 f.

62 „Anders als die anderen", 1919, von Regisseur Richard Oswald, dazu *Grib*, 6 f.; *Stümke*, 63 f.

63 *Stümke*, 28 ff., 54 f.

64 *Stümke*, 65.

65 *Stümke*, 65.

66 *Stümke*, 65 f.

67 *Grib*, 8 f.; *Stümke*, 81.

68 *Stümke*, 82; *Grib*, 8 f.

69 *Jellonnek*, 327.

70 Aber nicht nur die Nationalsozialisten, sondern auch die Kommunisten nutzten die Vorurteile gegenüber Homosexuellen zu propagandistischen Zwecken aus. Sie beriefen sich auf den homosexuellen SA-Stabschef Röhm und setzten den Faschismus wegen seiner Männerbünde mit Homosexualität gleich (*Stümke*, 96 ff.).

sche Sexualmoral, die auf eine möglichst hohe Geburtenrate zur Erzeugung einer sogenannten arischen Herrenrasse gerichtet war, in Frage[71]. Im Zuge der Machtergreifung Hitlers 1933 wurden durch die „Notverordnung zum Schutz von Volk und Staat" die wichtigsten demokratischen Grundrechte ausgehebelt und jede öffentliche und organisierte Homosexuellen-Bewegung aus der Weimarer Zeit wieder zerstört[72]. Ausgelöst durch die Röhm-Affäre[73] wurde 1935 der § 175 RStGB erheblich verschärft und der § 175 a RStGB als Tatbestandserweiterung hinzugefügt, um sich von Machthaberseite vehement von Homosexualität zu distanzieren[74]. Danach musste nicht einmal mehr eine körperliche Berührung vorliegen, sondern schon das Betrachten in wollüstiger Absicht reichte zur Erfüllung des Unzuchttatbestandes aus[75].

Weibliche Homosexualität wurde jedoch auch von den Nationalsozialisten unter keinen Straftatbestand gestellt. Dies war ihrem Frauenbild entsprechend nicht erforderlich, wonach Sexualität von Frauen nur über den Mann erlebbar und definiert war und zwischen Frauen deshalb so gut wie nicht vorkommen konnte[76]. Die seltenen Fälle, in denen weibliche Homosexualität doch bekannt wurde, sah man nicht als große Bedrohung an, da die so „verführten" Frauen aufgrund ihrer weiterhin vorhandenen Gebärfähigkeit für die Bevölkerungspolitik nicht auf Dauer verloren waren[77].

Die Strafverfolgung schwuler Männer wurde dagegen mit Nachdruck betrieben[78]. 1936 wurde eine „Reichszentrale zur Bekämpfung der Homosexualität und Abtreibung" in Berlin eingerichtet[79]. Die Verurteilungen nach § 175 RStGB stiegen von 853 im Jahre 1933 sprunghaft auf 5320 im Jahre 1936 an und beliefen sich ab dann auf ca. 8000 pro Jahr[80]. Primäres Ziel der Verfolgung war nicht eine Vernichtung der Homosexuellen, sondern der Homosexualität. Homosexuelle sollten durch die Strafen primär von ihrer homosexuellen Betätigung abgebracht und zu Heterosexuellen umerzogen werden, da sie so noch nützlich sein konnten für die Volksinteressen an Steigerung der Geburtenrate als eine unabdingbare Voraussetzung für die von den Nazis angestrebte kriegerische Eroberungspolitik[81]. Ca. 5.000-15.000 auffällig gewordene Unbekehrbare kamen ins

---

[71] *Schoppmann*, 10 f.; *Grib*, 11 f.
[72] *Stümke*, 95; *Schoppmann*, 12.
[73] Hitler nutzte die Homosexualität des SA-Stabschefs Röhm dazu, sich Röhms und damit auch der SA zu entledigen und so den Konkurrenzkampf zugunsten seiner Reichswehr zu entscheiden (*Jellonnek*, 95ff.; *Stümke*, 103 ff.; *K. Sommer*, 318 f.).
[74] *K. Sommer*, 319, 372.
[75] *K. Sommer*, 323 ff.; *Stümke*, 133.
[76] *Jellonnek*, 14.
[77] *Stümke*, 110 f.; *Jellonnek*, 14.
[78] *K. Sommer*, 319.
[79] *Stümke*, 111; *Grib*, 10.
[80] *K. Sommer*, 376 ff.; *Stümke*, 119; *Malt*, 24.
[81] *Schoppmann*, 10 f., 13; *Jellonnek*, 31 ff.

Konzentrationslager[82]. Die Fälle von Verfolgungen lesbischer Frauen lassen sich hingegen nur in geringem Maße nachweisen[83], da sie mangels Straftatbestands nicht als Homosexuelle, sondern als Asoziale, Staatsfeinde, Prostituierte oder Kommunistinnen ins KZ eingewiesen wurden[84].

Selbst in den Konzentrationslagern waren Homosexuelle noch der Diskriminierung gegenüber ihren Mitinhaftierten ausgesetzt und stellten, gekennzeichnet durch den rosa Winkel, die unterste Stufe der Lagerhierarchie dar[85]. An ihnen wurden auch Menschenversuche durchgeführt, die sie zu Heterosexuellen werden lassen sollten[86]. Lesbische Frauen wurden besonders häufig in Lagerbordelle geschickt[87].

Nach dem Krieg behielten die §§ 175, 175 a StGB in der neugegründeten BRD bis 1969 unverändert in der nationalsozialistischen Fassung ihre Gültigkeit, da bis in die 60er Jahre hinein die bis 1945 verfestigte Sexualmoral fortbestand[88]. Das Bundesverfassungsgericht bestätigte 1957 die Rechtmäßigkeit der Fortgeltung mit der Begründung, dass die Vorschriften nicht in dem Maße nationalsozialistisch geprägtes Recht seien, dass ihnen in einem freiheitlich-demokratischen Staate die Geltung versagt werden müsse, da homosexuelle Handlungen eindeutig gegen das Sittengesetz verstießen[89]. Zur Auslegung des Sittengesetzes wurde dabei auf die Lehren der christlichen Kirchen zurückgegriffen, welche nach einer Abkehr von der nationalsozialistischen Ideologie von der überwiegenden Bevölkerung als Maßstab für sittliches Verhalten angesehen wurden und nach denen homosexuelle Betätigung bis heute als unsittlich gilt[90]. Anstatt von einer menschenunwürdigen Bevölkerungspolitik der Nationalsozialisten war in der jungen Republik nun von Familienpolitik die Rede[91]. Das gesellschaftliche Ideal stellte aber nach wie vor eine kinderreiche und „sittlich gesunde" Familie als Urzelle des Staates dar[92].

---

[82] *Jellonnek*, 33, 328.
[83] *Schoppmann*, 21.
[84] *Schoppmann*, 21; *Kokula*, 29; *Malt*, 24.
[85] *Jellonnek*, 32 f.
[86] *Stümke*, 123 f. Es wurde beispielsweise eine künstliche Sexualdrüse zur Regulation des Hormonhaushalts eingepflanzt.
[87] *Grib*, 12; *Malt*, 24.
[88] *Stümke*, 132; *K. Sommer*, 25; *Malt*, 24 f.
[89] BVerfGE 6, 389 ff.
[90] *Laun*, 53 f.: „Die gleichgeschlechtliche Neigung hält die Kirche für eine Verirrung, weil sie der Natur des Menschen nicht entspricht, [...]. Zudem ist Homosexualität ein Übel auch deswegen, weil sie zu einem objektiv sündhaften Verhalten drängt."; BVerfGE 6, 389 (435); vgl. dazu auch *Gollner*, 109 ff.; *Stümke*, 141.
[91] *Stümke*, 139.
[92] *Stümke*, 140 f.

Auch die Verfahrensanzahl nach § 175 StGB blieb außerordentlich hoch und war mit ca. 45.000 Verurteilungen in den ersten 15 Jahren der BRD mehr als viermal so hoch wie diejenige während der 15-jährigen Weimarer Zeit mit insgesamt 9375 Verurteilungen[93]. Homosexuelle waren also auch in der BRD trotz zurückgewonnener Grundrechte geächtet und verfolgt und daher weiterhin zu einem Doppelleben gezwungen.

Erst im Rahmen der 68er-Bewegung kam es durch die sogenannte sexuelle Revolution und die Emanzipationsbewegung der Frauen zu einer allmählichen Veränderung des partnerschaftlichen und familiären Leitbildes, welche dann auch für eine erneute homosexuelle Emanzipationsbewegung in der BRD Raum bot[94]. Diese anklingende Liberalisierung schlug sich auch in den Strafrechtsreformen von 1969[95] und 1973[96] nieder, in denen § 175 a StGB abgeschafft und § 175 StGB in der Hinsicht entschärft wurde, dass die einfache Homosexualität zwischen Erwachsenen künftig straffrei war und das Schutzalter zuerst auf 21, dann auf 18 Jahre festgelegt wurde[97].

In der Folgezeit wurde eine Vielzahl von homosexuellen Gruppen und Interessensvertretungen gegründet, Filme und Zeitschriften mit homosexuellen Themen veröffentlicht, was zu einem, wenn zunächst auch nur sehr langsamen Abbau gesellschaftlicher Vorbehalte gegenüber Homosexualität beitrug[98]. Vorrangiges Ziel neben einem angestrebten gesellschaftlichen Anstieg an Toleranz war dabei die Abschaffung des trotz der Entschärfung verbliebenen § 175 StGB. 1980 nahmen DIE GRÜNEN bei ihrer Gründung die Forderung nach einer kompletten Streichung des § 175 StGB in ihr Parteiprogramm auf, ebenso kurze Zeit später die FDP[99]. Endgültig abgeschafft wurde er aufgrund vielfältiger Widerstände erst 1994[100]. Seitdem richtete sich die Forderung der Homosexuellenbewegung vornehmlich auf die Schaffung einer rechtlichen Absicherung für gleichgeschlechtliche Beziehungen. Nach langen Diskussionen hat der Gesetzgeber versucht, dieser Forderung in Gestalt des seit August 2001 in Kraft getretenen Lebenspartnerschaftsgesetzes nachzukommen[101].

Zusammenfassend kann festgestellt werden, dass die Diskriminierung von Homosexuellen auf keinem einheitlichen, naturgegebenen Grund, sondern auf Vorurteilen basiert, welche durch die Geschichtsepochen hindurch abhängig von kirchlicher Moralvorstellung, gesellschaftlicher Rollenverteilung und staatlicher

---

[93] *Stümke*, 146 f.
[94] *Malt*, 31.
[95] 1. StrRG v. 25.6.1969, BGBl. I, 645.
[96] 4. StrRG v. 23.11.1973, BGBl. I, 1725.
[97] *Malt*, 25.
[98] *Malt*, 32 ff.
[99] *Grib*, 14; *K. Sommer*, 354.
[100] Art. 1 des 29. StrÄndG v. 31.5.1994, BGBl. I, 1168.
[101] Zur Entstehungsgeschichte vgl. unten 3. Kap. B. II.

Politik mal stärker, mal weniger stark ausgeprägt waren. So begründen sich auch die heute noch bestehenden Vorbehalte gegenüber Homosexuellen und insbesondere homosexueller Elternschaft - abgesehen von kirchlichen Moralvorstellungen - hauptsächlich aus einer gesellschaftlichen Angst vor der Infragestellung traditioneller Rollenbilder[102].

[102] *Rauchfleisch* hält diese Angst insbesondere bei heterosexuellen Männern für ausgeprägt, da sie ihre am Geschlecht festgemachte, dem traditionellen Patriarchat entsprechende Machtposition durch gleichgeschlechtliche Beziehungen bedroht sehen, vgl. *Rauchfleisch,* Alternative Familienformen, 7 ff., 76. Anschaulich dazu *Amendt*, FAZ v. 8.11.2002, 8: „Der folgenreichste Unterschied besteht darin, dass die heterosexuelle Frau schwanger wird, weil sie mit einem Mann Geschlechtsverkehr hatte. Sie ist fähig, Männer zu begehren [...]. Die homosexuelle Frau hingegen wurde schwanger, weil sie besamt wurde. Dem ging voraus, dass sie einem zumeist anonymen Mann das Sperma weggenommen hat, weil sie es sich nicht schenken lassen konnte."

2. Kapitel
Tatsächliche Situation

Bevor auf die rechtlichen Fragen eingegangen werden kann, ist es angesichts der beschriebenen Wissensdefizite sinnvoll, zunächst die tatsächliche Situation von Homosexuellen mit Kindern darzustellen.

A. Demographische Daten

Es ist nahezu unmöglich, genaue statistische Angaben zu dem Phänomen der Homosexualität zu machen. Da die sexuelle Orientierung nicht von offiziellen Statistiken erfasst werden kann, ist die Demographie bezüglich der Verbreitung von Homosexualität auf Umfragen und Schätzungen angewiesen, welche zum Teil erheblich divergieren.

Die Kinsey-Studien[1], welche sich erstmals in großem Umfang mit dem Thema Homosexualität befassten, kamen zu dem erstaunlichen Ergebnis, dass 37 % der gesamten männlichen Bevölkerung zumindest einige homosexuelle Kontakte hatten und 10 % vorwiegend oder ausschließlich homosexuell waren[2]. Bei den Frauen betrug der Anteil im Vergleich zu den Männern nur die Hälfte bis ein Drittel[3].

Neuere Schätzungen sprechen sehr uneinheitlich von Zahlen zwischen 1 und 14 % Homosexuellen bezogen auf die Gesamtbevölkerung[4]. Dabei werden von

---

[1] *Kinsey*, 1948/1964, Das sexuelle Verhalten des Mannes; 1953/1954, Das sexuelle Verhalten der Frau.

[2] *Kinsey* (1964), 600 f.; *Reinisch/Beasley*, 160.

[3] *Kinsey* (1954), 367. Nach diesen Zahlen scheint weibliche Homosexualität seltener vorzukommen als männliche. Es lässt sich jedoch nur schwer einschätzen, inwieweit diese geringeren Zahlen bei Frauen das Resultat von männlicher Einschätzung und von gesellschaftlicher Unterdrückung weiblicher Bedürfnisse sind, vgl. *V. Sommer*, 15.

[4] *Rauchfleisch*, Schwule, Lesben, Bisexuelle, 27: 5-10 %; *Dimski*, ZEuP 1995, 465: 9 % (14 % der Männer, 4 % der Frauen); *Patterson*, Child Development 1992, 1025 (1026): 10 %; *Heun*, 24: 1-3 % der Frauen, 4-5 % der Männer; *Reinisch/Beasley*, 160: 3-10 %; *Parks*, American Journal of Orthopsychiatry, 68 (3), July 1998, 376 (377): 8-12 % Lesben in den USA; *Dannecker*, 335 (336 f.): Studien variieren von 1,7-10 %; *Buba/Vaskovics*, 329: 4 % der Männer, 2,1 % der Frauen.

Befürwortern eher die höheren, von Gegnern eher die niedrigeren Werte genannt, wohl um jeweils die Relevanz oder Irrelevanz des Problems darzustellen[5]. Am realistischsten erscheint demnach eine Größe um die 5 %, was in der BRD bei ca. 82 Millionen Einwohnern[6] eine geschätzte Anzahl von ca. 4,1 Millionen Menschen mit homosexueller Orientierung ergibt, wovon der Anteil der Kinder mit noch ungewisser sexueller Orientierung natürlich abgezogen werden muss.

Den amtlichen Schätzungen des Mikrozensus zufolge lebten im Jahre 2001 unter Einschluss der eingetragenen Lebenspartnerschaften zwischen 96.000 und 294.000 Bundesbürger in gleichgeschlechtlichen Lebensgemeinschaften, Tendenz steigend[7]. Nach eigenen Angaben des statistischen Bundesamtes sind diese Zahlen wegen wahrscheinlicher Ungenauigkeiten allerdings nur mit Vorsicht zu interpretieren[8].

Diese allgemeine Unschärfe der durch Umfragen ermittelten Zahlen rührt insbesondere daher, dass viele Betroffene angesichts immer noch bestehender Vorurteile glauben, ihre homosexuelle Orientierung geheim halten zu müssen[9]. Selbst bei anonymen Umfragen können sich immer nur diejenigen als homosexuell bezeichnen, die sich zumindest innerlich zu ihrer Homosexualität bekennen. Dies ist jedoch oftmals nicht der Fall[10]. Wenn nämlich einem homosexuellen Menschen in der Anfangsphase seines Coming-Out[11], in der ihm meist schon im Kindes- oder Jugendalter sein Anderssein bewusst wird, von seiner Umgebung, insbesondere seinen Eltern, ausschließlich negativ geprägte Bilder seiner sexuellen Orientierung vor Augen gestellt werden und keine positiven Identifikationsmodelle zur Verfügung stehen, führt dies oftmals zu einer Verinnerlichung des negativen Fremdbildes[12]. Vielen Betroffenen ist es dadurch nicht möglich, sich mit ihrer sexuellen Orientierung zu identifizieren, sie wird im Gegenteil von ihnen vehement abgelehnt[13]. Es ist daher anzunehmen, dass ohne die gesellschaft-

---

5 So auch *Stacey/Biblarz*, American Sociological Review, 2001, Vol. 66, 159 (164).

6 Der Jahresdurchschnitt im Jahre 1999 lag bei 82.087.000 Einwohnern in der Bundesrepublik, vgl. Statistisches Jahrbuch 2001, 44.

7 *Breiholz/Duschek/Nöthen*, 22 f.

8 *Breiholz/Duschek/Nöthen*, 22 f.; vgl. dazu auch *Eggen*, Baden-Württemberg in Wort und Zahl, 2001, 347 ff.

9 *Muscheler*, Rn. 168; *Kempken/Mester*, 21; *Buckley*, 25; *Eggen*, Baden-Württemberg in Wort und Zahl, 2001, 347 (348).

10 *Dannecker/Reiche*, 11-13.

11 Unter dem Entwicklungsprozess des Coming-Out versteht man die Phase, in der dem Betroffenen bewusst wird, dass er homosexuell ist, und in der er seine sexuelle Orientierung zunehmend auch in der Öffentlichkeit präsentiert, vgl. *Rauchfleisch*, Schwule, Lesben, Bisexuelle, 76.

12 *Hofsäss*, Homosexualität und Erziehung, 17 f.; *Rauchfleisch*, Schwule, Lesben, Bisexuelle, 77; *Dannecker/Reiche*, 34; *Buba/Vaskovics*, 35 ff.

13 Ausführlich zu den Schwierigkeiten und möglichen Störungen beim Coming-Out-Prozess: *Rauchfleisch*, Schwule, Lesben, Bisexuelle, 76-116, insbesondere 79 f.; *Shidlo*, 176-205, insbesondere 178, 180 f.

liche Norm eines heterosexuellen Lebens und die verbreiteten Vorurteile gegenüber Homosexualität die Anzahl der bekennenden Homosexuellen an der Bevölkerung höher läge als bisher[14].

Bei den Angaben zu Homosexuellen mit eigenen Kindern finden sich ähnliche Schwankungen. Es wird geschätzt, dass etwa ein Drittel aller homosexuellen Frauen und ein Fünftel aller homosexuellen Männer Kinder haben[15]. Amerikanische Schätzungen gehen von 6 bis 14 Millionen Kindern in den USA aus, die bei zwischen 1,5 und 5 Millionen lesbischen Müttern und bei zwischen 1 und 3 Millionen schwulen Vätern aufwachsen[16]. Bezüglich der Verbreitung homosexueller Elternschaft in der BRD können die Zahlen des Mikrozensus mit mindestens 8.300 minderjährigen Kindern, die im April 2001 in 14 % der gleichgeschlechtlichen Lebensgemeinschaften aufwuchsen, wegen der beschriebenen Möglichkeit falscher Angaben durch die Befragten nur als eine absolute Untergrenze angesehen werden[17]. In den sonstigen Schätzungen wird zumeist die Zahl von einer Million oder mehr homosexueller Elternteile in der BRD angegeben[18]. Das Gutachten des Max-Planck-Instituts stellte daher fest, dass, wenn auch keine konkreten Zahlen feststehen, die Zahl der Kinder von Lesben bzw. Schwulen beträchtlich und weitaus größer sein dürfte als allgemein angenommen[19].

B. Mögliche Konstellationen homosexueller Elternschaft

In weiten Teilen der Bevölkerung ist die Thematik der homosexuellen Elternschaft völlig unbekannt. Angesichts dieses Wissensdefizits wird der Bedarf an grundlegenden Informationen deutlich, um eine sachkundige Auseinandersetzung zu ermöglichen. Deshalb werden zunächst mögliche Konstellationen homosexueller Elternschaft vorgestellt.

---

[14] So auch *Muscheler*, Rn. 168.

[15] *Dimski*, ZEuP 1995, 465; *Muscheler*, Rn. 168; *Lehmann*, 5; *Lähnemann*, 7, 10, Fn. 14.

[16] *Flaks/Ficher/Masterpasqua/Joseph*, Developmental Psychology 1995, 105; *Schwartz Gottman*, Marriage and Family Review 1989, 177; *Patterson*, Child Development 1992, 1025 (1026); *Allen/Demo*, Journal of Marriage and the Family 1995, 111 (115); *Fthenakis*, 351 (366 f.).

[17] *Breiholz/Duschek/Nöthen*, 23. *Eggen*, FR v. 6.3.2002, gelangt durch eine korrigierende Schätzung bezüglich des Mikrozensus zu einer Anzahl von 25.000 Kindern in homosexuellen Lebensgemeinschaften, wobei die Zahl der Kinder, die bei einem alleinerziehenden homosexuellen Elternteil oder bei dem anderen heterosexuellen Elternteil aufwachsen, noch nicht mitberücksichtigt ist.

[18] *Lähnemann*, 10; *Buba/Vaskovics*, 226; *Thiel*, 14; *Muscheler*, Rn. 168.

[19] *Dannecker*, 335 (345).

I. Kinder aus früheren heterosexuellen Beziehungen

Die meisten Kinder homosexueller Eltern stammen aus früheren heterosexuellen Beziehungen, da ein nicht unerheblicher Teil der Lesben und Schwulen vor ihrem Coming-Out verheiratet war[20]. Dieser Anteil wird bei den homosexuellen Männern auf ein Fünftel geschätzt[21], bei den homosexuellen Frauen auf ein Drittel[22]. Eine so erstaunlich große Anzahl ehemals verheirateter Homosexueller ist hauptsächlich damit zu erklären, dass Homosexualität von vielen Betroffenen schon seit ihrer Kindheit als etwas Negatives, von der Gesellschaft Abgelehntes erfahren wird[23]. Ein solches Erleben führt oftmals zur Verdrängung. Viele flüchten sich deshalb in eine Ehe, um ihre eigentliche sexuelle Orientierung zu verbergen, vor sich selbst zu leugnen oder homosexuelle Wünsche zu unterdrücken[24]. Die Mehrheit dieser Ehen scheitert, oftmals nachdem bereits Kinder geboren sind[25].

II. Sonstige homosexuelle Elternschaft

Ein Kind zu haben, stellt für viele Menschen eine zentrale Sinngebung ihres Lebens dar[26]. So ist es nicht verwunderlich, dass auch viele homosexuelle Menschen sich Kinder wünschen[27]. Neben den vielen Homosexuellen, deren Kinder aus ihrer heterosexuellen Vergangenheit stammen, gibt es heute deshalb auch immer mehr lesbische und schwule Paare, die sich nach ihrem Coming-Out bewusst dafür entscheiden, mit Kindern zu leben[28]. Schätzungsweise 30 % der homosexuellen Männer und 40 % der homosexuellen Frauen möchten gerne mit Kindern zusammenleben, wobei der Kinderwunsch bei den Jüngeren am stärksten ausgeprägt ist[29]. Dies lässt angesichts der zunehmenden gesellschaftlichen Toleranz einen Anstieg für die Zukunft vermuten[30]. In den USA ist bereits seit

---

[20] *Dannecker/Reiche*, 363 ff.; *Lähnemann*, 7; *Thiel*, 15; *Buba/Vaskovics*, 225 f.

[21] *Dannecker*, 335 (345); *Bell/Weinberg*, 187.

[22] *Bell/Weinberg*, 192.

[23] *Rauchfleisch*, Schwule, Lesben, Bisexuelle, 76 ff.; siehe auch 2. Kap. A. Demographische Daten.

[24] *Fthenakis*, 351 (367 f.); *Dimski*, ZEuP 1995, 465 f.; *Thiel*, 15; *Bell/Weinberg*, 185; *Dannecker/Reiche*, 363.

[25] *Dimski*, ZEuP 1995, 465 (466); *Bell/Weinberg*, 189 f., 193 f.

[26] Vgl. Kabinettbericht zur künstlichen Befruchtung beim Menschen: BT-Drs. 11 / 1856, 2.

[27] *Dannecker*, 335 (345 f.); *Muscheler*, Rn. 169; *Buba/Vaskovics*, 127.

[28] *Kempken/Mester*, 103; *Lähnemann*, 13.

[29] *Buba/Vaskovics*, 127; *Dannecker*, 335 (346).

[30] *Dannecker*, 335 (346); *Lehmann*, 5 f.

ein paar Jahren von einem sogenannten „Gaybyboom“[31] die Rede, also von einem Trend zu homosexueller Elternschaft[32].

Neben der Möglichkeit, durch heterosexuellen Geschlechtsverkehr auf konventionellem Wege ein Kind zu zeugen, ziehen viele Lesben für sich eine Insemination zur Erfüllung ihres Kinderwunsches vor[33]. Schwule können Väter werden, indem sie ihren Samen als Spender für eine Insemination zur Verfügung stellen[34], oder mit Hilfe einer Ersatzmutter, die sich dazu bereit erklärt, das Kind, das sie durch künstliche Befruchtung empfangen hat, auszutragen und abzugeben[35].

Daneben besteht die Möglichkeit einer Adoption oder Pflegschaft[36]. In jedem Fall ist die Entscheidung der homosexuellen Eltern für ihre Kinder eine ganz bewusste und gut überdachte[37]. Sie wird soziologischen Studien zufolge meist in einer stabilen Paarbeziehung getroffen nach langer Auseinandersetzung mit dem Thema und all seinen Konsequenzen, insbesondere der Art und Weise der Zeugung, der Verantwortung für das Kind, der Aufgabenverteilung aller beteiligten Personen bei der Kindeserziehung und der Finanzierung[38].

1. Reproduktionstechnische Verfahren

Die Fortpflanzungsmedizin bietet nach dem heutigen Stand der Wissenschaft die Methoden der künstlichen Insemination, der In-vitro-Fertilisation, der Samen-, Ei- und Embryonenspende sowie der Ersatzmutterschaft[39]. Hinzuweisen ist darauf, dass hier vorerst nur die tatsächlichen Möglichkeiten unabhängig von ihrer rechtlichen Zulässigkeit dargestellt werden sollen[40].

---

[31] Der Ausdruck „Gaybyboom“ setzt sich zusammen aus den Wörtern „gay“ und „babyboom“.

[32] *Patterson*, Lesbian and Gay Psychology, 156; *Thiel*, 16; *Lehmann*, 8.

[33] *Riewenherm*, 78 f.; *Lähnemann*, 51 ff.; *Buba/Vaskovics*, 127; *Kempken/Mester*, 106; *Thiel*, 16, 22 ff.; *Lehmann*, 27 ff.

[34] *Lähnemann*, 52; *Berger/Reisbeck/Schwer*, 8.

[35] *Fthenakis*, 351 (369); *Thiel*, 22; *Muscheler*, Rn. 175; *Verschraegen*, DEuFamR 2000, 64 (66).

[36] *Lähnemann*, 43-51; *Thiel*, 22

[37] *Fthenakis*, 351 (371); *Riewenherm*, 78; *Lähnemann*, 52; *Thiel*, 93 f.

[38] *Fthenakis*, 351 (371, 377ff.); *Lähnemann*, 52; *Thiel*, 94.

[39] *Schröder*, 8; *Staudinger/Rauscher* § 1591, Rn. 2 ff.; MüKo/*Seidel* § 1591, Rn. 6 f.

[40] Zur rechtlichen Zulässigkeit vgl. 3. Kap. C. XI. Reproduktionstechnische Verfahren; 4. Kap. D. II. 3. b) Reproduktionstechnische Verfahren.

a) Begriffsklärung

Angesichts vieler Unklarheiten bezüglich uneinheitlicher Terminologien ist es zunächst erforderlich, die hier verwendeten Begriffe zu erläutern.

aa) Künstliche Insemination

Bei der künstlichen Insemination oder künstlichen Befruchtung wird einer Frau auf künstliche Weise der Samen eines Mannes appliziert[41]. Künstlich[42] ist dabei lediglich die Beförderung des Spermas, nicht jedoch die Zeugung an sich[43]. Unterschieden wird zwischen homologer und heterologer Insemination[44]. Von homologer Befruchtung wird gesprochen, wenn Ei- und Samenzelle von miteinander verheirateten Eheleuten stammen[45]. Alle anderen Fälle werden als heterologe Insemination bezeichnet, also etwa bei der Befruchtung einer verheirateten Frau mit dem Sperma eines fremden Mannes oder bei der Befruchtung einer unverheirateten Frau[46]. Im Zusammenhang mit homosexueller Elternschaft kann also nur die heterologe Insemination eine Rolle spielen.

bb) In-vitro-Fertilisation

Die In-vitro-Fertilisation bezeichnet das Verfahren, bei welchem der Befruchtungsvorgang außerhalb des Körpers stattfindet[47]. Sie wird daher auch extrakor-

---

41 *Schröder*, 13.

42 Die Bezeichnung der Insemination als „künstlich“ wird von vielen feministischen und lesbischen Gruppen abgelehnt, da sie zum einen einer männlichen Sichtweise entspreche und zum anderen den heterosexuellen Geschlechtsverkehr als normal unterstelle, was er für Lesben eben nicht sei. Siehe dazu *Lehmann*, 27; *Lähnemann*, 51. In dieser Arbeit wird der Begriff wegen seiner weiten Verbreitung in der Wissenschaft und im allgemeinen Sprachgebrauch dennoch verwendet.

43 *Starck*, A 9; *Staudinger/Rauscher* § 1591, Rn. 2.

44 *Staudinger/Rauscher* § 1591, Rn. 2; *Rüsken*, NJW 1998, 1745 (1746); *Quantius*, FamRZ 1998, 1145 (1146).

45 *Palandt/Diederichsen*, Einf. v § 1591, Rn. 14; *Rüsken*, NJW 1998, 1745 (1746).

46 *Rüsken*, NJW 1998, 1745 (1746); *Staudinger/Rauscher* § 1591, Rn. 2. Die Einordnung der Insemination mit Sperma des nicht mit der Mutter verheirateten Lebensgefährten ist umstritten. Sie wird zum Teil als heterologe Insemination (vgl. *Coester-Waltjen*, Gutachten, B 44; MüKo/*Seidel*, § 1592, Rn. 34), zum Teil als quasi-homologe Insemination behandelt (vgl. *Quantius*, FamRZ 1998, 1145 (1147)).

47 *Schröder*, 13.

porale Befruchtung genannt[48]. Dabei werden den Eierstöcken einer Frau durch chirurgischen Eingriff Eizellen entnommen. Diese werden mit dem Samen in einer Petrischale zusammengebracht und anschließend als Embryonen in die Gebärmutter implantiert[49]. Man spricht auch von einem sogenannten Embryotransfer[50]. Hierbei wird ebenfalls zwischen homologer und heterologer In-vitro-Fertilisation unterschieden, je nachdem, ob Eizelle und Samen von Eheleuten stammen oder nicht[51].

cc) Ersatzmutterschaft

Die Ersatzmutterschaft[52], welche vielfach auch Leihmutterschaft oder Tragemutterschaft genannt wird, zeichnet sich aus durch die Intention der gebärenden Mutter, entsprechend einer getroffenen Vereinbarung mit Dritten das Kind nach der Geburt an diese sogenannten Wunscheltern zum Zwecke der Adoption abzugeben[53]. Dabei lassen sich die Konstellationen nach beteiligten Personen, Ei- und Samenzellen beliebig variieren. Die Ersatzmutter kann beispielsweise genetische Mutter sein und natürlich oder künstlich vom Ehemann der Wunschmutter oder von einem Dritten befruchtet worden sein[54]. Möglich ist auch, dass die Ersatzmutter nicht die genetische Mutter ist, sondern einen natürlich oder in-vitro gezeugten Embryo der Wunscheltern oder Dritter implantiert bekommt[55].

dd) Ei-, Samen- und Embryonenspende

Diese weiteren Formen künstlicher Zeugungshilfen stellen im Wesentlichen lediglich Abwandlungen dar. Vereinfacht gesprochen ist immer dann die Rede von einer Spende, wenn Eizelle, Samen oder Embryo ausschließlich im Interesse der austragenden Frau zur Verfügung gestellt werden, die das Kind auch behalten soll. Von einer Samenspende spricht man, wenn der zur Befruchtung ver-

---

[48] *Staudinger/Rauscher* § 1591, Rn. 2.
[49] *Coester-Waltjen*, Gutachten, B 15; *Schröder*, 13.
[50] *Schröder*, 13; BT-Drs. 11 / 1856, 3.
[51] MüKo/*Seidel* § 1592, Rn. 40; *Schröder*, 13.
[52] Legaldefinition in § 13 a AdoptionsvermittlG v. 27.11.89, BGBl. I 2019.
[53] *Palandt/Diederichsen*, Einf. v § 1591, Rn 18; *Schröder*, 14; *Coester-Waltjen*, Gutachten, B 13.
[54] *Staudinger/Rauscher* § 1591, Rn. 4; *Palandt/Diederichsen*, Einf. v § 1591, Rn. 19; *Schröder*, 14.
[55] *Staudinger/Rauscher* § 1591, Rn. 4; *Palandt/Diederichsen*, Einf. v § 1591, Rn. 19; *Schröder*, 14.

wendete Samen von einem Dritten und nicht vom Ehemann der Schwangeren stammt[56]. Eine Eispende liegt vor, wenn einer Frau die einer anderen Frau entnommenen Eizellen nach In-vitro-Befruchtung eingepflanzt werden[57]. Stammt hierbei der für die In-vitro-Fertilisation verwendete Samen von einer Samenspende, also nicht vom Ehemann der Schwangeren, so ist von einer Embryonenspende die Rede, da sowohl Eizelle als auch Samen fremd sind[58]. Auch die Spende eines in-vivo gezeugten Embryos ist möglich[59]. Dazu wird ein im Körper der Frau nach natürlicher oder künstlicher Befruchtung entstandener Embryo vor Einnistung ausgespült und in die Gebärmutter einer anderen Frau implantiert[60].

b) Von homosexuellen Frauen genutzte Verfahren

Die Möglichkeit für Lesben, durch eine künstliche Insemination schwanger zu werden, ist in den USA bereits weit verbreitet und wird auch in der Bundesrepublik immer häufiger genutzt[61].

Da eine künstliche Insemination keine komplizierte Technik erfordert, ist sie unter Zuhilfenahme einer Einwegspritze, mit welcher das Sperma ohne Nadel in die Vagina eingespritzt wird, auch ohne ärztliche Hilfe leicht möglich[62]. Als private Samenspender kommen dabei oft Freunde oder Bekannte in Betracht[63]. Bisweilen schließen sich auch zwei Lesben und zwei Schwule zusammen, um Kinder zu zeugen und gemeinsam oder in geteilter Verantwortung für sie zu sorgen[64]. Seit 1998 gibt es in Berlin sogar eine Agentur[65], die sich ausschließlich mit der Erfüllung lesbischer und schwuler Kinderwünsche beschäftigt, indem sie Lesben und Schwule zwecks Zeugung vermittelt[66]. Seit ihrer Gründung wurden bisher über 60 Personen vermittelt[67].

---

56 MüKo/*Seidel* § 1592, Rn. 41; *Coester-Waltjen*, Gutachten, B 9.
57 *Starck*, A 36; MüKo/*Seidel* § 1592, Rn. 41.
58 *Starck*, A 36 f.; *Schröder*, 13 f.
59 *Coester-Waltjen*, Gutachten, B 19; *Staudinger/Rauscher* § 1591, Rn. 4.
60 *Schröder*, 14; *Coester-Waltjen*, Gutachten, B 19; *Starck*, A 37.
61 *Muscheler*, Rn. 176; *Burgert/Lähnemann*, 31; *Lähnemann*, 13. Berühmte Beispiele dafür sind die Schauspielerin Jodie Foster sowie die Lebensgefährtin der Rocksängerin Melissa Etheridge, die durch Insemination Kinder bekommen haben, vgl. *Louis*, EMMA Sept/Okt 1999, 40 ff.
62 *Lehmann*, 24; *Thiel*, 23, 27.
63 *Lehmann*, 18; *Thiel*, 28.
64 *Lähnemann*, 13; *Thiel*, 44 f.
65 „Queer and Kids", Bänschstr. 49, 10247 Berlin.
66 *Muscheler*, Rn. 176; *Louis*, EMMA Sept/Okt 1999, 40 (42).
67 *Muscheler*, Rn. 176.

Andere wiederum lassen sich in einer Klinik mit Sperma aus einer Samenbank befruchten[68]. Weil in der Bundesrepublik nach dem ärztlichen Standesrecht grundsätzlich nur verheiratete Paare oder - wenn überhaupt - stabile heterosexuelle nichteheliche Lebensgemeinschaften Samenbanken in Anspruch nehmen können, fahren viele lesbische Frauen in die Niederlande oder lassen sich das Spendersperma aus den USA zuschicken[69]. Dort stehen viele Samenbanken auch für Lesben offen. In den USA existieren sogar einige Institute, die sich ausschließlich an lesbische und schwule Kunden wenden[70]. Vereinzelt sollen jedoch auch in der Bundesrepublik künstliche Inseminationen mit Hilfe von Samenbanken bei lesbischen Frauen vorgenommen worden sein[71].

Als eine weitere reproduktionstechnische Methode wird von lesbischen Paaren auch die Eispende genutzt, indem sich die eine Partnerin die mit einer Samenspende befruchtete Eizelle der anderen Partnerin einpflanzen lässt und das Kind austrägt[72]. Auf diese Weise wird die eine Partnerin genetische Mutter und die andere Geburtsmutter des Kindes[73]. Da auch durch Schwangerschaft und Geburt eine biologische Verbindung zum Kind entsteht[74], kommt eine solche Eispende dem verbreiteten Wunsch nach einem gemeinsamen Kind mit einer gleichermaßen intensiven Bindung zu beiden Partnerinnen am nächsten[75]. In der Praxis ist diese Methode wegen der hohen Kosten zwar bislang nicht sehr verbreitet, sie wird aber von amerikanischen Instituten über das Internet angeboten[76].

c) Von homosexuellen Männern genutzte Verfahren

Für schwule Männer stellt die Samenspende eine einfache Möglichkeit dar, Kinder zu zeugen. Manchen reicht dabei die Gewissheit, dass sie ihre Gene wei-

---

68 *Thiel*, 24 f.

69 *Lähnemann*, 54; *Riewenherm*, 81 f.; *Thiel*, 24; *Lehmann*, 27 f.; *Schomburg*, Kind-Prax 2001, 103.

70 Beispielsweise Rainbow Flag Health Services, Kalifornien, USA, http://www.gaysperm-bank.com.

71 *Coester-Waltjen*, Gutachten, B 11 f.; *Thiel*, 31.

72 Vgl. *Stacey/Biblarz*, American Sociological Review, 2001, Vol. 66, 159 (166).

73 *Staudinger/Rauscher* § 1591, Rn. 4.

74 Die biologische Mutterschaft der gebärenden Frau wird sogar als gewichtiger angesehen, vgl. BT-Drs. 13/4899, 82; *Quantius*, FamRZ 1998, 1145 (1150); *Gaul*, FamRZ 2000, 1461 (1473).

75 Das anderenfalls entstehende Ungleichgewicht zwischen der biologischen und der nichtbiologischen Mutter in Bezug auf das Verhältnis zum Kind wird vielfach als Belastung empfunden, vgl. *Thiel*, 95; *Lehmann*, 12.

76 Pacific Fertility Center, Kalifornien, USA, http://www.pfcla.com; Growing Generations, Kalifornien, USA, http://www.growinggenerations.com.

tergegeben haben[77]. Viele wünschen sich jedoch ein Vater-Kind-Verhältnis. Deshalb gibt es Schwule, die sich mit einer Lesbe oder einem Lesbenpaar zusammenschließen, um das gemeinsam gezeugte Kind zusammen großzuziehen[78]. Für Schwule, die alleine oder mit ihrem Partner ein Kind aufziehen wollen, bleibt in der Regel nur eine Ersatzmutterschaft als Lösung[79]. Diese ist durch § 1 I Nr. 7 Embryonenschutzgesetz[80] in der Bundesrepublik verboten. In einigen Bundesstaaten der USA gibt es jedoch Institutionen, die Ersatzmütter - auch für Schwule - vermitteln[81]. Es gibt sogar Vermittlungsagenturen an ausschließlich schwule Kunden[82]. Wie viele Schwule tatsächlich diese Möglichkeit nutzen, ist schwer zu sagen. Wegen der hohen Kosten sind es vermutlich nur wenige. Es ist jedoch der Fall zweier schwuler britischer Millionäre bekannt geworden, die in den USA durch eine Ersatzmutter Zwillinge austragen ließen. Diese wurden aus einem Samencocktail beider Männer und einer Eispende von einer weiteren Frau gezeugt. Nach der Geburt wurden beide Männer in den USA als Elternteile in die Geburtsurkunde eingetragen[83]. Solche Fälle sind auch in der BRD für die Zukunft denkbar.

2. Adoption

Rein rechtlich gesehen können homosexuelle Paare zwar nicht gemeinsam, aber als Einzelpersonen Kinder adoptieren gem. § 1741 II S. 1 BGB. In der Realität sieht es allerdings zumeist anders aus. Es ist zwar heute allgemein anerkannt, dass die homosexuelle Orientierung eines Menschen für sich alleine keine generellen Schlussfolgerungen auf dessen Erziehungsfähigkeit zulässt[84], sondern die Beurteilung der Gesamtpersönlichkeit und der Lebensverhältnisse im Hinblick auf das Wohl des anzunehmenden Kindes entscheidend ist[85]. Dennoch werden Ehepaare von den Adoptionsvermittlungsstellen der Jugendämter grundsätzlich vorgezogen, da diese für das Wohl des Kindes als am besten geeignet angesehen werden[86]. Da es in der Bundesrepublik wesentlich mehr Adoptionsbewerber als

---

77 *Thiel*, 44.

78 *Thiel*, 44 f.; vgl. schon oben 2. Kap. B. II. 1. b) Von homosexuellen Frauen genutzte Verfahren.

79 *Fthenakis*, 351 (369).

80 BGBl. I 2746, v. 13.12.1990.

81 *Thiel*, 45.

82 Growing Generations, Kalifornien, USA, http://www.growinggenerations.com.

83 *Verschraegen*, DEuFamR 2000, 64 (66).

84 Antwort der Bundesregierung auf die Kleine Anfrage zur Homosexualität bei Erziehungspersonen, BT-Drs. 11 / 5412, 2; AG Mettmann, FamRZ 1985, 529.

85 Antwort der Bundesregierung auf die Kleine Anfrage zur Homosexualität bei Erziehungspersonen, BT-Drs. 11 / 5412, 2; AG Mettmann, FamRZ 1985, 529.

86 *Lähnemann*, 44; *Thiel*, 67; *Lehmann*, 58

zu vermittelnde Kinder gibt, haben lesbische oder schwule Bewerber so gut wie keine Chance, ein Kind zu bekommen[87]. Genaue Zahlen über Homosexuelle, die dennoch ein Kind adoptiert haben, liegen nicht vor[88].

In Einzelfällen ist bekannt geworden, dass Homosexuelle Kinder aus dem Ausland angenommen haben, da es weltweit im Verhältnis zur Bundesrepublik wesentlich mehr zu adoptierende Kinder gibt[89]. Prominentes Beispiel dafür ist der schwule Schlagersänger Patrick Lindner, der 1998 ein russisches Baby adoptierte und dieses seitdem mit seinem Lebensgefährten aufzieht[90].

3. *Pflegschaft*

Aus rechtlicher Sicht bestehen keinerlei Unterschiede zwischen Pflegschaften von Homosexuellen einerseits und Ehepaaren oder unverheirateten Heterosexuellen andererseits, da gem. § 44 I 1 SGB VIII jeder Pflegeperson sein kann, dem nach Prüfung des Einzelfalls eine Pflegeerlaubnis erteilt wurde, also sowohl verheiratete als auch unverheiratete Paare, Einzelpersonen oder mehrere Erwachsene, die in häuslicher Gemeinschaft zusammenleben[91].

De facto haben Lesben und Schwule aber auch hier mit Schwierigkeiten zu kämpfen. Denn obwohl es anders als bei der Adoption wesentlich mehr Pflegekinder als Pflegestellen gibt[92], ist die Vermittlung in homosexuelle Partnerschaften bisher sehr zurückhaltend, so dass, wenn überhaupt, vornehmlich schwer erziehbare, aidskranke, HIV-positive oder behinderte Kinder vermittelt werden[93]. Ausschlaggebend ist jeweils die Einstellung der Pflegestelle des Jugendamtes und der Herkunftsfamilie des Pflegekindes gegenüber der Tauglichkeit von Lesben und Schwulen als Pflegeeltern[94]. Viele Herkunftsfamilien wollen ihre Kinder nur in traditionelle, heterosexuelle Familien geben[95]. Auch bei den Jugendämtern bestehen oftmals nach wie vor Vorbehalte gegenüber homosexuellen Pflegeeltern, obwohl ein in diesem Zusammenhang von der Berliner Senatsverwaltung für Frauen, Jugend und Familie in Auftrag gegebenes Gutachten

---

87 *Burgert/Lähnemann*, 31 (34 f.); *Muscheler*, Rn. 179.

88 Antwort der Bundesregierung auf die Kleine Anfrage zur Bedeutung der sexuellen Orientierung von Adoptiveltern, BT-Drs. 11 / 5414, 2.

89 *Louis*, EMMA Sept/Okt 1999, 40 (44); *Lähnemann*, 45; *Lehmann*, 58.

90 *Louis*, EMMA Sept/Okt 1999, 40 (42). Dies führte sogar dazu, dass Lindner eine Muttertagsgala bei dem Fernsehsender ARD moderierte: Sendung „Mama Mia", 12.5.2000, ARD, 20.15 Uhr.

91 *Lähnemann*, 48; *Muscheler*, Rn. 177.

92 *Lähnemann*, 50.

93 *Kempken/Mester*, 116; *Muscheler*, Rn. 177.

94 *Lehmann*, 55 f.

95 *Lähnemann*, 49.

zu dem Ergebnis kam, dass Homosexuelle zur Erziehung von Kindern insbesondere Pflegekindern nicht weniger geeignet seien als Heterosexuelle[96].

Es zeichnet sich jedoch ein Trend zur Änderung ab. So gibt es schon Jugendämter, die unter dem Motto „Wir suchen besondere Eltern für besondere Kinder“ nach Pflegeeltern suchen und dabei auch Homosexuellen gegenüber sehr offen und positiv eingestellt sind[97].

Da eine Gleichbehandlung Homosexueller im Bereich der Pflegschaften zwar einen gezielten Abbau von Vorurteilen bei Jugendämtern und der Gesellschaft im Allgemeinen erfordert, aber angesichts bereits bestehender rechtlicher Gleichstellung nicht von einer Änderung der Rechtslage abhängig ist, soll im Rahmen dieser Arbeit auf das Pflegschaftsrecht nicht näher eingegangen werden.

---

96 *Kentler*, 53-166.

97 *Kempken/Mester*, 117 f.; *Lähnemann*, 50; z.B. das Jugendamt Schöneberg in Berlin hat von 90 Pflegestellen 7 bei lesbischen und schwulen Paaren eingerichtet, vgl. *Herpich-Behrens*, 25 f.

3. Kapitel
Rechtliche Situation

Für eine umfassende Darstellung der rechtlichen Situation gleichgeschlechtlicher Paare mit Kindern ist es neben den speziellen kindschaftsrechtlichen Ausführungen auch erforderlich, einen Überblick über die allgemeine Rechtslage gleichgeschlechtlicher Partnerschaften zu geben, da diese als Rahmenbedingung des familiären Zusammenlebens bei der Beurteilung der kindschaftsrechtlichen Situation zu berücksichtigen ist. Nach einem kurzen Blick auf die Rechtslage vor Inkrafttreten des Lebenspartnerschaftsgesetzes sollen daher zunächst die Rechtswirkungen der eingetragenen Lebenspartnerschaft untersucht werden, bevor im Anschluss daran auf das Kindschaftsrecht im Speziellen eingegangen werden kann.

A. Rechtslage vor Inkrafttreten des Lebenspartnerschaftsgesetzes

Vor der Schaffung des am 1.8.2001 in Kraft getretenen *Gesetzes zur Beendigung der Diskriminierung gleichgeschlechtlicher Gemeinschaften: Lebenspartnerschaften*[1] gab es in der Bundesrepublik bislang kein Rechtsinstitut für homosexuelle Paare. Die sogenannte „Hamburger Ehe“ hatte es gleichgeschlechtlichen Paaren zwar schon seit 1999 ermöglicht, sich auf dem Standesamt in Hamburg registrieren zu lassen, an diese Registrierung waren aber im Gegensatz zur eingetragenen Lebenspartnerschaft keinerlei Rechtswirkungen geknüpft[2].

Als einzige bundesrechtliche Regelung, die sich an Homosexuelle richtete, hatte es bisher nur § 175 StGB[3] gegeben, der homosexuelle Handlungen zwischen Männern unter Strafe gestellt hatte. Bis 1969 galt er sogar in der nationalsozialistischen Fassung fort, was vom Bundesverfassungsgericht damit gerechtfertigt wurde, dass homosexuelle Handlungen eindeutig gegen das Sittengesetz verstie-

[1] Gesetz v. 16.2.2001, BGBl. I, 266.

[2] Gesetz über die Eintragung gleichgeschlechtlicher Partnerschaften vom 14.4.1999, Hamb GVBl. 99, 69.

[3] Zur historischen Entstehungsgeschichte und Entwicklung des § 175 StGB siehe 1. Kap. C. Historischer Überblick.

ßen[4]. Nach zweimaliger Entschärfung und langjährigen Diskussionen konnte § 175 StGB erst 1994 gänzlich abgeschafft werden[5].

Der Makel der Sittenwidrigkeit wurde schon früher beseitigt, als der BGH im Jahre 1984 entschied, dass homosexuelle Partnerschaften nicht mehr sittenwidrig, sondern im Gegenteil von Art. 2 I i.V.m. Art. 1 I GG geschützt seien[6].

Dadurch trat eine teilweise Verbesserung der Situation gleichgeschlechtlicher Paare ein. Beispielsweise war es ab diesem Zeitpunkt nicht mehr möglich, dass Testamente zugunsten eines homosexuellen Partners von den Verwandten des Verstorbenen wegen Sittenwidrigkeit angefochten werden konnten. Eine homosexuelle Lebensweise wurde auch nicht mehr als Berechtigung anerkannt, den erbrechtlichen Pflichtteil gem. § 2333 Nr. 5 BGB entziehen zu können[7]. Vielfältige rechtliche Benachteiligungen blieben aber weiterhin bestehen, da die Rechtsprechung dem Thema Homosexualität zumeist recht negativ zugewandt blieb. Im Mietrecht wurde beispielsweise eine analoge Anwendung des § 569 a II 1 BGB a.F., der im Todesfall eines Ehegatten dem überlebenden Ehegatten ein Eintrittsrecht in den Mietvertrag des Verstorbenen gewährte, auf gleichgeschlechtliche Lebensgemeinschaften von der Rechtsprechung größtenteils verneint[8], dagegen auf heterosexuelle nichteheliche Lebensgemeinschaften anerkannt[9]. Auch die sonstigen gesetzlichen und richterrechtlichen Regelungen für eheähnliche Lebensgemeinschaften wurden von den meisten Gerichten nicht auf homosexuelle Paare angewandt[10]. Damit blieb die rechtliche Situation stark abhängig vom Ermessen der Richter, welches sich im Laufe der Zeit nur langsam offener gegenüber Homosexuellen zeigte.

---

4 BVerfGE 6, 389.

5 Durch Art. 1 des 29. StÄndG, v. 31.5.1994, BGBl. I, 1168.

6 BGHZ 92, 213, 219.

7 OLG Hamburg, NJW 1988, 977 (978).

8 BGH NJW 1993, 999 (1001); BGHZ 121, 116 (124); a. A. LG Hannover, FamRZ 1993, 547; AG Berlin-Wedding NJW-RR 1994, 524.

9 BVerfG, NJW 1990, 1593; BGH, NJW 1993, 999; *Trimbach/Webert*, NJ 1998, 63.

10 *Krings*, ZRP 2000, 409 (412 f.); *Röthel*, ZRP 1999, 511 (513). Dies wurde zumeist mit dem Charakter des Rechts der nichtehelichen Lebensgemeinschaft begründet. Die Regelungen seien wegen der Tatsache, dass sich die Partner bewusst gegen den institutionellen Schutz der Ehe entschieden hätten, darauf abgestimmt, gerade keinen besonderen Schutz zu vermitteln. Auf gleichgeschlechtliche Paare, die sich mangels Eheschließungsmöglichkeit nicht gegen eine solche entscheiden könnten, seien sie deshalb nicht anwendbar, vgl. *Schimmel*, Eheschließungen, 110. Diese Argumentation ist nur hinsichtlich der für die Partner im Vergleich zur Ehe negativ abweichenden Regelungen stichhaltig. Es ist jedoch nicht verständlich, warum auch die positiven Regelungen nur für heterosexuelle nichteheliche Lebensgemeinschaften gelten sollen, da diese wegen der fehlenden Eheschließungsmöglichkeit nach strenger Logik erst recht auf homosexuelle Paare angewandt werden müssten.

Die gravierendste Benachteiligung aber stellte die fehlende Möglichkeit dar, die Partnerschaft rechtlich durch eine Ehe oder ein vergleichbares Rechtsinstitut abzusichern[11]. Daraus ergaben sich insbesondere folgende Nachteile:

- Wegen des fehlenden Angehörigenstatus wurden die Partner vom Gesetz wie Fremde behandelt. Es stand ihnen kein gegenseitiges Zeugnis- und Auskunftsverweigerungsrecht nach §§ 52, 55 StPO im Strafprozess bzw. nach §§ 383, 384 ZPO im Zivilprozess zu, so dass sie im Gegensatz zu Ehegatten und Verlobten dazu verpflichtet waren, gegeneinander auszusagen[12]. Auch der Strafmilderungsgrund bei einer Falschaussage gem. § 157 I StGB kam ihnen nicht zugute[13]. Bei Unglücks- oder Krankheitsfällen wurde dem Partner von Ärzten oder Polizeibehörden häufig die Auskunft verweigert[14]. Des Weiteren ergab sich aus dem fehlenden Angehörigenstatus kein Totenfürsorgerecht und kein Besuchsrecht in der Justizvollzugsanstalt gem. § 25 Nr. 2 StVollzG[15]. Heterosexuellen nichtehelichen Lebensgemeinschaften war es im Gegensatz zu gleichgeschlechtlichen Lebensgemeinschaften immer möglich, sich als Verlobte auszugeben und dadurch den Angehörigenstatus zu erlangen.
- Auch im Einkommenssteuerrecht waren gleichgeschlechtliche Paare benachteiligt, da ihnen nicht die Möglichkeit des Ehegattensplitting zugute kam und Unterhaltsleistungen, die ein Partner an den anderen gezahlt hatte, nur in Ausnahmefällen steuermindernd geltend gemacht werden konnten[16].
- Im Falle der Tötung eines Partners durch einen Unfall war der Schädiger anders als bei Ehegatten nicht gem. § 844 II BGB zur Zahlung einer Geldrente an den Überlebenden verpflichtet, da dieser keinen gesetzlichen Unterhaltsanspruch gegen den Getöteten hatte[17].
- Auch alle Pensions-, Versorgungs- und Rentenansprüche verfielen beim Tod des Anspruchsinhabers und konnten nicht auf den überlebenden Partner übergehen[18].
- Es gab kein gesetzliches Erbrecht für die Partner einer gleichgeschlechtlichen Beziehung. Sie konnten sich zwar testamentarisch als Alleinerben einsetzen, wobei sich allerdings der Pflichtteilsanspruch der Abkömmlinge bzw. der Eltern des Verstorbenen auf die Hälfte des Nachlasses belief.

---

[11] Vgl. dazu auch *Buba/Vaskovics*, 98 ff.
[12] *Bruns*, Betrifft JUSTIZ 1993, 82 (85).
[13] *Trimbach/Webert*, NJ 1998, 63.
[14] *Bruns*, Betrifft JUSTIZ 1993, 82 (85); *Trimbach/Webert*, NJ 1998, 63.
[15] *Bruns*, Betrifft JUSTIZ 1993, 82 (85).
[16] *Bruns*, Betrifft JUSTIZ 1993, 82 (85).
[17] *Trimbach/Webert*, NJ 1998, 63.
[18] *Bruns*, Betrifft JUSTIZ 1993, 82 (85).

Dazu kam noch eine Besteuerung der Erbschaft nach der höchsten Steuerklasse des Erbschaftssteuergesetzes (15 I ErbStG) mit einem Freibetrag von nur 5.200,- €, während Ehegatten ein Freibetrag von 307.000,- € und außerdem einen Versorgungsfreibetrag von 256.000,- € zusteht[19].

- Im Bereich des Kindschaftsrechtes gab es weder ein gemeinsames Sorgerecht, noch die Möglichkeit der Stiefkindadoption, noch der gemeinschaftlichen Adoption. Es gab im Fall der Trennung auch kein Umgangsrecht des nicht leiblichen Elternteils mit dem Kind, auch wenn eine jahrelange intensive Beziehung zwischen beiden bestand. Im Falle des Todes des leiblichen Elternteils war nicht sichergestellt, dass das Kind bei dem überlebenden Partner bleiben konnte.
- Ein ausländischer Partner eines homosexuellen Paares, der nicht aus einem EU-Staat stammte, hatte bislang außer durch eine Scheinehe mit einem deutschen Staatsangehörigen des anderen Geschlechts keinen Anspruch auf Erteilung einer Aufenthaltserlaubnis gem. § 23 I Nr. 1 AuslG i.V.m. § 17 AuslG[20].
- Im Sozialrecht fand eine gleichgeschlechtliche Partnerschaft bislang keine Berücksichtigung. Insbesondere gab es keine Möglichkeit, einen homosexuellen Partner in die beitragsfreie Familienmitversicherung bei der Kranken- und Pflegeversicherung einzubeziehen.

Zusammenfassend lässt sich damit die allgemeine rechtliche Situation homosexueller Partnerschaften vor Inkrafttreten des Lebenspartnerschaftsgesetzes als ein nahezu rechtsfreier Raum beschreiben, der von vielfältigen Benachteiligungen für die Betroffenen und wegen der starken Abhängigkeit vom Ermessen der Richter zudem von großer Rechtsunsicherheit geprägt war.

B. Die eingetragene Lebenspartnerschaft

Am 1. August 2001 ist das Lebenspartnerschaftsgesetz[21] in Kraft getreten. Seitdem steht gleichgeschlechtlichen Paaren mit der eingetragenen Lebenspartnerschaft nun auch in der Bundesrepublik ein Rechtsinstitut zu ihrer rechtlichen Absicherung offen.

---

19 Vgl. Hk-LPartG/*Stadie*, SteuerR, Rn. 34 ff.

20 *Trimbach/Webert*, NJ 1998, 63 f.

21 Gesetz zur Beendigung der Diskriminierung gleichgeschlechtlicher Gemeinschaften: Lebenspartnerschaften, v. 16.2.2001, BGBl. I, 266; BT-Drs. 14/3751.

Als erster Staat weltweit hatte Dänemark[22] im Jahre 1989 ein Gesetz zur Anerkennung gleichgeschlechtlicher Partnerschaften erlassen. Daraufhin folgten immer mehr Staaten diesem Beispiel. So sind auch in Norwegen[23] (1993), Schweden[24] (1994), Island[25] (1996), Ungarn[26] (1996), den Niederlanden[27] (1997), Belgien[28] (1998), Frankreich[29] (1999) und Finnland[30] (2001) Regelungen für gleichgeschlechtliche Paare auf gesamtstaatlicher Ebene eingeführt worden. In Spanien, Kanada, der Schweiz und den USA haben bislang einzelne Regionen entsprechende Vorschriften normiert. Zudem steht in Kanada und der Schweiz der Erlass von gesamtstaatlichen Regelungen zugunsten gleichgeschlechtlicher Paare kurz bevor. Auch in Großbritannien wird neuerdings die Einführung eines entsprechenden Rechtsinstituts angedacht. Die Gesetze der einzelnen Staaten unterscheiden sich dabei jeweils in ihren Rechtswirkungen[31].

Die weitreichendste Gleichstellung homosexueller Paare mit heterosexuellen Partnerschaften ist bisher in den Niederlanden hergestellt worden[32]. Seit dem 1.4.2001 steht gleichgeschlechtlichen Lebensgemeinschaften dort die zivilrechtliche Ehe offen[33]. Auch die gemeinschaftliche Adoption niederländischer Kinder

---

22 Lov Nr. 372 v. 7.6.1989 om registreret partnerskab, Lovtidende Teil A 1989, S. 1263, zit. nach: *Röthel*, ZRP 1999, 511 (514).

23 Lov om registreret partnerskap v. 30.4.1993, Nr. 40, Norges Lover 1685-1993, am 1.8.1993 in Kraft getreten, zit. nach: *Röthel*, ZRP 1999, 511 (514).

24 Lag om registrerat partnerskap v. 23.6.1994, SFS 1994: 1117, am 1.1.1995 in Kraft getreten, zit. nach: *Röthel*, ZRP 1999, 511 (514).

25 Gesetz 564/1995-96, am 1.7.1996 in Kraft getreten, zit. nach *Hausmann*, FS Henrich, 241 (243, Fn. 10).

26 §§ 578/G, 685/A ZGB, zit. nach: *Muscheler*, Rn. 13; *Jessel-Holst*, 167 ff.

27 Wet op het geregistreerd partnerschap v. 5.7.1997, Staatsblad 1997, 324, am 1.1.1998 in Kraft getreten, zit. nach: *Verschraegen*, DEuFamR 2000, 64 (66).

28 Gesetz v. 23.11.1998 zur Einführung des gesetzlichen Zusammenlebens, Belgisch Staatsblatt v. 12.1.1999, am 1.1.2000 in Kraft getreten, zit. nach: *Pintens*, FamRZ 2000, 69 (70 ff.).

29 Gesetz v. 13.10.1999, Du Pacte Civil De Solidarité Et Du Concubinage, am 1.1.2000 in Kraft getreten, zit. nach: *Verschraegen*, FamRZ 2000, 65 (67).

30 Gesetz über die registrierte Partnerschaft (Laki rekisteröidystä parisuhteista), Gesetz Nr. 950/2001 v. 9.11.2001, am 1.3.2002 in Kraft getreten, www.finlex.fi.

31 Vgl. auch den Überblick zur rechtlichen Situation gleichgeschlechtlicher Lebensgemeinschaften im Ausland unter www.pinkcross.ch.

32 *Baur/Mattijssen*, AJP/PJA 2001, 292 ff.

33 Gesetz v. 21.12.2000 über die Öffnung der Ehe, Staatsblad 2001, 9; *Muscheler*, Rn. 12.; *Baur/Mattijssen*, AJP/PJA 2001, 292 (294 ff.); *Post*, StAZ 2002, 335 (336).

sowie die Stiefkindadoption sind seitdem dort möglich[34]. Davor gab es in den Niederlanden schon seit Anfang 1998 die Möglichkeit, eine registrierte Partnerschaft einzugehen, welche sich sowohl an homo- als auch heterosexuelle Paare richtete und mit einer Ehe vergleichbare Rechtswirkungen entfaltete[35].

Als zweites Land in Europa hat nun auch Belgien am 1.6.2003 die Zivilehe für gleichgeschlechtliche Paare geöffnet, wobei aber ein gemeinsames Sorgerecht und die Möglichkeit der Adoption ausgeschlossen bleiben[36]. Das schon am 1.1.2000 eingeführte Rechtsinstitut des „gesetzlichen Zusammenlebens“, das sowohl für homo- und heterosexuelle Paare als auch für familiäre Zweierbeziehungen gilt, bleibt weiterhin bestehen. Es stellt hauptsächlich vermögensrechtliche Regelungen zur Verfügung und ist in seinen Rechtsfolgen der Ehe deutlich untergeordnet[37].

Des Weiteren gibt es eine Reihe von europäischen Staaten, die registrierte Partnerschaften für homosexuelle Paare eingeführt haben.

In den nordischen Ländern Dänemark, Norwegen, Schweden, Finnland und Island steht die registrierte Partnerschaft ausschließlich homosexuellen Paaren offen[38]. Für diese Partnerschaften gelten im Wesentlichen die gleichen Rechtswirkungen wie für die Ehe durch pauschalen Verweis auf das Eherecht[39]. Ausgenommen waren anfangs die kindschaftsrechtlichen Regelungen. Nachdem zunächst Dänemark im Jahr 1999 registrierten Partnern die Möglichkeit der Stiefkindadoption eingeräumt hatte[40], sind mittlerweile auch Schweden, Island und Norwegen diesem Beispiel gefolgt[41]. In Schweden ist daneben sogar die gemeinschaftliche Adoption unter einem weltweit erstmaligen Einschluss auch ausländischer Kinder möglich[42].

---

[34] Gesetz v. 21.12.2000 über die Adoption durch Personen des gleichen Geschlechts, Staatsblad 2001,10; *Baur/Mattijssen*, AJP/PJA 2001, 292 (295, 297 f.); *Muscheler*, Rn. 12.

[35] *Hausmann*, FS Henrich, 241 (243); *Verschraegen*, FamRZ 2000, 65 (67); *Probert/Barlow*, DEuFamR 2000, 76 (77); *Emmes*, ZfSH/SGB 1998, 330; *Pintens*, FamRZ 2000, 69 (75 f.).

[36] Gesetz v. 13.2.2003, Belgisch Staatsblatt v. 28.2.2003, Nr. 3, S. 9880, zit. nach: *Bell*, ILGA, 7.

[37] *Pintens*, FamRZ 2000, 69 (70); *Hausmann*, FS Henrich, 241 (244 f.)

[38] *Bell*, MJ 2002, 335 (337 f.); *Muscheler*, Rn. 15; *Schlüter/Heckes/Stommel*, DEuFamR 2000, 1 (2).

[39] *Scherpe*, DEuFamR 2000, 32 (33); *Röthel*, ZRP 1999, 511 (514); *Hausmann*, FS Henrich, 241 (242); *Ring/Olsen-Ring*, ZRP 1999, 459 ff.

[40] Lov om aendring af lov om registreret partnerskab, v. 2.6.1999, zit. nach: *Scherpe*, DEuFamR 2000, 32 (33 f.); *Dopffel/Kötz/Scherpe*, 391 (405); *Schlüter/Heckes/Stommel*, DEuFamR 2000, 1 (2); *Hausmann*, FS Henrich, 241 (242).

[41] *Bogdan*, IPRax 2002, 534.

[42] Gesetz v. 5.6.2002, Proposition 2001/02: 123 Partnerskap och adoption, seit 1.2.2003 in Kraft; zit. nach: *Bogdan*, IPRax 2002, 534; SZ v. 6.6.2002: „Europas liberales Aushängeschild – Schwedens Parlament beschließt Adoptionsrecht für Homosexuelle“.

Die französische Regelung[43], der sogenannte PACS (Pacte Civil de Solidarité), weicht als Solidaritätspakt erheblich von der Regelungsdichte einer Ehe ab. Er steht sowohl homo- als auch heterosexuellen Paaren offen. Mit der Registrierung sind eine Verpflichtung der Partner zu gegenseitiger Unterstützung, eine Eingliederung in das Sozialversicherungsnetz und teilweise Erleichterungen im Erbschaftssteuerrecht verbunden. Weiterreichende Folgen wie bei einer Ehe sind nicht vorgesehen. Auch die Auflösung des PACS ist gegenüber einer Scheidung einfach durch Aufkündigung möglich.

In Spanien besteht in zunehmend vielen Provinzen[44] - Katalonien[45] (1998), Aragón[46] (1999), Navarra[47] (2000), Valencia[48] (2001), Madrid[49], Balearen[50], Asturien[51], Andalusien[52] (2002), Extremadura[53] und Baskenland[54] (2003) - ebenfalls die Möglichkeit für homo- und heterosexuelle Paare, registrierte Partnerschaften einzugehen, welche in ihren Rechtsfolgen dem PACS ähneln[55].

In der Schweiz gab es Partnerschaftsgesetze bislang schon im Kanton Genf[56] und im Kanton Zürich[57]. Nun steht auch die Einführung eines Rechtsinstituts der eingetragenen Lebensgemeinschaft gleichgeschlechtlicher Paare auf Bundesebene kurz bevor, da ein entsprechendes Gesetz bereits mit großer Mehrheit vom Nationalrat angenommen worden ist[58]. Darin werden gleichgeschlechtliche Paare im Wesentlichen mit Ehegatten gleichgestellt. Eine Adoptionsmöglichkeit ist jedoch nicht vorgesehen.

---

43 *Ferrand*, 113 ff.; *Verschraegen*, FamRZ 2000, 65 (67); *Röthel*, ZRP 1999, 511 (514 ff.); *Probert/Barlow*, DEuFamR 2000, 76 (78 f.).

44 Vgl. www.la-moncloa.es; www.fundaciontriangulo.es.

45 Gesetz 10/1998 v. 15.7.1998, Ley de Uniones Estables de Parejas; *Verschraegen*, FamRZ 2000, 65 (68).

46 Gesetz 6/1999 v. 26.3.1999, relativa a parejas estables no casadas; *Scherpe*, DEuFamR 2000, 32 (33).

47 Gesetz 6/2000 v. 3.7.2000, Ley foral para la Igualdad Jurídica de las Parejas Estables.

48 Gesetz 1/2001 v. 6.4.2001, Ley de Uniones de Hecho.

49 Gesetz 11/2001 v. 13.12.2001, Ley de Uniones de Hecho.

50 Gesetz 18/2001 v. 19.12.2001, Ley de Parejas Estables.

51 Gesetz 4/2002 v. 23.5.2002, Ley de Parejas Estables.

52 Gesetz 5/2002 v. 16.12.2002, Ley de Parejas de Hecho.

53 Gesetz 5/2003 v. 20.3.2003, Ley de Parejas de Hecho.

54 Gesetz 2/2003 v. 7.5.2003, Ley reguladora de las Parejas de Hecho.

55 *Schlenker*, 145 ff.; *Verschraegen*, FamRZ 2000, 65 (68).

56 Loi sur le partenariat, v. 15.2.2001, Recueil officiel systématique de la législation genevoise en vigeur E 1 27, am 5.5.2001 in Kraft getreten, sowohl für hetero- als auch homosexuelle Paare.

57 Gesetz über die Registrierung gleichgeschlechtlicher Partnerschaften, v. 21.1.2002, am 1.7.2003 in Kraft getreten, Loseblattsammlung 231.20; ausschließlich für homosexuelle Paare.

58 Am 3.12.2003; vgl. www.parlament.ch; www.pinkcross.ch.

Ungarn begnügt sich mit der Gleichstellung faktischer Lebensgemeinschaften von homosexuellen und heterosexuellen Paaren. Danach sind einzelne gesetzliche Regelungen, die dem Schutz nichtehelicher Lebensgemeinschaften dienen, auch auf homosexuelle Lebensgemeinschaften ohne förmlichen Akt einer Registrierung anwendbar[59].

In Großbritannien gab es bislang nur vereinzelte, durch Gerichtsentscheidungen erzielte punktuelle rechtliche Verbesserungen für gleichgeschlechtliche Paare[60]. Mittlerweile hat die Regierung jedoch angekündigt, auch ein Rechtsinstitut schaffen zu wollen, und bereits entsprechende Gesetzesvorschläge gemacht[61].

Außerhalb von Europa ist die rechtliche Gleichstellung vor allem in Kanada weit fortgeschritten. Als der Supreme Court of Canada[62] im Jahre 1995 feststellte, dass gesetzliche Regelungen, welche die Rechte homosexueller Partner nicht berücksichtigen, gegen die Verfassung verstoßen, wurden zunächst in vielen Provinzen, so beispielsweise in British Columbia, Nova Scotia und Quebec, Gesetze zugunsten von homosexuellen Paaren erlassen[63]. Nachdem nun im Juni 2003 der Court of Appeal for Ontario[64] entschied, dass das bislang bestehende Eheverbot für gleichgeschlechtliche Paare gegen die verfassungsmäßige Ordnung verstößt, ist die kanadische Regierung dieser Entscheidung gefolgt und hat ein Gesetz auf den Weg gebracht, das gleichgeschlechtliche Ehen in Kanada erlauben soll[65].

In den USA hingegen ist derzeit noch keine gesamtstaatliche Regelung für gleichgeschlechtliche Paare in Aussicht, da Homosexualität insgesamt äußerst zwiespältig beurteilt wird. So ist in einigen Staaten homosexuelles Verhalten immer noch unter Strafe gestellt, während es in anderen Staaten durch gerichtliche Entscheidungen zu punktuellen rechtlichen Verbesserungen, zum Teil auch zu Umgangsrechten und sogar der Möglichkeit zur Stiefkindadoption für homosexuelle Paare gekommen ist[66]. Zudem wurde in den Staaten Hawaii[67], Alaska und Vermont gerichtlich festgestellt, dass der Ausschluss gleichgeschlechtlicher Paare aus der Ehe einen Verstoß gegen die jeweilige Landesverfassung darstelle[68]. In Hawaii und Alaska sind daraufhin die Landesverfassungen entsprechend

[59] *Muscheler*, Rn. 13; *Jessel-Holst*, 169 f.
[60] *Freeman*, 173 ff.; *Dopffel/Kötz/Scherpe*, 391 (395).
[61] Vgl. BBC News v. 30.6.2003, http://news.bbc.co.uk/1/hi/uk_politics/3031332.stm.
[62] Entscheidung Egan v. Canada (1995), 2 S.C.R. 513, zit. nach: *Jakob*, StAZ 2003, 74.
[63] Vgl. *Jakob*, StAZ 2003, 74.
[64] Entscheidung des Court of Appeal for Ontario, v. 10.6.2003, Halpern et al. v. Attorney General of Canada et al., www.ontariocourts.on.ca.
[65] Vgl. taz v. 19.6.2003, S. 11: „Kanada erlaubt Homo-Ehe".
[66] *Krause*, MPI, 187 ff.; *Krause*, DEuFamR 2000, 208 (212); *Dopffel/Kötz/Scherpe*, 391 (394); *Verschraegen*, FamRZ 2000, 65 (66); *Muscheler*, Rn. 14.
[67] Ausführlich zum Hawaii-Fall *Heun*, 87 ff.
[68] *Lundmark*, DEuFamR 2000, 236.

geändert worden, so dass seitdem die Ehe dort verfassungsrechtlich auf heterosexuelle Paare beschränkt wird[69]. Deshalb hat es in Hawaii zwar keine Öffnung der Ehe für gleichgeschlechtliche Paare gegeben, stattdessen ist aber ein Gesetz erlassen worden, welches homosexuelle Partnerschaften in zahlreichen Einzelpunkten Ehepaaren gleichstellt[70]. In Vermont ist sogar ein eheähnliches Rechtsinstitut für gleichgeschlechtliche Paare, die sogenannte „Civil Union", geschaffen worden[71]. Wegen der 1996 in Kraft getretenen Abwehrvorschrift, dem „Defense of Marriage Act", ist jedoch kein Bundesstaat in den USA dazu verpflichtet, gleichgeschlechtliche Ehen oder Rechtsinstitute, die in einem anderen Bundesstaat geschlossen wurden, anzuerkennen[72].

II. Entstehungsgeschichte

Bis zur Schaffung der eingetragenen Lebenspartnerschaft in der Bundesrepublik war es wegen der vielfältigen Vorbehalte gegenüber Homosexuellen ein schwieriger Weg. Da aber seit der ersten registrierten Partnerschaft in Dänemark von 1989 immer mehr europäischen Staaten vergleichbare Rechtsinstitute einführten[73], wurde eine rechtliche Absicherungsmöglichkeit für gleichgeschlechtliche Paare auch in der BRD mit zunehmendem Nachdruck gefordert[74].

1990 kam es daher zu einer ersten parlamentarischen Initiative von Bündnis 90 / DIE GRÜNEN, die sich gegen eine Diskriminierung wegen sexueller Orientierung wandte, aber erfolglos blieb[75].

Zwei Jahre später versuchten etwa 250 homosexuelle Paare, bei Standesämtern in ganz Deutschland Aufgebote zu bestellen[76]. Diese sogenannte „Aktion Standesamt" scheiterte. Die jeweils abgelehnten Aufgebote wurden - bis auf ein Urteil des AG Frankfurt am Main[77] - von den Gerichten bestätigt. Das Bundesverfassungsgericht hat 1993 in seinem Nichtannahmebeschluss zur daraufhin erhobenen Verfassungsbeschwerde an seiner ständigen Rechtsprechung festgehalten, dass unter einer Ehe nach Art. 6 I GG nur die Vereinigung von Mann und Frau

---

[69] *Lundmark*, DEuFamR 2000, 236 f.; *Krause*, DEuFamR 2000, 208 (212);

[70] *Krause*, DEuFamR 2000, 208 (212); *Dopffel/Kötz/Scherpe*, 391 (394);

[71] *Lundmark*, DEuFamR 2000, 236 f.

[72] *Lundmark*, DEuFamR 2000, 236 (242 f.).

[73] Siehe oben 3. Kap. B. I. Rechtsvergleichende Umschau.

[74] Hk-BGB/*Kemper*, Vor §§ 1297-1588, Rn. 12.

[75] Antrag auf Abschaffung der rechtlichen Diskriminierung von homosexuellen Männern: BT-Drs. 11/7197.

[76] *Bruns*, Betrifft JUSTIZ 1993, 82 (83); *Bruns*, ZRP 1996, 6.; *Heun*, 25, Fn. 12.

[77] AG Frankfurt a.M., NJW 1993, 940 f. = MDR 1993, 116 f., aufgehoben durch Urteil des LG Frankfurt a.M., NJW 1993, 1998.

zu einer umfassenden, grundsätzlich unauflösbaren Lebensgemeinschaft zu verstehen sei[78]. Es bestehe daher keine Verpflichtung des Gesetzgebers, gleichgeschlechtlichen Paaren den Zugang zur einfachrechtlichen Ehe zu öffnen, so dass auch die entsprechende Aufgebotsablehnung verfassungsrechtlich nicht zu beanstanden sei[79].

Auf diesen Rückschlag folgte 1994 eine Entschließung des Europäischen Parlaments „zur Gleichberechtigung von Schwulen und Lesben in der Europäischen Gemeinschaft", worin unter anderem von der Kommission die Empfehlung zur Öffnung der Ehe oder zumindest zur Einräumung aller mit der Ehe einhergehenden Wirkungen für gleichgeschlechtliche Paare gefordert wurde, darunter auch eine Gleichberechtigung von Lesben und Schwulen im Bereich des Kindschaftsrechts[80].

Im Bundestag wurden in der Folgezeit eine Reihe von Gesetzentwürfen vorgelegt, die eine Verbesserung der rechtlichen Situation gleichgeschlechtlicher Paare anstrebten[81]. Die damalige CDU/CSU-Regierung lehnte diese Entwürfe ab, zumeist mit der Begründung, es bestehe keine ungebührliche Benachteiligung gegenüber Ehepaaren und damit auch kein Handlungsbedarf[82].

Mit dem Regierungswechsel 1998 wurde von der rot-grünen Regierung in den Koalitionsvereinbarungen vom 20.10.1998 ein Gesetz gegen Diskriminierung und zur Förderung der Gleichbehandlung von Personen mit gleichgeschlechtlicher Orientierung in Aussicht gestellt, das auch die Einführung einer eingetragenen Lebenspartnerschaft beinhalten sollte[83]. Die Fraktionen der SPD, der Grünen und der FDP erarbeiteten zunächst Vorentwürfe für ein solches Rechtsinstitut[84]. Im Dezember 1999 erschien ein Rohentwurf des Bundesjustizministe-

---

[78] BVerfGE 10, 59 (66); BVerfGE 49, 286 (300); BVerfGE 53, 224 (245); BVerfGE 62, 323 (330); BVerfGE 87, 234 (264).

[79] Nichtannahmebeschluss des BVerfG vom 3.10.1993, NJW 1993, 3058. Aus dieser Formulierung geht jedoch nicht hervor, dass es dem Gesetzgeber nach Auffassung des Gerichts verboten sei, gleichgeschlechtlichen Paaren den Zugang zur Ehe zu ermöglichen. Daher wird die Entscheidung zum Teil auch als indirekte Aufforderung an den Gesetzgeber verstanden, eine rechtliche Absicherung für gleichgeschlechtliche Partnerschaften ähnlich einer Ehe zu schaffen, *Fountoulakis*, AJP/PJA 2001, 307 (308).

[80] BT-Drs. 12/7069, 4.

[81] Bündnis 90 / DIE GRÜNEN, Gesetzentwurf zur Einführung des Rechts auf Eheschließung für Personen gleichen Geschlechts, 1994, BT-Drs. 12/7885; Bündnis 90 / DIE GRÜNEN, Gesetzentwurf zur Einführung des Rechts auf Eheschließung für Personen gleichen Geschlechts, 1995, BT-Drs. 13/2728; Bündnis 90 / DIE GRÜNEN, Gesetzentwurf zur Regelung der Rechtsverhältnisse nichtehelicher Lebensgemeinschaften, 1997, BT-Drs. 13/7228; SPD, Gesetzentwurf für ein Gleichbehandlungsgesetz, 1998, BT-Drs. 13/10081.

[82] Vgl. BT-Drs. 11 / 2044, 5.

[83] Koalitionsvertrag Ziff. IX. 10.; BT-Drs. 14/3751, 33.

[84] Zu den Vorentwürfen: *Verschraegen*, DEuFamR 2000, 64 (67 ff.); *Schlüter*, DEuFamR 2000, 1, 6 ff.

riums zu einem Gesetz über gleichgeschlechtliche Partnerschaften. Es folgten äußerst kontrovers geführte gesellschaftspolitische Diskussionen mit der konservativen Opposition und den Kirchen[85]. Am 7.7.2000 ging der Entwurf des Lebenspartnerschaftsgesetzes in die erste Lesung. machen

Wegen der erwarteten Ablehnung des Bundesrates, in dem die unionsgeführten Länder die Mehrheit bildeten, wurde der Entwurf in zwei Teile aufgeteilt[86]. Die zustimmungspflichtigen Regelungen wurden in das Lebenspartnerschaftsergänzungsgesetz ausgesondert, welches vorwiegend verfahrens-, steuer-, sozial- und beamtenrechtliche Regelungen enthält[87]. Die zustimmungsfreien Regelungen verblieben im Lebenspartnerschaftsgesetz. Dieses wurde am 10.11.2000 vom Bundestag verabschiedet, am 16.2.2001 vom Bundespräsidenten unterzeichnet und ist am 1.8.2001 in Kraft getreten[88]. Dem Lebenspartnerschaftsergänzungsgesetz hat zwar der Bundestag am 10.11.2000 zugestimmt. Im Bundesrat hat das Gesetz wegen der ablehnenden Haltung der Union jedoch nicht die erforderliche Mehrheit gefunden[89], so dass es in der vergangenen Legislaturperiode nicht verabschiedet werden konnte. Für die neue Legislaturperiode haben SPD und Bündnis 90 / DIE GRÜNEN in ihrem Koalitionsvertrag vereinbart, das Lebenspartnerschaftsgesetz zu überarbeiten und zu ergänzen.

III. Verfassungsrechtliche Problematik

Die Frage nach der Verfassungsmäßigkeit des Lebenspartnerschaftsgesetzes ist stark umstritten. Aus diesem Grunde wurden von den unionsregierten Ländern Bayern, Sachsen und Thüringen Normenkontrollanträge beim Bundesverfassungsgericht gestellt und zudem von Bayern und Sachsen Eilanträge auf vorläufige Aussetzung des Inkrafttretens des Lebenspartnerschaftsgesetzes bis zur Hauptsachenentscheidung angestrengt. Letztere hat das Bundesverfassungsgericht am 18.7.2001 abgelehnt[90]. In dem dazu ergangenen Urteil blieben allerdings die Fragen der Verfassungsmäßigkeit zunächst außer Betracht. Das Bundesverfassungsgericht hatte lediglich eine Folgenabwägung dahingehend vorzunehmen, ob die Nachteile, die mit Inkrafttreten des Gesetzes bei späterer Feststellung seiner eventuellen Verfassungswidrigkeit verbunden wären, jene

---

85 Siehe oben 1. Kap. B. Problemstellung.

86 *Stüber*, KJ 2000, 594; *Braun*, ZRP 2001, 14; *Finger*, MDR 2001, 199, 200.

87 Vgl. BT-Drs. 14/4545, Anlage 2, S. 69 ff.; *Beck*, NJW 2001, 1894.

88 *Braun*, ZRP 2001, 14; *Finger*, MDR 2001, 199; Hk-BGB/*Kemper*, Vor §§ 1297-1588, Rn. 12.

89 Unterrichtung durch den Bundesrat zum LPartGErgG: BT-Drs. 14/4875; *Finger*, MDR 2001, 199, 200.

90 BVerfG, NJW 2001, 2457 - Az. 1 BvQ 23/01, 1 BvQ 26/01 - v. 18.7.2001, http://www.bverfg.de.

Nachteile deutlich überwögen, die in dem Falle entstünden, wenn das Gesetz vorläufig nicht in Kraft träte, obwohl es sich später als verfassungsgemäß erweisen könnte[91]. Die eventuellen Nachteile bei Erlass einer einstweiligen Anordnung wurden als zumindest gleichwertig angesehen, so dass die Anträge für unbegründet befunden wurden[92].

Mit dem Urteil in der Hauptsache vom 17.7.2002 ist das Lebenspartnerschaftsgesetz vom Bundesverfassungsgericht endgültig für verfassungsgemäß erklärt worden[93]. Damit ist vorläufig jedoch noch keine Beilegung des erbitterten[94] Streits zu erwarten, da das Urteil bisher nur einer juristischen Mindermeinung entspricht, während die herrschende Meinung der Literatur bislang von einer Verfassungswidrigkeit des Lebenspartnerschaftsgesetzes ausging und noch nicht absehbar ist, ob sich ihre ablehnende Haltung ändern wird[95]. Es bietet sich daher im Folgenden an, neben der Darstellung des Urteils auch den sonstigen Meinungsstand zur verfassungsrechtlichen Problematik wiederzugeben, welcher von Verfassungswidrigkeit auf der einen Seite bis hin zur Forderung nach einer Öffnung der Ehe für gleichgeschlechtliche Paare auf der anderen Seite reicht. Eine solche umfassende Meinungsdarstellung ist trotz des Urteils vom Bundesverfassungsgericht vor allen Dingen deshalb angezeigt, weil die Frage nach der Verfassungsmäßigkeit für eine mögliche Ausweitung der bisher in Kraft getretenen Regelungen des Lebenspartnerschaftsgesetzes sowie insbesondere auch für eventuelle kindschaftsrechtliche Regelungsmöglichkeiten weiterhin relevant bleibt.

Wegen der Vielzahl unterschiedlicher Meinungen sind bei der Darstellung zur Übersichtlichkeit folgende Fragestellungen auseinander zu halten:

- Haben homosexuelle Paare grundsätzlich einen verfassungsrechtlichen Anspruch auf rechtlichen Schutz?
- Ist das Lebenspartnerschaftsgesetz verfassungsgemäß?
- Wären auch noch über das Lebenspartnerschaftsgesetz hinausgehende Regelungen bis hin zu einer völligen Gleichstellung mit der heterosexuellen Ehe mit dem Verfassungsrecht vereinbar?

---

[91] BVerfG, NJW 2001, 2457 f. - Az. 1 BvQ 23/01, 1 BvQ 26/01 - v. 18.7.2001, Absatz-Nr. 18 ff., http://www.bverfg.de.

[92] BVerfG, NJW 2001, 2457 (2458 f.) - Az. 1 BvQ 23/01, 1 BvQ 26/01 - v. 18.7.2001, Absatz-Nr. 29 ff., http://www.bverfg.de.

[93] BVerfG, NJW 2002, 2543 - Az. 1 BvF 1/01, 1 BvF 2/01 - v. 17.7.2002, http://www.bverfg.de.

[94] Siehe dazu 1. Kap. B. Problemstellung und 3. Kap. B. III. 1. Vorbemerkungen.

[95] Vgl. nur *Kanther*, NJW 2003, 797 f.

1. Vorbemerkungen

Die Frage nach der verfassungsrechtlichen Zulässigkeit eines Rechtsinstituts für homosexuelle Paare wird vor allen Dingen deshalb so kontrovers diskutiert, weil der Wunsch nach einer rechtlichen Anerkennung homosexueller Lebensgemeinschaften durch Gefühle motiviert ist, welche für viele Menschen nicht nachvollziehbar sind[96]. Die Berechtigung der Forderung „Gleich viel Recht für gleich viel Liebe“[97] ist daher nur schwer glaubhaft zu machen, insbesondere deshalb, weil Homosexualität zum Teil immer noch als unanständig, unmoralisch und krankhaft bewertet wird[98]. So entsteht nicht selten der Eindruck, dass die Diskussion von Vorurteilen bestimmt wird und stark emotional geprägt ist[99]. In vielen veröffentlichten Stellungnahmen werden zudem persönliche Moralvorstellungen mit sachlichen Argumenten verwechselt[100], was einer differenzierten juristischen Auseinandersetzung wenig zuträglich ist. Derartige Meinungen bleiben bei der folgenden Darstellung daher unberücksichtigt.

---

[96] *Kaiser*, JZ 2001, 617 (620) scheint es „bei der Lebenspartnerschaft Homosexueller primär um die wirtschaftliche und rechtliche Absicherung beider Partner“ zu gehen, „bei der Ehe zwischen Mann und Frau“ hingegen stehe „der lebenslange Gefühlsbund im Vordergrund“.

[97] Slogan der Schwulen- und Lesbenverbände für die Forderung nach einer rechtlichen Gleichstellung homosexueller Paare.

[98] Zur Widerlegung dieser Vorurteile vergleiche nur *Schimmel*, Eheschließungen, 41 ff. m.w.N.

[99] Von diesem Eindruck berichten auch: *Fountoulakis*, AJP/PJA 2001, 307 (316); *Bruns*, ZRP 1996, 6 (10); *Grasnick*, FR v. 2.8.2000; *Buba/Vaskovics*, 7.

[100] Vgl. dazu *Louven*, ZRP 1993, 12 (13) sowie gleichlautend *Otto*, StAZ 1993, 149 (150): „Zur Grundstruktur der Ehe gehört die Verschiedengeschlechtlichkeit, [...]. Dass man diese Normalität und Selbstverständlichkeit rechtfertigen muss, zeigt, dass das Rechtsgefühl einiger Bürger Schaden genommen hat. Gleichgeschlechtliche Partner sollen nicht diskriminiert werden. Wenn sie aber das Menschenrecht einfordern, heiraten zu können, provozieren sie die Rechtsgemeinschaft, greifen ihre Wertvorstellungen an und diskriminieren die Ehe als wesentliche Grundlage unseres Gemeinschaftslebens.“; Edmund Stoiber (CSU): „Wenn ich über steuer- und erbrechtliche Anerkennung von homosexuellen Paaren diskutiere, dann kann ich gleich über Teufelsanbetung diskutieren“, zit. nach *Heun*, 26, Fn. 18; *Diederichsen*, NJW 2000,1841 (1842): „Die eigentliche Ungeheuerlichkeit liegt aber darin, den bislang allgemein [...] verwendeten Ausdruck „Lebenspartner“ nunmehr als Begriff mit juristisch-technischer Bedeutung auf gleichgeschlechtliche Beziehungen einzuengen, so dass man den Ausdruck außerhalb derselben bald ebenso wenig verwenden möchte, wie [...].“; *Geis*, 27 (30 f.): „Die Gesellschaft, solange sie noch gesund empfindet, wird diese sexuelle Lebensform nie als gleichberechtigt mit der Lebensform von Mann und Frau anerkennen. [...] Die Menschen haben immer gewusst, und wenn nicht alles durcheinander gerät, werden sie auch immer wissen, dass unter Ehe die Gemeinschaft zwischen Mann und Frau [...] zu verstehen ist und dass Homosexualität eine Verirrung darstellt.“.

2. *Verfassungsrechtlicher Anspruch auf rechtlichen Schutz für homosexuelle Paare*

Innerhalb der Diskussion wird das Lebenspartnerschaftsgesetz teilweise als die Erfüllung einer verfassungsrechtlichen Verpflichtung des Gesetzgebers zur Schaffung einer rechtlichen Absicherungsmöglichkeit für gleichgeschlechtliche Paare angesehen. Dabei wird ein entsprechender Anspruch auf gesetzgeberisches Tätigwerden aus Art. 6 I, Art. 3 III, I und Art. 2 I i.V.m. Art. 1 I GG hergeleitet. Teilweise wird sogar ein Anspruch auf Eheschließung für gleichgeschlechtliche Paare aus Art. 6 I GG angenommen.

a) Anspruch aus Art. 6 I GG

Gem. Art. 6 I GG stehen Ehe und Familie unter dem besonderen Schutz der staatlichen Ordnung. Daraus wird das Grundrecht auf Eheschließungsfreiheit abgeleitet. Dieses gewährleistet die Freiheit der Entscheidung zur Eheschließung mit einem frei gewählten Partner[101]. Ob auch gleichgeschlechtliche Paare dem Schutzbereich der Eheschließungsfreiheit unterfallen, richtet sich nach der Auslegung des verfassungsrechtlichen Ehebegriffs[102].

aa) Auslegung des Ehebegriffs

Da der Ehebegriff weder im Grundgesetz noch in den einfachgesetzlichen Regelungen des BGB definiert ist und keine der sich mit der Ehe befassenden Vorschriften explizit das Gebot der Geschlechtsverschiedenheit als Voraussetzung für eine Eheschließung normiert, wäre zu erwägen, ob nicht auch gleichgeschlechtliche Paare unter den Ehebegriff zu fassen sind und damit dem besonderen Schutz des Art. 6 I GG unterfallen[103]. Nach ständiger Rechtsprechung des Bundesverfassungsgerichts ist die Ehe nach Art. 6 I GG aber als die Vereinigung von Mann und Frau zu einer umfassenden, grundsätzlich unauflösbaren

---

[101] BVerfGE 31, 58 (67); *v.Mangoldt/Klein/Starck/Robbers*, Art. 6, Rn. 51.

[102] Der Begriff der Familie meint „die umfassende Gemeinschaft von Eltern und Kindern", vgl. BVerfGE 10, 59 (66), nicht jedoch Paarbeziehungen ohne Kinder, dazu *Dreier/Gröschner*, Art. 6, Rn. 51; *Sachs/Schmitt-Kammler*, Art. 6, Rn. 16; *v.Münch/Kunig/Coester-Waltjen*, Art. 6, Rn. 11. Er ist somit für die hier untersuchte Frage nicht einschlägig, vgl. *Beck*, NJW 2001, 1894 (1898).

[103] *Muscheler*, Rn. 23; *Stüber*, KJ 2000, 594 (595).

Lebensgemeinschaft definiert[104]. Gleichgeschlechtliche Paare werden danach nicht von Art. 6 I GG umfasst[105]. Von diesem Grundsatz ist das Bundesverfassungsgericht auch mit seinem Urteil vom 17.7.2002 nicht abgewichen[106]. Ebenso wird in der Literatur von der ganz überwiegenden Mehrheit die Geschlechtsverschiedenheit der Ehegatten als wesentlich für den verfassungsrechtlichen Ehebegriff angesehen[107]. Dies wird mit dem überkommenen Bedeutungsgehalt der Ehe als Keimzelle des Staates begründet, welche das Weiterleben der Gesellschaft sichern solle. Gleichgeschlechtliche Paare könnten im Gegensatz dazu grundsätzlich keinen solchen Beitrag leisten[108]. Der Verfassungsgeber habe nur deshalb das Erfordernis der Geschlechtsverschiedenheit nicht gesetzlich definiert, weil er ganz selbstverständlich davon ausgegangen sei, dass eine Ehe nur zwischen Mann und Frau geschlossen werden könne[109].

bb) Verfassungswandel

Eine Subsumtion gleichgeschlechtlicher Paare unter den Ehebegriff des Art. 6 I GG ist daher nur möglich, wenn ein Verfassungswandel[110] hinsichtlich des traditionellen Ehebegriffs vorliegt, wenn also aufgrund geänderter gesellschaftlicher und sozialer Verhältnisse von einem Bedeutungswandel bei der Auslegung des verfassungsrechtlichen Ehebegriffs gesprochen werden kann[111]. Entscheidend dafür ist die Entwicklung der Ehe und die veränderte gesellschaftliche Beurteilung der Homosexualität[112].

---

[104] BVerfG NJW 1993, 3058; BVerfGE 10, 59 (66); BVerfGE 49, 286 (300); BVerfGE 53, 224 (245); BVerfGE 62, 323 (330).

[105] BVerfG NJW 1993, 3058; BVerfG, NJW 2002, 2543 (2548) - Az. 1 BvF 1/01, 1 BvF 2/01 - v. 17.7.2002, Absatz-Nr. 88, http://www.bverfg.de.

[106] BVerfG, NJW 2002, 2543 (2547 f.) - Az. 1 BvF 1/01, 1 BvF 2/01 - v. 17.7.2002, Absatz-Nr. 79, 87, http://www.bverfg.de.

[107] Z.B. *Dreier/Gröschner*, Art. 6, Rn. 26, 30 ff.; *Jarass/Pieroth/Pieroth*, Art. 6, Rn. 2; *Burgi*, Der Staat 2000, 487 (491); *Krings*, ZRP 2000, 409 (410); *Sachs*, JR 2001, 45; *Louven*, ZRP 1993, 12; *v.Mangoldt/Klein/Starck/Robbers*, Art. 6, Rn. 45 ff.; *Otto*, StAZ 1993, 149; *Kleffmann*, 51 ff.

[108] Vgl. *v.Mangoldt/Klein/Starck/Robbers*, Art. 6, Rn. 46, angesichts des Themas dieser Arbeit ein äußerst fragwürdiges Argument.

[109] *Sachs*, JR 2001, 45; *Willutzki*, MDR 1993, 116 (117); BayObLG, StAZ 1993, 147; *Pauly*, NJW 1997, 1955.

[110] Der Verfassungswandel ist als Auslegungskriterium in der Verfassungslehre anerkannt, vgl. *Stern*, 160 ff.

[111] *Schimmel*, Eheschließungen, 111; *Trimbach/Webert*, NJ 1998, 63 (64); *Pauly*, NJW 1997, 1955 (1956).

[112] *Schimmel*, Eheschließungen, 112.

Wie bereits geschildert, ist die Akzeptanz von Homosexualität in der Gesellschaft erheblich gestiegen. Dies zeigt sich auch an vielfältigen Untersuchungen von Meinungsforschungsinstituten. Danach ist in den letzten Jahren eine deutliche Mehrheit in der Bevölkerung für eine rechtliche Anerkennung homosexueller Paare zu verzeichnen, Tendenz steigend[113]. Auch die gesellschaftliche Realität der Ehe hat sich erheblich verändert. Während einerseits immer mehr Ehen kinderlos bleiben[114], wachsen andererseits immer mehr Kinder in Familien außerhalb von Ehen, also in nichtehelichen Lebensgemeinschaften, ob hetero- oder homosexuell, oder bei Alleinerziehenden auf[115]. Damit ist der Zusammenhang zwischen Ehe und Familie, wie er zur Zeit des Verfassungsgebers noch in aller Regel bestand, erheblich aufgeweicht worden.

Auch die Auffassung von der Ehe hat sich wegen der gestiegenen Individualisierung in der Gesellschaft und der veränderten modernen Fortpflanzungsmoral gewandelt. Das ehemals funktionale, der sozialen Absicherung und der Zeugung von Kindern dienende Verständnis ist einem eher personalen vertraglichen Verständnis gewichen, wonach die auf einer Liebesbeziehung basierende Ehe Selbstzweck ist[116]. Von diesem Verständnis ausgehend, müsste bei Anerkennung einer entsprechenden Liebesbeziehung[117] zwischen Homosexuellen diesen folgerichtig auch die Eheschließung gewährt werden, selbst wenn keine Kinder in der Partnerschaft aufwachsen[118].

Teilweise wird daher ein Verfassungswandel und damit die Zulässigkeit der gleichgeschlechtlichen Eheschließung bejaht[119]. Das Bundesverfassungsgericht hat dies jedoch in seinem Kammerbeschluss von 1993 explizit verneint[120]. Auch wenn ein allgemeiner sozialer Wandel nicht bestritten wird, so wird er von der ganz herrschenden Meinung derzeit dennoch nicht für ausreichend erachtet, daraus einen entsprechenden Verfassungswandel abzuleiten[121].

---

[113] Vgl. die Umfrageergebnisse bei *Beck*, NJW 2001, 1894, Fn. 4; *Muscheler*, Rn. 170.

[114] *Loschelder*, FamRZ 1988, 333.

[115] Vgl. Statistisches Jahrbuch 2001, 64; *Limbach*, M.L.R. 64 (2001), 1 (8); Bericht der Gemeinsamen Verfassungskommission, BT-Drs. 12/6000, 56.

[116] *Duss-v. Werdt*, ZfJ 1984, 17 (19); *Schimmel*, Eheschließungen, 114 ff. m.w.N.

[117] Siehe dazu oben 3. Kap. B. III. 1. Vorbemerkungen.

[118] So auch *Dannecker*, 335 (347).

[119] AG Frankfurt a.M., NJW 1993, 940 f.; *Schimmel/Meier*, StAZ 1993, 210 (213 f.); *Bruns*, ZRP 1996, 6 (7 f.); *Ott*, NJW 1998, 117 ff.; *Bruns/Beck*, MDR 1991, 832 (834); *Schimmel*, Eheschließungen, 162; *Trimbach/Webert*, NJ 1998, 63 (66); angedeutet auch bei *Limbach*, M.L.R. 64 (2001), 1 (8).

[120] BGH NJW 1993, 3058.

[121] BGH NJW 1993, 3058; LG Gießen, NJW 1993, 942; AG Berlin-Schöneberg, StAZ 1993, 148 (149); *Pauly*, NJW 1997, 1955 (1956); *Krings*, ZRP 2000, 409 (410); *Kleffmann*, 259 f.; *Zuleeg*, NVwZ 1986, 800 (802 f.).

cc) Ergebnis

Ein Anspruch auf Eheschließung für gleichgeschlechtliche Paare kann derzeit ohne Verfassungsänderung nicht aus Art. 6 I GG hergeleitet werden.

b) Anspruch aus Art. 3 III, I GG

Ein Anspruch auf rechtlichen Schutz für gleichgeschlechtliche Lebensgemeinschaften könnte sich aus einer Verletzung des Gleichheitssatzes ergeben. Gleichgeschlechtliche Paare haben im Gegensatz zu verschiedengeschlechtlichen Paaren nicht die Möglichkeit, eine Ehe miteinander zu schließen.

aa) Vorliegen einer verfassungsrechtlichen Ungleichbehandlung

Teilweise wird bestritten, dass es sich hierbei überhaupt um eine verfassungsrechtlich relevante Ungleichbehandlung handele, da Art. 3 I GG gebiete, nur Gleiches gleich, Ungleiches aber ungleich zu behandeln[122]. Ein homosexuelles Paar sei wesensmäßig etwas völlig anderes als eine Ehe[123] und müsse daher ungleich behandelt werden[124]. Diese Behauptung ist zunächst einmal sprachlich indifferent. Eine menschliche Beziehung ist immer etwas anderes als eine Rechtsform. Durch das Zusammenleben in der Rechtsform der Ehe wird zwar auch die Beziehung beeinflusst. Die fehlende Möglichkeit für gleichgeschlechtliche Paare, ihr Zusammenleben durch eine ebensolche Rechtsform abzusichern, kann aber nicht als Argument für ihre angebliche Andersartigkeit und damit für die Verweigerung des Zugangs zur Ehe verwendet werden, da dies ein Zirkelschluss wäre. Es ist also zu fragen, ob eine gleichgeschlechtliche Beziehung mit einer verschiedengeschlechtlichen Beziehung vergleichbar ist. Dieses wird zum

---

[122] BayObLG, StAZ 1993, 147; *Laun*, 53 (56).

[123] *Braun*, JZ 2002, 23 (26):„eine der Ehe zutiefst widersprechende Lebensform“; *Geis*, 27 (31); *Diederichsen*, NJW 2000, 1841 (1843).

[124] *Schillen*, Regenbogenfamilien, 27 (28), berichtet von ihren Erfahrungen als Vertreterin des Lesben- und Schwulenverbandes Deutschland: „Man sitzt diesen Menschen gegenüber und in einer frappierenden Offenheit sagen die: „Ja, wir wollen, dass Sie als Lesben und Schwule ungleich behandelt werden. Wir finden das nicht schlimm, sondern wir wollen die Ungleichbehandlung. Wir wollen die Gleichbehandlung nicht. Das ist unsere Weltanschauung, darüber können wir nicht diskutieren.““

Teil unhinterfragt verneint[125]. Welche gravierenden Unterschiede die Vergleichbarkeit ausschließen sollen, ist indes nicht ersichtlich[126]. Auch das Bundesverfassungsgericht hat sich daher den Feststellungen der Soziologie angeschlossen, wonach sich im Gegenteil hetero- und homosexuelle Beziehungen im Wesentlichen gleichen[127]. Die bisher umfassendste soziologische Studie in Deutschland über gleichgeschlechtliche Lebensweisen kommt dabei zu dem Ergebnis, dass eine große Ähnlichkeit zwischen heterosexuellen und homosexuellen Partnerschaften besteht, was die Erwartungen an die Beziehung, die Dauer und die gegenseitige Unterstützung betrifft[128]. Der Einwand wesensmäßiger Andersartigkeit gleichgeschlechtlicher Beziehungen ist damit als ein Vorurteil entkräftet.

Auch eine Untersuchung des Familienministeriums von NRW kam zu dem Ergebnis, dass die teils empfundene Andersartigkeit homosexueller Paare lediglich auf Vorurteilen beruht. Es wurde festgestellt, dass der Teil der Befragten, welcher persönlich Kontakte zu Homosexuellen hatte, deren Lebensgemeinschaften als mit der Ehe vergleichbar einstufte und nicht als andersartig ansah[129]. Anders verhielt es sich nur bei Menschen, denen mangels persönlicher Kontakte zu gleichgeschlechtlichen Paaren der Einblick in die tatsächlichen Gegebenheiten fehlte, um gleichgeschlechtliche Lebensweisen überhaupt beurteilen zu können[130].

Daher wird auch von der herrschenden Meinung das Vorliegen einer verfassungsrechtlich relevanten Ungleichbehandlung gleichgeschlechtlicher Paare anerkannt.

bb) Verstoß gegen Art. 3 III GG

Es ist dabei umstritten, ob für diese Ungleichbehandlung Art. 3 I[131] oder III[132] GG einschlägig ist. Für einen Verstoß gegen Art. 3 III GG ist eine Ungleichbe-

125 So stützt beispielsweise *Diederichsen*, NJW 2000, 1841 (1844), seine Argumentation auf die schlichte Ablehnung, welche nicht mit Tatsachen begründet werden kann: „Was wissen wir eigentlich wirklich über das hinaus, was einige Verbandsvertreter propagieren? Jedenfalls soviel, dass wir nicht wünschen, dass die Justizministerin [...] der Gleichstellung mit der Ehe so nahe kommt, wie irgend möglich.".

126 So auch *Schimmel*, Eheschließungen, 172; *Robbers*, JZ 2001, 779 (782).

127 BVerfG - Az. 1 BvF 1/01, 1 BvF 2/01 - vom 17.7.2002, Absatz-Nr. 3, http://www.bverfg.de; *Eggen*, FPR 2001, 444

128 *Buba/Vaskovics*, 16, 75 ff., 89; *Beck*, NJW 2001,1894 (1895).

129 *Oppermann*, 26 ff., 30.

130 *Oppermann*, 28 f.

131 *Muscheler*, Rn. 22; *Krings*, ZRP 2000, 409 (411); *Beck*, NJW 2001, 1894 (1895).

handlung nach einem der speziell aufgeführten absoluten Differenzierungsverbote erforderlich. Ein Differenzierungsverbot wegen sexueller Orientierung ist bis heute nicht ins Grundgesetz aufgenommen worden[133]. Die sexuelle Orientierung heiratswilliger Personen ist für die Zulässigkeit der Eheschließung aber ohnehin nicht ausschlaggebend[134]. So hindert die Homosexualität eines oder beider Partner nicht an einer Eheschließung, solange sie unterschiedlichen Geschlechts sind. Entscheidend ist einzig dieses, so dass hier eine Benachteiligung wegen des Geschlechts in Betracht kommen könnte[135].

Zum Teil wird vertreten, dass in dem Ausschluss einer Ehe zwischen Personen des gleichen Geschlechts keine Benachteiligung wegen des Geschlechts zu erblicken sei, da jeder Mann eine Frau und jede Frau einen Mann heiraten könne, keiner von ihnen jedoch einen Menschen des gleichen Geschlechts. Männer und Frauen würden insoweit daher völlig gleichbehandelt[136]. Auch das Bundesverfassungsgericht hat sich in seinem Urteil vom 17.7.2002 dieser Auffassung angeschlossen und bezüglich der Ungleichbehandlung gleichgeschlechtlicher Paare durch die Beschränkung der Ehe auf heterosexuelle Paare eine Diskriminierung wegen des Geschlechts gem. Art. 3 III GG nicht für einschlägig befunden[137]. Diese Argumentation der sogenannten „symmetrischen Gleichbehandlung“ verkennt jedoch, dass in Wirklichkeit eine doppelte Ungleichbehandlung vorliegt[138]. Eine Frau darf im Gegensatz zu einem Mann wegen ihres Geschlechts keine Frau heiraten, und ein Mann darf im Gegensatz zu einer Frau keinen Mann heiraten. Durch den sich gegen beide Geschlechter gleichermaßen richtenden Ausschluss einer gleichgeschlechtlichen Ehe wird lediglich eine weitere Ungleichbehandlung aufgrund des Geschlechts vermieden[139]. Er führt aber

---

132 *Stüber*, KJ 2000, 594 (595); *Sachs*, JR 2001, 45 (46); *Schimmel*, Eheschließungen, 177; *Grasnick*, FR v. 2.8.2000; *Strick* DEuFamR 2000, 82 (85); AG Frankfurt a.M., NJW 1993, 940 (941).

133 Vgl. Bericht der gemeinsamen Verfassungskommission: BT-Drs. 12/6000, 56 f.

134 *Krings* irrt mit seiner gegenteiligen Auffassung, ZRP 2000, 409 (410).

135 Im Ergebnis zwar nicht für einschlägig befunden, aber dennoch für erwähnenswert gehalten wird von *Sachs*, JR 2001, 45 (46), das Kriterium der Behinderung nach Art. 3 III 2 GG, angesichts der Tatsache, dass die Weltgesundheitsorganisation WHO Homosexualität seit 1993 aus der internationalen Liste für Krankheiten gestrichen hat - vgl. *Fthenakis*, 351 (362) -, eine unsachlich erscheinende Erwägung.

136 *Diederichsen*, NJW 2000, 1841 (1842); *Krings*, ZRP 2000, 409 (410 f.); *Muscheler*, Rn. 22; *Klein*, FPR 2001, 434 (436).

137 BVerfG, NJW 2002, 2543 (2549) - Az. 1 BvF 1/01, 1 BvF 2/01 - v. 17.7.2002, Absatz-Nr. 106, http://www.bverfg.de. Widersprüchlich dazu ist allerdings, dass das BVerfG an anderer Stelle annimmt, dass der Gesetzgeber durch die den gleichgeschlechtlichen Paaren zuerkannten Rechte unter anderem auch Art. 3 III GG Rechnung trage, vgl. S. 2548, bzw. Absatz-Nr. 88.

138 *Strick*, DEuFamR 2000, 82 (85); *Stüber*, KJ 2000, 594 (595); *Pauly*, NJW 1997, 1955; *Sachs*, JR 2001, 45 (46); *Schimmel*, Eheschließungen, 173 ff.

139 *Pauly*, NJW 1997, 1955.

keinesfalls zu einer Kompensation der für jedes Geschlecht jeweils vorliegenden Benachteiligung, sondern benachteiligt jede betroffene Person wegen ihres eigenen Geschlechts[140]. So wie das sich gegen beide Rassen gleichermaßen richtende Eheschließungsverbot der Nationalsozialisten zwischen Juden und Deutschen[141] eine Diskriminierung wegen der Rasse gem. Art. 3 III GG darstellt, steht daher auch das Verbot der gleichgeschlechtlichen Ehe tatbestandlich im Widerspruch zu dem absoluten Differenzierungsverbot wegen des Geschlechts gem. Art. 3 III GG[142].

Art. 6 I GG stellt nach herrschender Meinung die verfassungsrechtliche Rechtfertigung für diese Ungleichbehandlung dar[143]. Dabei wird ganz selbstverständlich von einem Vorrang des Art. 6 I GG als lex specialis zu Art. 3 III GG ausgegangen. Es entspricht jedoch ständiger Rechtsprechung, dass Art. 6 I GG keinen grundsätzlichen Vorrang vor Art. 3 II, III GG hat, sondern dass die Gleichberechtigung der Geschlechter auch für den Bereich von Ehe und Familie gilt[144]. Das Bundesverfassungsgericht hat in seiner Entscheidung von 1993 über die Zulässigkeit gleichgeschlechtlicher Ehen Art. 6 I GG zwar als vorrangig vor dem allgemeinen Gleichheitssatz des Art. 3 I GG gewertet. Es hat das absolute Gleichheitsgebot gem. Art. 3 III GG, welches einen wesentlich strengeren Maßstab an die Beurteilung der Rechtmäßigkeit von Eingriffen aufstellt, in diesem Zusammenhang aber gar nicht angesprochen und damit offen gelassen, wie das Verhältnis zwischen Art. 6 I GG und Art. 3 III GG zu bewerten ist[145].

Teilweise wird dieses Verhältnis daher als nicht eindeutig geklärt angesehen[146]. Als Rechtfertigung für den Ausschluss gleichgeschlechtlicher Paare aus der Ehe wird deshalb ein sachlicher Grund gefordert, der in einem anerkennenswerten höheren Interesse liegen müsse[147]. Rational nicht zu begründende moralische Auffassungen seien dafür nicht ausreichend, und auch der Rückgriff auf Art. 6 I GG zur Rechtfertigung des Ausschlusses aus dem Schutzbereich des Art. 6 I GG sei als Zirkelschluss untauglich[148].

---

140 *Strick*, DEuFamR 2000, 82 (85); *Schimmel*, Eheschließungen, 175.

141 Gesetz zum Schutze des deutschen Blutes und der deutschen Ehre, v. 15.9.1935, RGBl. I, S. 1146, §§ 1, 5 I, vgl. *Sachs*, JR 2001, 45 (46).

142 *Pauly*, NJW 1997, 1955; *Strick*, DEuFamR 2000, 82 (85); *Sachs*, JR 2001, 45 (46).

143 *Sachs*, JR 2001, 45 (46); *Pauly*, NJW 1997, 1955 f.; *Stüber*, KJ 2000, 594 (600); *Krings*, ZRP 2000, 409 (411); BVerwG, NJW 2000, 2038 (2039); Hk-LPartG/*Stüber*, Einleitung, Rn. 29.

144 Vgl. BVerfGE 3, 225 (242); BVerfGE 10, 59 (66 ff.); *Dreier/Heun*, Art. 3, Rn. 125; *v.Münch/Kunig/Gubelt*, Art. 3, Rn. 88.

145 BVerfG, NJW 1993, 3058.

146 *Strick*, DEuFamR 2000, 82 (85 f.); *Schimmel*, Eheschließungen, 173 ff.; *Röthel*, ZRP 1999, 511 (517); AG Frankfurt a.M., NJW 1993, 940 (941).

147 AG Frankfurt a.M., NJW 1993, 940 (941); *Bruns*, ZRP 1996, 6 (10);

148 *Schimmel*, Eheschließungen, 179. Auch das AG Rostock, StAZ 1993, 150 (151) sieht das Problem der zirkulären Begründung.

Setzt man jedoch den wie oben ausgelegten verfassungsrechtlichen Ehebegriff ausschließlich als die Gemeinschaft von Mann und Frau voraus, so wird diese Geschlechtsverschiedenheit als eheliches Wesensmerkmal von der Institutsgarantie des Art. 6 I GG geschützt und rechtfertigt demnach den Ausschluss gleichgeschlechtlicher Paare von der Ehe. Damit ist eine Ungleichbehandlung gleichgeschlechtlicher Paare allerdings nur insoweit legitimiert, als es um die Nichtzulassung zum konkreten Rechtsinstitut der Ehe geht, wobei auch diese Legitimation angesichts der Tatsache, dass sie auf einer gegen ein absolutes Differenzierungsverbot verstoßenden Auslegung des Ehebegriffs beruht, zumindest zweifelhaft erscheint[149]. Eine Rechtfertigung, gleichgeschlechtliche Paare völlig rechtlos zu stellen, ergibt sich daraus jedenfalls nicht[150]. Vielmehr ist es aufgrund der Ungleichbehandlung gem. Art. 3 III GG geboten, gleichgeschlechtlichen Paaren, wenn schon nicht die Zulassung zur Ehe, so doch zumindest einen vergleichbaren Schutz durch eine rechtliche Absicherungsmöglichkeit ihrer Beziehung zu gewähren. Auch das Bundesverfassungsgericht hat in seinem Urteil vom 17.7.2002 anerkannt, dass der Gesetzgeber durch die Schaffung des Lebenspartnerschaftsgesetzes den Grundrechten gleichgeschlechtlicher Paare unter anderem auch aus Art. 3 III GG Rechnung getragen habe[151]. Wieso das Bundesverfassungsgericht hier Art. 3 III GG im Widerspruch zu seinen eigenen Ausführungen für einschlägig hält, bleibt indes unklar[152].

cc) Verstoß gegen Art. 3 I GG

Da die Ungleichbehandlung gleichgeschlechtlicher Paare wegen Nichtzulassung zum Rechtsinstitut der Ehe bereits unter den spezielleren Art. 3 III GG fällt, kommt für den allgemeinen Gleichheitssatz gem. Art. 3 I GG nur eine Ungleichbehandlung zwischen den Vergleichsgruppen der verheirateten und der unverheirateten Personen im Allgemeinen in Betracht wegen der einzelnen gesetzlichen Regelungen, die an das Bestehen einer Ehe anknüpfen[153]. Die sich daraus im Einzelnen ergebenden Privilegien für Eheleute sind als Ungleichbehandlung der Unverheirateten nur dann gerechtfertigt gem. Art. 6 I GG, wenn der Grund für die Anknüpfung an das Bestehen einer Ehe bei unverheirateten

---

149 Ähnlich auch: *Strick*, DEuFamR 2000, 82 (86). Deshalb für verfassungskonforme Auslegung des Ehe-begriffs: *Schimmel*, Eheschließungen, 182 f.

150 Ähnlich auch *Muscheler*, Rn. 22; Hk-LPartG/*Stüber*, Einleitung, Rn. 29.

151 BVerfG, NJW 2002, 2543 (2548) - Az. 1 BvF 1/01, 1 BvF 2/01 - v. 17.7.2002, Absatz-Nr. 88, http://www.bverfg.de.

152 Vgl. BVerfG, NJW 2002, 2543 (2548 f.) - Az. 1 BvF 1/01, 1 BvF 2/01 - v. 17.7.2002, Absatz-Nr. 88 und Absatz-Nr. 106, http://www.bverfg.de.

153 *Sachs*, JR 2001, 45 (47); *Pauly*, NJW 1997, 1955 (1956 f.); *Burgi*, Der Staat 2000, 487 (505 ff.).

Personen nicht gegeben ist[154]. Insbesondere hinsichtlich des Zeugnisverweigerungsrechts, das auch bei Verlobten angenommen wird, liegt der Grund nicht im formalen Bestand der Ehe, sondern in der emotionalen Verbundenheit der betroffenen Personen zueinander, die bei unverheirateten Paaren genauso vorhanden sein kann wie bei verheirateten[155]. Auch das Bundesverfassungsgericht hatte schon 1993 einen Anspruch auf einzelne rechtliche Regelungen für gleichgeschlechtliche Paare wegen Verstoßes gegen Art. 3 I GG zumindest für möglich gehalten[156]. Bei welchen einzelnen Regelungen des Weiteren ein Verstoß gegen Art. 3 I GG vorliegt, muss bis auf die noch genau zu prüfenden kindschaftsrechtlichen Regeln hier offen bleiben, da sonst der Rahmen dieser Arbeit gesprengt würde.

dd) Ergebnis

Die Nichtzulassung gleichgeschlechtlicher Paare zur Ehe stellt zwar einen tatbestandlichen Verstoß gegen das Differenzierungsverbot aufgrund des Geschlechts gem. Art. 3 III GG dar. Sie ist aber bei Zugrundelegung des derzeitigen verfassungsrechtlichen Ehebegriffs wegen Art. 6 I GG verfassungsrechtlich gerechtfertigt. Gleichgeschlechtliche Paare haben daher zwar keinen Anspruch auf Öffnung der Ehe. Eine völlige Rechtlosstellung verstößt jedoch gegen den Gleichheitssatz gem. Art. 3 III, I GG, wonach vielmehr die Schaffung rechtlicher Absicherungsmöglichkeiten für gleichgeschlechtliche Paare geboten ist. Dabei ist es der Entscheidung des Gesetzgebers überlassen, diesen Schutz, wie geschehen, durch ein eigenständiges Rechtsinstitut oder durch einzelne gesetzliche Regelungen zu gewähren.

c) Anspruch aus Art. 2 I, Art. 1 I GG

Die fehlende Möglichkeit für gleichgeschlechtliche Paare, eine Ehe zu schließen, stellt entgegen teilweiser Behauptung keine Verletzung der allgemeinen Handlungsfreiheit dar. Art. 2 I GG schützt nämlich nur rechtlich vorgesehene Verhaltensweisen, nicht aber die Möglichkeit, ein rechtlich nicht vorgesehenes Rechtsverhältnis zu begründen[157].

---

[154] *Pauly*, NJW 1997, 1955 (1956 f.); *Burgi*, Der Staat 2000, 487 (505 ff.).

[155] *Sachs*, JR 2001, 45 (47, Fn. 27); *Pauly*, NJW 1997, 1955 (1956 f.); *Burgi*, Der Staat 2000, 487 (506).

[156] BVerfG, NJW 1993, 3058.

[157] *Muscheler*, Rn. 21; *Sachs*, JR 2001, 45 (46).

Es stellt sich aber die Frage, ob darin eine Verletzung der Menschenwürde gem. Art. 1 I GG zu erblicken ist. Die fehlende rechtliche Absicherungsmöglichkeit brachte bislang - wie beschrieben - vielfältige und gravierende Nachteile für gleichgeschlechtliche Paare mit sich[158]. Viele Betroffene litten aber besonders unter der Tatsache, dass sie durch die Rechtslosigkeit in ihrer homosexuellen Lebensform mit einem moralischen und sittlichen Unwerturteil belegt wurden[159]. Ihrer Partnerschaft mit der Begründung den Schutz zu versagen, dass die Gesellschaft aufgrund fehlender Reproduktionsmöglichkeiten kein Interesse an homosexuellen Gemeinschaften habe[160], stellte zudem eine schwere Missachtung für die Betroffenen dar[161]. Sie wurden damit zu unnützen Objekten degradiert[162]. Viele fühlten sich als Menschen zweiter Klasse behandelt[163]. Allerdings kann darin wohl dennoch keine Verletzung der Menschenwürde gesehen werden, da Art. 1 I GG nur vor schweren, existentiellen Beeinträchtigungen schützt[164]. Da die Betroffenen anders als zu Zeiten der strafrechtlichen Verfolgung[165] grundsätzlich nicht mehr daran gehindert waren, in gleichgeschlechtlicher Partnerschaft zusammen zu leben, wurde allein in der fehlenden rechtlichen Absicherungsmöglichkeit noch kein Verstoß gegen die Menschenwürde gesehen[166]. Ein solcher kam allenfalls bei Beziehungen zu ausländischen Partnern in Betracht, wenn wegen fehlender Aufenthaltserlaubnis ein Zusammenleben in Deutschland unmöglich war[167]. Die anderen zwar nicht existenziellen, aber dennoch gewichtigen Beeinträchtigungen fallen stattdessen in den Bereich des allgemeinen Persönlichkeitsrechts gem. Art. 2 I i.V.m. Art. 1 I GG.

Die Freiheit, mit einem gleichgeschlechtlichen Partner in einer Lebensgemeinschaft zusammenzuleben, wird - wie auch die Freiheit, eine nichteheliche Lebensgemeinschaft zu führen, - vom allgemeinen Persönlichkeitsrecht nach Art. 2 I i.V.m. Art. 1 I GG geschützt[168]. Ein Gesetz, welches an den Gebrauch

---

[158] Vgl. dazu oben 3. Kap. A. Rechtslage vor Inkrafttreten des Lebenspartnerschaftsgesetzes.

[159] *Schimmel*, Eheschließungen, 30 f.; *Dannecker*, 335 (347).

[160] So z.B. *Kleffmann*, 261 ff.; *Pawlowski*, JZ 2000, 765; *Kirchhof*, FPR 2001, 436 (437 f.); *Kirchhof*, Eingetragene Lebenspartnerschaft, 57 (65, 67 f.); *Louven*, ZRP 1993, 12 f.; *Willutzki*, MDR 1993, 117 (118); *Schumacher*, FamRZ 1994, 857 (858); ähnlich auch *v.Mangoldt/Klein/Starck/Robbers*, Art. 6, Rn. 46, angesichts des Themas dieser Arbeit zudem ein sehr zweifelhaftes Argument.

[161] *Schimmel*, Eheschließungen, 170 f.

[162] Nach der Objektformel des Bundesverfassungsgerichts „widerspricht es der menschlichen Würde, den Menschen zum bloßen Objekt im Staat zu machen", BVerfGE 87, 209 (228); *Pieroth/Schlink*, Rn. 359.

[163] Vgl. auch *Buba/Vaskovics*, 100.

[164] *Sachs/Höfling*, Art. 1, Rn. 16 f.

[165] *Sachs*, JR 2001, 45 f.

[166] So auch *Schimmel*, Eheschließungen, 171; *Stüber*, KJ 2000, 594 (599 f.); *Sachs*, JR 2001, 45 f.

[167] *Stüber*, KJ 2000, 594 (600); vgl. auch *Buba/Vaskovics*, 100.

[168] BGHZ 92, 213, 219.

dieser Freiheit erhebliche Nachteile knüpft, muss daher dem Grundsatz der Verhältnismäßigkeit entsprechen[169]. Dabei müssen sich heterosexuelle nichteheliche Gemeinschaften entgegenhalten lassen, dass sie sich bewusst gegen die Ehe entschieden haben. Gleichgeschlechtliche Paare haben dagegen keine Möglichkeit zur Eheschließung. Ihr Zusammenleben wurde ohne rechtliche Absicherungsmöglichkeit bislang oft sehr erschwert, bei Beziehungen zu Ausländern ohne Anspruch auf Erteilung einer Aufenthaltserlaubnis zum Teil sogar unmöglich gemacht[170]. Das Bundesverfassungsgericht hat daher schon 1993 eine Verpflichtung des Gesetzgebers aus Art. 2 I i.V.m. Art. 1 I GG, gleichgeschlechtlichen Paaren eine rechtliche Absicherungsmöglichkeit ihrer Lebensgemeinschaft zu schaffen, wegen „vielfältiger Behinderungen ihrer privaten Lebensgestaltung und Benachteiligungen gegenüber Ehepartnern" für möglich gehalten[171]. Diese Ansicht hat es in seiner Entscheidung von 2001 zur einstweiligen Anordnung beibehalten und zudem insbesondere den Stellenwert des Persönlichkeitsschutzes bei Partnerschaften mit Ausländern hoch gewichtet[172]. In der Hauptsacheentscheidung vom 17.7.2002 hat das Bundesverfassungsgericht anerkannt, dass der Gesetzgeber durch die Schaffung des Lebenspartnerschaftsgesetzes auch dem allgemeinen Persönlichkeitsrecht gleichgeschlechtlicher Paare nach Art. 2 I i.V.m. Art. 1 I GG Rechnung getragen habe[173].

Selbst die Gegner des Lebenspartnerschaftsgesetzes räumen ein, dass zumindest in den Bereichen des Zeugnisverweigerungsrechts, des Besuchsrechts im Krankenhaus, des Totensorgerechts und des Ausländerrechts wegen der besonders gravierenden Beeinträchtigungen eine verfassungsrechtliche Notwendigkeit zum gesetzgeberischen Tätigwerden gegeben ist[174]. Aus Art. 2 I i.V.m. Art. 1 I GG lässt sich also zumindest ein Anspruch auf Teilregelungen zum Schutz gleichgeschlechtlicher Partnerschaften herleiten.

---

[169] BVerfGE 17, 306 (314); BVerfGE 80, 103 (106 f.); BVerfGE 80, 137 (153); BVerfGE 87, 234 (267).

[170] *Bruns*, ZRP 1996, 6 (8 f.); siehe dazu auch oben 3. Kap. A. Rechtslage vor Inkrafttreten des Lebenspartnerschaftsgesetzes.

[171] BVerfG NJW 1993, 3058 f.

[172] BVerfG, NJW 2001, 2457 (2458 f.) - Az. 1 BvQ 23/01, 1 BvQ 26/01 - v. 18.7.2001, Absatz-Nr. 27, 31, http://www.bverfg.de.

[173] BVerfG, NJW 2002, 2543 (2548) - Az. 1 BvF 1/01, 1 BvF 2/01 - v. 17.7.2002, Absatz-Nr. 88, http://www.bverfg.de.

[174] *Sachs*, JR 2001, 45 (46); *Pawlowski*, JZ 2000, 765; Pauly, NJW 1997, 1955 (1957). Anders *Braun*, JZ 2002, 23 (30): „Bei den Zeugnisverweigerungsrechten des § 383 ZPO geht es vor allem um den Schutz gesellschaftlich bedeutsamer Institutionen. Was aber soll man einem benachteiligten Gläubiger antworten, wenn er um Auskunft bittet, welchen überragenden gesellschaftlichen Interessen eine gleichgeschlechtliche Lebenspartnerschaft dient?".

d) Ergebnis

Ein Anspruch auf Eheschließung für gleichgeschlechtliche Paare kann derzeit ohne Verfassungsänderung weder aus Art. 6 I GG noch aus Art. 3 III GG hergeleitet werden. Der rechtslose Zustand homosexueller Paare, wie er vor der Schaffung der eingetragenen Lebenspartnerschaft bestand, verstößt jedoch gegen Art. 2 I i.V.m. Art. 1 I GG und Art. 3 III, I GG. Diese gewähren einen grundrechtlichen Anspruch auf Schaffung einer rechtlichen Absicherungsmöglichkeit für gleichgeschlechtliche Paare. Ein Anspruch auf Schaffung des Lebenspartnerschaftsgesetzes in seiner konkreten Gestalt lässt sich daraus aber schon wegen des grundsätzlichen Charakters der Grundrechte als Abwehrrechte nicht ableiten, da bei einem Anspruch auf positives Tätigwerden des Gesetzgebers diesem ein großer Gestaltungsspielraum verbleiben muss[175]. Der erforderliche Schutz kann daher, wie geschehen, durch ein eigenständiges Rechtsinstitut gewährt werden oder auch durch einzelne gesetzliche Regelungen.

3. Verfassungsmäßigkeit des Lebenspartnerschaftsgesetzes

Der Streit um die Verfassungsmäßigkeit des Lebenspartnerschaftsgesetzes, mit dem sich auch das Bundesverfassungsgericht[176] zu befassen hatte, bezieht sich sowohl auf das Zustandekommen des Gesetzes als auch auf seinen materiellen Regelungsgehalt.

a) Formelle Verfassungsmäßigkeit

Zum Teil wird das Lebenspartnerschaftsgesetz für formell verfassungswidrig gehalten, da es willkürlich in zwei Teile - das LPartG und das LPartGErgG - aufgespaltet worden sei, um in unzulässiger und rechtsmissbräuchlicher Weise das Zustimmungsrecht des Bundesrates zu umgehen[177]. Das Bundesverfassungsgericht hat jedoch entschieden, dass die Aufteilung des Gesetzes verfassungsrechtlich nicht zu beanstanden sei, da der Bundestag kraft seines Rechtes zur Gesetzgebung auch die Möglichkeit habe, Gesetze aufzuteilen, und diese Aufteilung weder willkürlich erfolgt sei, noch zu unverständlichen oder unselb-

---

[175] *Beck*, NJW 2001, 1894 (1895); *Sachs*, JR 2001, 45 (46).
[176] BVerfG, NJW 2002, 2543 - Az. 1 BvF 1/01, 1 BvF 2/01 - v. 17.7.2002, http://www.bverfg.de.
[177] *Scholz/Uhle*, NJW 2001, 393 (394 f.); *Geis*, 27 (33 f.).

ständigen Einzelgesetzen geführt habe[178]. Eine formelle Verfassungswidrigkeit des Lebenspartnerschaftsgesetzes liegt damit nicht vor.

b) Materielle Verfassungsmäßigkeit

Die materielle Verfassungsmäßigkeit des Lebenspartnerschaftsgesetzes wurde bislang von der herrschenden Literatur bestritten. Dabei wurden insbesondere Verstöße gegen Art. 6 I GG und Art. 3 GG angenommen. Es fanden sich aber auch Stimmen, die das Gesetz für mit dem Grundgesetz vereinbar hielten. Dieser Meinung hat sich nun auch das Bundesverfassungsgericht angeschlossen.

aa) Verstoß gegen Art. 6 I GG

Art. 6 I GG hat anerkanntermaßen drei Grundrechtsfunktionen[179]. Zum einen ist er klassisches Abwehrrecht gegen staatliche Eingriffe. Art. 6 I GG kommt des Weiteren die Funktion als Institutsgarantie zu, wonach der Bestand des Instituts der Ehe in ihren wesentlichen Strukturen gewahrt werden muss[180]. Außerdem stellt Art. 6 I GG als wertentscheidende Grundsatznorm nach der Rechtsprechung des Bundesverfassungsgerichts eine „verbindliche Wertentscheidung für den gesamten Bereich des Ehe und Familie betreffenden privaten und öffentlichen Rechts" dar[181].

(1) Abwehrrecht

Durch das Lebenspartnerschaftsgesetz werden keinerlei bestehende Ehen beeinträchtigt. Eine Beeinträchtigung der Eheschließungsfreiheit ist ebenfalls nicht gegeben, da es bislang kein Ehehindernis bei bestehender Lebenspartnerschaft gibt, so dass keine eheschließungswillige Person durch das Lebenspartnerschaftsgesetz an ihrem Vorhaben gehindert wird[182]. Das Bundesverfassungsge-

---

[178] Vgl. dazu ausführlich BVerfG, NJW 2002, 2543 (2545 f.) - Az. 1 BvF 1/01, 1 BvF 2/01 - v. 17.7.2002, Absatz-Nr. 65 ff., http://www.bverfg.de.

[179] Vgl. *v.Münch/Kunig/Coester-Waltjen*, Art. 6 Rn. 1; *Sachs/Schmitt-Kammler*, Art. 6 Rn. 19; *Jarass/Pieroth/ Pieroth*, Art. 6 Rn. 1.

[180] *Sachs/Schmitt-Kammler*, Art. 6 Rn.27; *v.Münch/Kunig/Coester-Waltjen*, Art. 6 Rn. 12.

[181] BVerfGE 6, 55, 71.

[182] BVerfG, NJW 2002, 2543 (2547) - Az. 1 BvF 1/01, 1 BvF 2/01 - v. 17.7.2002, Absatz-Nr. 78 ff., http://www.bverfg.de.

richt hat zudem festgestellt, dass die Eheschließungsfreiheit selbst bei Einführung eines solchen Ehehindernisses nicht in unzulässiger Weise eingeschränkt wäre[183]. Ein Verstoß gegen die Abwehrfunktion des Art. 6 I GG liegt somit nicht vor[184].

(2) Institutsgarantie und wertentscheidende Grundsatznorm

Es besteht Einigkeit darüber, dass sich aus den Funktionen des Art. 6 I GG als Institutsgarantie und wertentscheidende Grundsatznorm ein Benachteiligungsverbot der Ehe ableitet[185]. Danach ist eine Schlechterstellung der Ehe gegenüber anderen Lebensgemeinschaften nicht zulässig[186]. Das Lebenspartnerschaftsgesetz stellt Ehegatten jedoch weder schlechter als bisher noch schlechter als Lebenspartner[187]. Letzteren werden durch die Eingehung der Lebenspartnerschaft sogar trotz gleicher Pflichten wesentlich weniger Rechte als durch eine Ehe zuerkannt[188]. Somit wird das Benachteiligungsverbot des Art. 6 I GG nicht verletzt[189].

Nach bislang herrschender Ansicht in der Literatur soll über das Erfordernis des Benachteiligungsverbotes hinaus auch ein Differenzierungs- bzw. Schutzabstandsgebot bestehen, welches eine Gleichstellung gleichgeschlechtlicher Lebensgemeinschaften mit der Ehe verbiete[190].

Andere Meinungen der Literatur hingegen sehen ein solches Hindernis nicht[191]. Das Bundesverfassungsgericht hat unerwartet zum Abstandsgebot Stellung ge-

---

183 BVerfG, NJW 2002, 2543 (2547) - Az. 1 BvF 1/01, 1 BvF 2/01 - v. 17.7.2002, Absatz-Nr. 85, http://www.bverfg.de; vgl. dazu ausführlich unten 3. Kap. B. IV. 1. a) aa) Begründungsvoraussetzungen und Form.

184 *Scholz/Uhle*, NJW 2001, 393 (396); *Beck*, NJW 2001, 1894 (1899); *Burgi*, Der Staat 2000, 487 (495); BVerfG, NJW 2002, 2543 (2547) - Az. 1 BvF 1/01, 1 BvF 2/01 - v. 17.7.2002, Absatz-Nr. 78, http://www.bverfg.de.

185 *Sachs/Schmitt-Kammler*, Art. 6 Rn. 32.

186 BVerfG, NJW 2002, 2543 (2548) - Az. 1 BvF 1/01, 1 BvF 2/01 - v. 17.7.2002, Absatz-Nr. 92, http://www.bverfg.de.

187 BVerfG, NJW 2002, 2543 (2548) - Az. 1 BvF 1/01, 1 BvF 2/01 - v. 17.7.2002, Absatz-Nr. 94, http://www.bverfg.de.

188 Siehe unten 3. Kap. B. IV. Regelungsinhalt.

189 So auch BVerfG, NJW 2002, 2543 (2548) - Az. 1 BvF 1/01, 1 BvF 2/01 - v. 17.7.2002, Absatz-Nr. 91 ff., http://www.bverfg.de.

190 *Krings*, ZRP 2000, 409 (413 f.); *Pauly*, NJW 1997, 1955 (1956); *Kleffmann*, 262 f.; *Diederichsen*, NJW 2000, 1841 (1843); *Pawlowski*, JZ 2000, 765; *Burgi*, Der Staat 2000, 487 (501 ff.); *Scholz/Uhle*, NJW 2001, 393 (396 ff.); *Braun*, JZ 2002, 23 (25 f.).

191 *Strick*, DEuFamR 2000, 82 (86 ff.); *Grasnick*, FR v. 2.8.2000; *Trimbach/Webert*, NJ 1998, 63 (65); *Muscheler*, Rn. 25 f.; *Fountoulakis*, AJP/PJA 2001, 307 (317); *Sachs*, JR 2001, 45 (49).

nommen, obwohl diese Frage für die Entscheidung nicht von Bedeutung gewesen wäre, da das Lebenspartnerschaftsgesetz bislang ohne die noch nicht in Kraft getretenen Regelungen des Lebenspartnerschaftsergänzungsgesetzes ohnehin einen großen Abstand zur Ehe wahrt. Schon nach bisheriger Rechtsprechung hatte das Bundesverfassungsgericht einen Bekämpfungsauftrag gegenüber anderen Lebensgemeinschaften abgelehnt[192]. Nun hat es sich in seinem Urteil zur Verfassungsmäßigkeit des Lebenspartnerschaftsgesetzes auch explizit gegen das Bestehen eines Abstandsgebots gegenüber homosexuellen Lebensgemeinschaften ausgesprochen[193].

(a) Wortlaut: „besonderer Schutz"

Das vielfach geforderte Abstandsgebot ist zwar nicht ausdrücklich dem Art. 6 I GG zu entnehmen, wird aber auf den Wortlaut des Art. 6 I GG gestützt, wonach die Ehe unter „besonderem" Schutz stehe. Der besondere Schutz der Ehe ginge durch eine rechtliche Gleichstellung mit homosexuellen Paaren verloren, da ein Schutz, den alle genießen, kein besonderer mehr sei[194]. Dieser Auffassung ist in mehrfacher Hinsicht zu widersprechen. Zunächst ist es generell zweifelhaft, ob dem Wort „besonders" nach der Intention des Verfassungsgebers überhaupt eine eigenständige Bedeutung in diesem Zusammenhang zukommt, da in der Entstehungsgeschichte des Art. 6 I GG die Entscheidung zwischen den Formulierungen „Schutz" und „besonderer Schutz" lediglich von sprachempfindlichen, nicht jedoch von inhaltlichen Gründen abhängig gemacht worden ist[195]. Zudem hat das Wort „besonders" nicht die gleiche Wortbedeutung wie „ausschließlich"[196] und kann folglich auch nicht dahingehend interpretiert werden, dass der gewährte Schutz ausschließlich der Ehe und keiner anderen Lebensgemeinschaft zukommen dürfe. Außerdem macht es wenig Sinn, die Intention des Wortes „besonders" in einem Seltenheitswert des Schutzes zu suchen als vielmehr in der Qualität desselben. Diese wird aber dadurch, dass anderen ein Schutz der gleichen „besonderen" Qualität zu Teil wird, nicht gemindert. Aus dem Wortlaut des Art. 6 I GG lässt sich damit kein Abstandsgebot herleiten. Zu diesem Ergebnis gelangt auch das Bundesverfassungsgericht, welches die Bedeutung der Be-

---

[192] BVerfG, NJW 1990, 1593 (1594); *Beck*, NJW 2001, 1894 (1899); *Sachs/Schmitt-Kammler*, Art. 6, Rn. 43.

[193] BVerfG, NJW 2002, 2543 (2548 f.) - Az. 1 BvF 1/01, 1 BvF 2/01 - v. 17.7.2002, Absatz-Nr. 98 ff., http://www.bverfg.de.

[194] *Pauly*, NJW 1997, 1955 (1956); *Krings*, ZRP 2000, 409 (411); *Kleffmann*, 263; *Pawlowski*, JZ 2000, 765.

[195] Vgl. BVerfG, NJW 2002, 2543 (2549) - Az. 1 BvF 1/01, 1 BvF 2/01 - v. 17.7.2002, Absatz-Nr. 100, http://www.bverfg.de.

[196] *Grasnick*, FR v. 2.8.2000; *Kingreen*, 71; *Fountoulakis*, AJP/PJA 2001, 307 (316).

sonderheit des Schutzes in seiner grundrechtlichen Verankerung, nicht jedoch in seinem inhaltlich ausgeprägteren Umfang gegenüber anderen Lebensgemeinschaften erblickt[197].

(b) Privilegierung wegen Familiengründung

Ein Verbot der Gleichstellung gleichgeschlechtlicher Partnerschaften mit der Ehe wird häufig auch daraus gefolgert, dass der Sinn und Zweck der Eheförderung, welcher in einer zu erwartenden Familiengründung liege, bei homosexuellen Paaren nicht erfüllt werden könne[198]. Auch diese Argumentation ist aus mehrfacher Sicht zweifelhaft.

Zum einen ignoriert sie schlicht die Tatsache, dass - wie beschrieben - auch in vielen homosexuellen Gemeinschaften Kinder aufwachsen[199].

Des Weiteren setzt die staatliche Ehe im Gegensatz zur katholischen Ehe[200] weder Zeugungsbereitschaft noch -fähigkeit voraus, sondern entfaltet ihre typisierte Schutzwirkung unabhängig davon[201]. Es werden daher ebenso kinderlose Ehen geschützt, wie auch Ehen von alten, kranken, zeugungsunfähigen, zeugungsunwilligen oder transsexuellen Menschen. Die Zeugungswilligkeit ist sicherlich schwer zu überprüfen, ebenso die Zeugungsfähigkeit im Einzelfall, zumal eine solche Überprüfung wenig menschenwürdig wäre. In diesen Fällen ist eine Typisierung mit zwangsläufigen Fehlerquoten also angezeigt, auch wenn sie angesichts der steigenden Zahl kinderloser Doppelverdienerehen und nichtehelicher Lebensgemeinschaften mit Kindern zunehmend fragwürdig wird. Bei alten Menschen und bei einer Transsexuellenehe ist die Zeugungsunfähigkeit jedoch offensichtlich. Dennoch besteht kein Eheverbot für diese Personengruppen.

Zudem hat sich die Funktion der Ehe gewandelt[202]. Sie ist nicht mehr nur Keimzelle des Staates, welche bereits über den Begriff der „Familie" in Art. 6 I GG

---

[197] BVerfG, NJW 2002, 2543 (2548 f.) - Az. 1 BvF 1/01, 1 BvF 2/01 - v. 17.7.2002, Absatz-Nr. 99 ff., http://www.bverfg.de.

[198] *Braun*, ZRP 2001,14 (16); BT-Drs. 14/3751, 33; *Pauly*, NJW 1997, 1955; *Schumacher*, FamRZ 1994, 857 (858); *Pawlowski*, DEuFamR 2000, 19 (24); vgl. auch *Roellecke*, NJW 2002, 2539 f.

[199] *Muscheler*, Rn. 26; BT-Drs. 14/3751, 33 f.; vgl. oben 2. Kap. B. Mögliche Konstellationen homosexueller Elternschaft.

[200] Die Ehe ist nach katholischem Eherecht erst gültig gem. CIC Can. 1061 § 1, „wenn die Gatten miteinander in menschlicher Weise den ehelichen Akt vollzogen haben, der von sich aus zur Zeugung von Nachkommen geeignet ist, auf den die Ehe ihrer Natur nach hingeordnet ist und durch den die Gatten ein Fleisch werden". Nach Can. 1084 § 1 macht dauerhafte Unfähigkeit zum Geschlechtsverkehr „die Ehe kraft ihrer Natur ungültig".

[201] *Braun*, ZRP 2001, 14 (17).

[202] Vgl. oben 3. Kap. B. III. 2. a) bb) Verfassungswandel.

geschützt ist. Sie hat darüber hinausgehend eine eigenständige soziale und allgemeinwohlbezogene Funktion, indem sie die Partnerschaft stabilisiert und den Staat durch die gegenseitige Unterstützung der Partner entlastet[203]. Diese Funktion erfüllen auch homosexuelle Lebensgemeinschaften, bei denen die Partner durch eine Eintragung gegenseitig Verantwortung füreinander übernehmen[204].

Somit spricht auch die Auslegung nach dem Sinn und Zweck des besonderen Schutzes nicht für ein Schutzabstandsgebot, das eine Gleichstellung von der eingetragenen Lebenspartnerschaft mit der Ehe ausschließt.

(c) Konkurrenzschutz

Ein Abstandsgebot zur Ehe wird auch aus dem in Art. 6 I GG beinhalteten Förderungsgebot zur Ehebereitschaft[205] abgeleitet, wonach die Ehe vor Konkurrenz zu schützen ist, um eine ungeminderte Ehebereitschaft zu gewährleisten. Die eingetragene Lebenspartnerschaft stelle als ein alternatives Rechtsinstitut zur Ehe daher einen Verstoß gegen den Konkurrenzschutz des Art. 6 I GG dar[206]. Diese Argumentation verkennt, dass die eingetragene Lebenspartnerschaft gar nicht in Konkurrenz zur Ehe steht, da sie sich durch ihre Beschränkung auf homosexuelle Paare, welche trotz eventueller Ehebereitschaft ja gerade nicht heiraten können, an einen völlig anderen Adressatenkreis wendet[207]. Das neue Rechtsinstitut als eine alternative Lebensgemeinschaft zu bezeichnen, ist semantisch falsch, da eine Alternativität von der Wortbedeutung her voraussetzt, dass mindestens zwei wählbare Möglichkeiten vorliegen. Die sexuelle Orientierung ist aber nach einhelliger wissenschaftlicher Auffassung nicht frei wählbar. Die Form einer heterosexuellen Ehe kommt daher für homosexuelle Menschen nicht in Frage, zumindest ist sie für die Betroffenen sicherlich nicht wünschenswert und kann somit nicht ernsthaft als eine Alternative in Erwägung gezogen werden[208]. Da durch die Schaffung eines Rechtsinstituts für homosexuelle Paare si-

---

203 *Beck*, NJW 2001, 1894 (1898); *Bruns*, ZRP 1996, 6 (7); *Stüber*, KJ 2000, 594 (597 f.); *Fountoulakis*, AJP/PJA 2001, 307 (317); *Coester*, StAZ 1988, 122 (124); *Schimmel*, FuR 1993, 348 (349).

204 *Robbers*, JZ 2001, 779 (781).

205 BVerfGE 12, 151 (167); BVerfGE 28, 324, (347); BVerfGE 55, 114 (126 f.).

206 *Diederichsen*, NJW 2000, 1841; *Pauly*, NJW 1997, 1955 (1956).

207 BVerfG, NJW 2002, 2543 (2549) - Az. 1 BvF 1/01, 1 BvF 2/01 - v. 17.7.2002, Absatz-Nr. 103, http://www.bverfg.de; *Beck*, NJW 2001, 1894 (1899 f.); *Kleffmann*, 254.

208 So auch *Sachs*, JR 2001, 45 (49). *Kirchhof* verkennt dies jedoch grundlegend, wenn er davon spricht, durch das LPartG verringere sich die Chance, „dass diese Menschen das Glück der familiären Gemeinschaft mit den eigenen Kindern erleben", FPR 2001, 436 (438).

cherlich auch keine Ehe weniger geschlossen wird[209], ist - wie auch das Bundesverfassungsgericht festgestellt hat - keine Beeinträchtigung der gem. Art. 6 I GG zu fördernden Ehebereitschaft gegeben[210].

(d) Leitbildfunktion

Zum Teil wird die behauptete Unzulässigkeit der Gleichstellung gleichgeschlechtlicher Paare auch damit begründet, dass Art. 6 I GG die Funktion habe, das Leitbild der Ehe zu schützen[211]. Im Lebenspartnerschaftsgesetz wird die Gefahr gesehen, dass es zu einer Abwertung der Ehe kommen könne, zu einem Sittenverfall innerhalb der christlich-abendländischen Werteordnung, zum Ende der traditionellen Wertschätzung von Ehe und Familie in der Gesellschaft oder gar zum kompletten Untergang des Abendlandes[212].

Auch diese Argumentation ist nicht haltbar. Zum einen besteht nicht einmal Einigkeit über die Existenz einer solchen Leitbildfunktion[213]. Zum anderen liegen die Ursachen für die von den Gegnern des Lebenspartnerschaftsgesetzes ängstlich[214] beobachtete Krise der Ehe - etwa 36 % aller Ehen werden geschieden[215] - sicherlich in anderen Faktoren, als in der Verrechtlichung gleichgeschlechtlicher

---

209 Abgesehen von den ohnehin nicht wünschenswerten Scheinehen, die geschlossen wurden, um eine Aufenthaltserlaubnis für den gleichgeschlechtlichen ausländischen Partner zu erlangen, vgl. *Muscheler*, Rn. 26.

210 BVerfG, NJW 2002, 2543 (2549) - Az. 1 BvF 1/01, 1 BvF 2/01 - v. 17.7.2002, Absatz-Nr. 103, http://www.bverfg.de.

211 *Braun*, JZ 2002, 23 (27); *Geis*, 27 ff.

212 *Wacke*, FamRZ 1990, 347 (350), erblickt darin einen „[...] Verstoß gegen bisher fest eingewurzelte abendländische Moralvorstellungen [...]“; *Kleffmann*, 263: „Die Gleichstellung mit der homosexuellen Gemeinschaft würde überdies die Ehe entwerten.“; *Geis*, 27 (32): „Wenn homosexuelle Gemeinschaften immer mehr in die Nähe der Ehe gerückt werden, stehen wir vor einer Auflösung des Menschenbildes, deren Folgen nur äußerst gravierend sein können.“; *Braun*, ZRP 2001, 14 (18): „Sicher ist daher allein, dass wir Zeugen eines Prozesses sind, in dem eine Institution, der bisher die Zukunft der Gesellschaft anvertraut war, bis in die Grundfeste erschüttert wird. Die symbolische Abwertung der Ehe dürfte auf das Reproduktionsverhalten nicht ohne Einfluss bleiben.“ *Deter*, ZRP 1993, 22 (29): „Das [...] Verbot der Benachteiligung wegen bestimmter sexueller Orientierungen intendiert einmal mehr, der traditionellen Wertschätzung von Ehe und Familie in der Gesellschaft den Garaus zu machen.“.

213 *Sachs* hält sie für zweifelhaft, JR 2001, 45 (48 f.).

214 *Rauchfleisch*, Alternative Familienformen, 7 ff., 76, sieht in der Angst den wesentlichen Grund überhaupt für die Ablehnung aller Veränderungen der traditionellen Ehe als der Keimzelle der Gesellschaft, und zwar in erster Linie in der Angst der Männer vor der Auflösung patriarchaler Strukturen und damit vor Machtverlust.

215 1999 kamen auf 10.000 Ehen insgesamt 3.621 Scheidungen, vgl. Statistisches Jahrbuch 2001, 77. Siehe auch *Schimmel*, Eheschließungen, 22; MüKo/*Wolf*, vor § 1564, Rn. 35.

Beziehungen[216]. Eine Abwertung der Ehe kann dadurch nicht angenommen werden, da eine solche Betrachtungsweise lediglich persönlichen Moralvorstellungen entspringt.

Zu fragen ist aber, ob sich das Bild der Ehe durch die eingetragene Lebenspartnerschaft so wesentlich verändert, dass das Leitbild der Ehe beeinträchtigt wird[217]. Dieses befindet sich ohnehin in einem permanenten Wandel. Die Ehe an sich wird durch das neue Rechtsinstitut nicht berührt[218]. Formal bleibt sie bestehen wie bisher. Sie hat zudem in der Vergangenheit wesentlich größere Veränderungen erfahren, wie beispielsweise durch die Aufhebung des Verschuldensprinzips und durch die Gleichberechtigung von Mann und Frau. Indirekt wird das Lebenspartnerschaftsgesetz aber sicher eine gewisse Auswirkung auf das Leitbild der Ehe haben, da bei gleichgeschlechtlichen „Ehen" keine festgelegte Rollenverteilung existiert, wie sie heute trotz formaler Gleichberechtigung der Geschlechter in heterosexuellen Ehen häufig noch vorhanden ist, wenn auch weniger als früher[219]. Ob eine solche Auswirkung der Ehe schadet, erscheint aber mehr als zweifelhaft. Eher wäre darin eine Chance zu sehen, die noch bestehenden Ungleichbehandlungen von Mann und Frau zu überdenken und gegebenenfalls zu beseitigen. Zumindest kann eine Auseinandersetzung mit solchen Fragen für eine moderne aufgeklärte Gesellschaft nur förderlich sein. Ein Sittenverfall ist dadurch jedenfalls nicht zu befürchten, da die eingetragene Lebenspartnerschaft Menschen unterstützt, die füreinander einstehen und Verantwortung übernehmen. Dadurch wird der Familiengedanke und demnach auch Art. 6 I GG als wertentscheidende Grundsatznorm vielmehr gestärkt, nicht geschwächt[220].

Eine Leitbildfunktion in Bezug auf Heterosexualität kann Art. 6 I GG schon gar nicht entnommen werden. Die Annahme einer solchen Funktion wäre unsinnig, da es, wie sich entgegen dem weit verbreiteten Irrglauben aus zahlreichen wissenschaftlichen Untersuchungen ergeben hat, weder eine Verführung noch eine Erziehung zur Homosexualität gibt[221].

---

[216] *Meixner*, DEuFamR 1999, 162 (163); *Muscheler*, Rn. 26; *Schimmel*, Eheschließungen, 18, spricht von einer „Verkennung des Verhältnisses von Ursache und Wirkung".

[217] Diese Frage wird verneint von *Stüber*, KJ 2000, 594 (599); *Sachs*, JR 2001, 45 (49).

[218] So auch BVerfG, NJW 2002, 2543 (2548) - Az. 1 BvF 1/01, 1 BvF 2/01 - v. 17.7.2002, Absatz-Nr. 89, http://www.bverfg.de.

[219] *Kämper*, 39 ff.; vgl. zur Rollenverteilung bei gleichgeschlechtlichen Paaren: *Buba/Vaskovics*, 80 ff.

[220] *Beck*, NJW 2001, 1894 (1900).

[221] *Robbers*, JZ 2001, 779 (782).

(3) Ergebnis

Es lässt sich also weder aus dem Wortlaut, noch aus der Funktion des Eheschutzes, noch aus dem Konkurrenzschutzgedanken, noch aus einer Leitbildfunktion der Ehe ein Schutzabstandsgebot zwischen der Ehe und der eingetragenen Lebenspartnerschaft ableiten. Das Lebenspartnerschaftsgesetz verstößt durch seine Nähe zur Ehe demnach nicht gegen Art. 6 I GG. Durch das gleichlautende Urteil des Bundesverfassungsgerichts ist jetzt zumindest von verfassungsrechtlicher Seite der Weg auch für eine in Zukunft möglicherweise noch umfassendere Gleichstellung der Lebenspartnerschaft mit der Ehe frei gemacht[222].

bb) Verstoß gegen Art. 3 GG

Vielfach wird auch gerügt, das Lebenspartnerschaftsgesetz verstoße gegen den Gleichheitssatz des Art. 3 GG.

(1) Heterosexuelle nichteheliche Lebensgemeinschaften

Der Gleichheitssatz sei deshalb verletzt, weil die Lebenspartnerschaft nur für gleichgeschlechtliche Paare, nicht jedoch für heterosexuelle nichteheliche Lebensgemeinschaften offen stehe[223]. Während das Bundesverfassungsgericht entsprechend den oben beschriebenen Überlegungen[224] eine Ungleichbehandlung nach Art. 3 III GG aufgrund des Geschlechts ablehnt und zu einer Prüfung des Art. 3 I GG gelangt, liegt nach der hier vertretenen Auffassung spiegelbildlich zur Versagung des Zugangs homosexueller Paare zur Ehe durch das Lebenspartnerschaftsgesetz eine Ungleichbehandlung gem. Art. 3 III GG aufgrund des Geschlechts vor, da es einem Mann verwehrt ist, sich mit einer Frau eintragen zu lassen, weil er ein Mann ist und umgekehrt[225].

Ebenso wie der Ausschluss gleichgeschlechtlicher Paare von der Ehe zum Schutz der ehelichen Wesensmerkmale durch Art. 6 I GG in seiner Funktion als Institutsgarantie verfassungsrechtlich gerechtfertigt ist, wird spiegelbildlich auch der Ausschluss verschiedengeschlechtlicher Paare von der Lebenspartnerschaft durch die gem. Art. 6 I GG zu schützende Eheschließungsbereitschaft verfas-

---

222 Vgl. unten 3. Kap. B. III. 4. Verfassungsmäßigkeit weitergehender Regelungen.
223 *Krings*, ZRP 2000, 409 (414); *Sachs*, JR 2001, 45 (49).
224 Vgl. 3. Kap. B. III. 2. b) bb) Verstoß gegen Art. 3 III GG.
225 Siehe oben 3. Kap. B. III. 2. b) bb) Verstoß gegen Art. 3 III GG.

sungsrechtlich gerechtfertigt, da anderenfalls eine unzulässige Konkurrenz zum Institut der Ehe entstünde. Während gleichgeschlechtliche Paare aufgrund des Ausschlusses von der Ehe durch Art. 6 I GG auf den Schutz einer eingetragenen Lebenspartnerschaft angewiesen sind, steht verschiedengeschlechtlichen Paaren zur Absicherung ihrer Beziehung das Rechtsinstitut der Ehe offen. Es ist daher sachgerecht, heterosexuellen Paaren zum Schutz der Eheschließungsbereitschaft gem. Art. 6 I GG den Zugang zur eingetragenen Lebenspartnerschaft zu verwehren und sie stattdessen auf die Ehe zu verweisen[226]. Auch das Bundesverfassungsgericht gelangt bei seiner Prüfung des Art. 3 I GG zu diesem Ergebnis und lehnt einen Verstoß des Lebenspartnerschaftsgesetzes gegen den Gleichheitssatz wegen Ungleichbehandlung heterosexueller Paare ab[227].

Abgesehen davon gewährt eine eingetragene Lebenspartnerschaft trotz gleicher Pflichten weniger Rechte als eine Ehe. Die Relevanz dieser Fragestellung ist damit ohnehin zweifelhaft, da kein Grund für heterosexuelle Paare ersichtlich ist, statt einer Ehe eine eingetragene Lebenspartnerschaft eingehen zu wollen.

(2) Zusammenlebende Verwandte

In dem Lebenspartnerschaftsgesetz wird von einigen Kritikern auch ein Verstoß gegen Art. 3 I GG erblickt aufgrund der Tatsache, dass die eingetragene Lebenspartnerschaft nicht auch für zusammenlebende und sich gegenseitig versorgende Verwandte zulässig sei[228]. Dieses Argument ist, wie auch das Bundesverfassungsgericht festgestellt hat, wegen der Unvergleichbarkeit beider Gruppen nicht haltbar[229]. Ein homosexuelles Paar, das sich eintragen lassen möchte, unterscheidet sich ganz wesentlich von zusammenlebenden Verwandten durch das partnerschaftliche exklusive Näheverhältnis, welches, wie oben dargestellt, demjenigen zwischen Ehegatten entspricht[230]. Eine solche partnerschaftliche Exklusivität ist selbst zwischen sich nah stehenden Verwandten nicht gegeben. Neben dem Verwandtschaftsverhältnis ist immer auch eine Partnerschaft denkbar, oft sogar erwünscht[231]. Das Rechtsinstitut der eingetragenen Lebenspartnerschaft ist

226 Ähnlich *Stüber*, KJ 2000, 594 (599).

227 BVerfG, NJW 2002, 2543 (2549 f.) - Az. 1 BvF 1/01, 1 BvF 2/01 - v. 17.7.2002, Absatz-Nr. 108 f., http://www.bverfg.de.

228 *Scholz/Uhle*, NJW 2001, 393 (399 f.); *Sachs*, JR 2001, 45 (50).

229 BVerfG, NJW 2002, 2543 (2550) - Az. 1 BvF 1/01, 1 BvF 2/01 - v. 17.7.2002, Absatz-Nr. 110, http://www.bverfg.de.

230 Vgl. oben 3. Kap. B. III. 2. b) aa) Vorliegen einer verfassungsrechtlichen Ungleichbehandlung; siehe auch 3. Kap. B. III. 1. Vorbemerkungen.

231 Nach einhelliger soziologischer Auffassung ist eine partnerschaftliche Liebesbeziehung für die große Mehrzahl der Bevölkerung die Hauptvoraussetzung zu einem glücklichen und erfüllten Leben.

aber gerade auf eine dauerhafte Exklusivität der Beziehung ausgerichtet[232]. Eine Ausdehnung des Lebenspartnerschaftsgesetzes ist somit wegen einer dadurch bewirkten ausschließlichen Bindung an Verwandte nicht sachgerecht[233]. Der Gesetzgeber hat das Verwandtschaftsverhältnis zudem schon durch eine Vielzahl spezieller Regelungen rechtlich abgesichert, zum Beispiel durch die mit dem Angehörigenstatus verknüpften Regelungen des Zeugnisverweigerungsrechts, die Regelungen für den Strafvollzug, durch das gesetzliche Erbrecht, das Pflichtteilsrecht und die Privilegierung im Erbschaftssteuerrecht[234].

(3) Polygame Lebensgemeinschaften

Zum Teil wird sogar eine Verletzung des Gleichheitssatzes angenommen, weil die eingetragene Lebenspartnerschaft polygame Lebensgemeinschaften unberücksichtigt lasse[235]. Mit dieser Argumentation wird das weitverbreitete Vorurteil angesprochen, Homosexuelle seien promiskuitiv veranlagt und zu dauerhaften monogamen Beziehungen unfähig[236], obwohl sozialwissenschaftliche Untersuchungen bewiesen haben, dass Homosexuelle ebenso beziehungsfähig sind wie Heterosexuelle[237]. Eine Verletzung des Gleichheitssatzes scheitert hier an der fehlenden Vergleichbarkeit von monogamen und polygamen Beziehungen. Zur Regelung einer polygamen Gemeinschaft würde ein völlig anderes Rechtsinstitut benötigt, da sich in einem Mehrpersonenverhältnis typischerweise eine Vielzahl von Problemen stellt, wie sie im Zweipersonenverhältnis nicht gegeben sind[238]. Abgesehen davon ist bisher nicht bekannt, dass ein Interessenverband polygamer Lebensgemeinschaften für deren Verrechtlichung eingetreten wä-

---

232 Siehe unten 3. Kap. B. IV. 1. a) aa) Begründungsvoraussetzungen und Form.

233 So auch BVerfG, NJW 2002, 2543 (2550) - Az. 1 BvF 1/01, 1 BvF 2/01 - v. 17.7.2002, Absatz-Nr. 110, http://www.bverfg.de; *Beck*, NJW 2001, 1894 (1901).

234 BVerfG, NJW 2002, 2543 (2550) - Az. 1 BvF 1/01, 1 BvF 2/01 - v. 17.7.2002, Absatz-Nr. 110, http://www.bverfg.de.

235 *Krings*, ZRP 2000, 409 (412, Fn. 44); *Pawlowski*, JZ 2000, 765; *Sachs*, JR 2001, 45 (49).

236 Vgl. dazu *Pawlowski*, JZ 2000, 765. Er nennt bei der Aufzählung sämtlicher Lebensgemeinschaften die monogame homosexuelle Beziehung als letzte noch hinter der polygamen homosexuellen Beziehung und impliziert damit ihren Seltenheitswert.

237 *Dannecker*, 335 (343 ff.); *Buba/Vaskovics*, 15 f., 74 f.; vgl. dazu auch unten 4. Kap. C. II. 2. c) Instabile Beziehungen.

238 Man denke beispielsweise an die Regeln für den Trennungsfall. Würden diese nur gelten, wenn sich alle beteiligten Personen voneinander trennen, oder auch, wenn nur eine Person ausscheidet? Würde bei nicht einvernehmlichen Trennungen die Mehrheit über den Ausschluss einer Person entscheiden oder müssten alle Verbleibenden damit einverstanden sein?

re[239]. Die Frage danach, ob eine solche sinnvoll wäre, lässt sich im Rahmen dieser Arbeit nicht beantworten. Es lässt sich nur festhalten, dass die Vermischung der Argumentation mit polygamen Lebensgemeinschaften nicht angebracht ist[240].

cc) Ergebnis

Das Lebenspartnerschaftsgesetz verstößt weder gegen Art. 6 I GG noch gegen Art. 3 GG. Es ist damit verfassungsgemäß. Dieses Ergebnis hat auch das Bundesverfassungsgericht in seiner Entscheidung vom 17.7.2002 mit einer Senatsmehrheit von 5:3 hinsichtlich der Vereinbarkeit mit Art. 6 I GG und einer Mehrheit von 7:1 bezüglich der Vereinbarkeit mit Art. 3 I GG bestätigt[241].

4. Verfassungsmäßigkeit weitergehender Regelungen

Nach den oben gemachten Ausführungen enthält Art. 6 I GG kein Schutzabstandsgebot zwischen der Ehe und der eingetragenen Lebenspartnerschaft[242]. Dieser Ansicht ist auch das Bundesverfassungsgericht gefolgt[243]. Es besteht daher kein verfassungsrechtliches Hindernis, die eingetragene Lebenspartnerschaft mit der Ehe völlig gleich zu stellen. Allerdings ist der Gesetzgeber zu einer solchen Gleichstellung nicht verpflichtet, sondern wegen Art. 6 I GG grundsätzlich dazu berechtigt, die Ehe gegenüber anderen Lebensformen zu begünstigen. Inwieweit jedoch die nach Schaffung des Lebenspartnerschaftsgesetzes verbliebenen Nachteile für gleichgeschlechtliche Paare einen verfassungsrechtlich nicht zu rechtfertigenden Verstoß gegen den Gleichheitssatz gem. Art. 3 III, I GG darstellen und somit einen Anspruch auf eine weitergehende Gleichstellung mit der

---

239 Typisch an polygamen Gemeinschaften ist in der Regel, dass sie als offene Beziehungen gelebt werden und gerade keine Festlegung angestrebt wird.

240 *Muscheler*, Rn. 45, weist auf die Unseriosität dieser Argumentation hin: „Es wirkt, gelinde gesagt, ein bisschen komisch, wenn dieselben, die gegen die „Homo-Ehe" wettern, auf einmal die liaison à trois und den (homosexuellen oder heterosexuellen) Harem sowie deren angebliche Regelungsbedürftigkeit entdecken, um dem LPartG den verfassungsrechtlichen Garaus zu machen."

241 BVerfG, NJW 2002, 2543 (2551) - Az. 1 BvF 1/01, 1 BvF 2/01 - v. 17.7.2002, Absatz-Nr. 124, http://www.bverfg.de.

242 Siehe oben 3. Kap. B. III. 3. b) aa) Verstoß gegen Art. 6 I GG.

243 BVerfG, NJW 2002, 2543 (2548 f.) - Az. 1 BvF 1/01, 1 BvF 2/01 - v. 17.7.2002, Absatz-Nr. 98 ff., http://www.bverfg.de.

Ehe begründen, kann im Rahmen dieser Arbeit - bis auf das noch genau zu untersuchende Kindschaftsrecht[244] - nur am Rande behandelt werden.

5. Ergebnis

Das Lebenspartnerschaftsgesetz stellt in seiner Form zwar keine Ausgestaltung eines konkreten Anspruchs gleichgeschlechtlicher Paare auf rechtlichen Schutz dar, aber es trägt dennoch ihrem grundrechtlichen Anspruch auf eine rechtliche Absicherungsmöglichkeit ihrer Beziehung aus Art. 2 I i.V.m. Art. 1 I GG und Art. 3 III, I GG Rechnung. Dabei verstößt das Gesetz nicht gegen Art. 6 I, 3 III, I GG, sondern ist, wie vom Bundesverfassungsgericht bestätigt, verfassungsgemäß. Da ein Abstandsgebot nicht besteht, wären zudem auch darüber hinausgehende Regelungen bis hin zu einer völligen Gleichstellung mit der Ehe verfassungsgemäß.

IV. Regelungsinhalt

Da bisher nur das Lebenspartnerschaftsgesetz in Kraft getreten ist, soll nur bei diesem näher auf die inhaltlichen Regelungen eingegangen werden. Über den Inhalt des Lebenspartnerschaftsergänzungsgesetzes wird anschließend ein knapper Überblick gegeben.

1. Das Lebenspartnerschaftsgesetz

Mit der eingetragenen Lebenspartnerschaft wird ein familienrechtliches Institut ausschließlich für gleichgeschlechtliche Paare geschaffen, das in wesentlichen Teilen der Ehe nachgebildet ist.

Das Gesetz zur Beendigung der Diskriminierung gleichgeschlechtlicher Gemeinschaften: Lebenspartnerschaften[245] enthält mit dem „Gesetz über die Eingetragene Lebenspartnerschaft" (Lebenspartnerschaftsgesetz - LPartG) die grundlegenden Bestimmungen über die Begründung, Wirkung und Beendigung der Lebenspartnerschaft in Artikel 1, die zur Anpassung an das neue Lebenspartner-

[244] Siehe unten 4. Kap. Regelungsbedarf.

[245] Gesetz v. 16.2.2001, BGBl. I, 266.

schaftsrecht erforderlichen Änderungen des Bürgerlichen Gesetzbuches in Artikel 2 und des sonstigen Bundesrechts in Artikel 3[246].

a) Die Begründung der Lebenspartnerschaft

aa) Begründungsvoraussetzungen und Form

§ 1 LPartG regelt die Form und die Voraussetzungen für die Begründung der Lebenspartnerschaft. Entsprechend einer Eheschließung gehen zwei Personen gleichen Geschlechts nach § 1 I 1 LPartG eine Lebenspartnerschaft miteinander ein, wenn sie persönlich und bei gleichzeitiger Anwesenheit übereinstimmende Willenserklärungen dahingehend abgeben, dass sie eine Partnerschaft auf Lebenszeit miteinander führen wollen. Es handelt sich also wie bei einer Ehe um eine auf Lebenszeit angelegte Partnerschaft[247]. Diese kann nur von Personen des gleichen Geschlechts geschlossen werden, so dass verschiedengeschlechtliche Paare von der eingetragenen Lebenspartnerschaft ausgeschlossen sind. Auf die sexuelle Orientierung der eintragungswilligen Personen kommt es hingegen ebenso wenig an wie bei Eheschließenden. Sie stellt - wie auch die Liebe - ohnehin kein taugliches Kriterium dar, weil sie nicht nachprüfbar ist.

Die Abgabe der Begründungserklärungen hat vor der zuständigen Behörde zu erfolgen gem. § 1 I 3 LPartG, die im Unterschied zur Ehe jeweils durch die Ausführungsgesetze der Länder bestimmt wird und daher auch eine andere Behörde als das Standesamt sein kann[248].

Gem. § 105 I BGB müssen beide Partner geschäftsfähig und gem. § 1 II Nr. 1 LPartG volljährig sein[249]. Anders als bei einer Ehe ist eine Eingehung schon ab dem 16. Lebensjahr gem. § 1303 II BGB nicht möglich, da der Fall einer ungewollten Schwangerschaft einer Minderjährigen, für den diese Ausnahmeregelung ursprünglich konzipiert wurde, bei homosexuellen Paaren nicht zu erwarten

---

246 *Krings*, ZRP 2000, 409.

247 Hk-LPartG/*Kemper*, §1, Rn. 2

248 *Palandt/Brudermüller*, § 1 LPartG, Rn. 3; Hk-LPartG/*Kemper*, §1, Rn. 4. In Berlin, Bremen, Hamburg, Mecklenburg-Vorpommern, Niedersachsen, NRW, Sachsen-Anhalt und Schleswig-Holstein werden durch die Ausführungsgesetze die Standesbeamten als zuständige Behörden bestimmt, in Baden-Württemberg die Landratsämter bzw. die Gemeinden, in Bayern die Notare, in Brandenburg die Ämter, amtsfreien Gemeinden und kreisfreien Städte, in Hessen der Gemeindevorstand, in Rheinland-Pfalz die Kreis- bzw. Stadtverwaltung, im Saarland die Gemeinden, in Sachsen die Regierungspräsidien und in Thüringen das Landesverwaltungsamt in Weimar. Siehe *Ladnar/Bruns*, 31.

249 Hk-LPartG/*Kemper*, § 1, Rn. 8.

ist[250]. Die sonstigen Begründungshindernisse einer Lebenspartnerschaft gem. § 1 II LPartG entsprechen weitestgehend den Ehehindernissen.

Äußerst problematisch in diesem Zusammenhang ist allerdings, dass zwar eine bestehende Ehe oder Lebenspartnerschaft ein Partnerschaftshindernis gem. § 1 II Nr. 1 LPartG darstellt, umgekehrt jedoch § 1306 BGB bisher nicht um ein Ehehindernis bei einer bestehenden Lebenspartnerschaft erweitert worden ist. Einigkeit besteht darüber, dass ein dadurch mögliches Nebeneinander von Lebenspartnerschaft und Ehe wegen der sich daraus ergebenden sachwidrigen Folgen[251] nicht zulässig sein kann. Zudem gebietet es der Schutz der Ehe aus Art. 6 I GG, aufgrund des Wesensmerkmals der Exklusivität neben der Ehe keine andere rechtsverbindliche Partnerschaft eines der Ehegatten zuzulassen[252].

Wie das Problem zu lösen ist, wird allerdings sehr unterschiedlich bewertet. Zum Teil wird die Aufnahme eines entsprechenden Ehehindernisses in § 1306 BGB gefordert[253]. Andere nehmen an, dass ein solches Ehehindernis gegen die in Art. 6 I GG garantierte Eheschließungsfreiheit verstoßen würde, so dass es stattdessen einer Regelung bedürfe, die bei Eingehung einer Ehe entsprechend der Regelung des § 1766 BGB zum Erlöschen der Partnerschaft führe[254]. Es wird auch vertreten, dass eine spätere Eheschließung die direkte Auflösung der Lebenspartnerschaft mit den dafür vom Lebenspartnerschaftsgesetz vorgesehenen Rechtsfolgen einer Aufhebung bewirke[255].

Den beiden letztgenannten Meinungen kann nicht zugestimmt werden. Da die Eingehung einer Lebenspartnerschaft vom Gesetz her grundsätzlich auf Lebensdauer angelegt ist und die Lebenspartner ihr Leben daher im Vertrauen auf den Bestand dieser Verantwortungsgemeinschaft ausrichten, muss das Gesetz auch das so geschaffenen Vertrauen in den Bestand schützen und dafür Sorge tragen, dass die Partnerschaft nicht einseitig durch eine Eheschließung des einen Le-

---

250 *Finger*, MDR 2001, 199 (200). Dies erinnert an die unterschiedlichen Altersschutzgrenzen bei dem mittlerweile abgeschafften § 175 StGB im Vergleich zu heterosexuellen Handlungen, siehe 1. Kap. C. Historischer Überblick.

251 *Leipold*, ZEV 2001, 218 (222 ff.), schildert ausführlich die Unvereinbarkeit aus erbrechtlicher Sicht.

252 BVerfG, NJW 2002, 2543 (2547) - Az. 1 BvF 1/01, 1 BvF 2/01 - v. 17.7.2002, Absatz-Nr. 83, http://www.bverfg.de.

253 *Mayer*, ZEV 2001, 169 (170); *Muscheler*, Rn. 146; *Dethloff*, NJW 2001, 2598 (2599).

254 Hk-BGB/*Kemper*, §§ 1306-1308, Rn. 3; Hk-LPartG/*Kemper*, § 1, Rn. 11; *Palandt/Brudermüller*, § 1 LPartG, Rn. 6; *Sachs*, JR 2001, 45 (48); *Leipold*, ZEV 2001, (223 f.), der wegen des möglichen Nebeneinanders von Lebenspartnerschaft und Ehe sogar eine Nichtigkeit des LPartG kraft Perplexität erwägt.

255 *Schwab*, FamRZ 2001, 385 (389).

benspartners jederzeit wieder beendet werden kann[256]. Zum Schutze des anderen Lebenspartners ist es daher geboten, für eine Auflösung der Lebenspartnerschaft die dafür im Lebenspartnerschaftsgesetz normierten Aufhebungsvoraussetzungen einzuhalten[257]. Dies ist dem eheschließungswilligen Lebenspartner auch zumutbar, da er selbst bei der Eingehung der Lebenspartnerschaft diese gem. § 1 I 1 LPartG mit dem Willen begründet hat, die Lebensgemeinschaft auf Lebenszeit führen zu wollen, was seine Einwilligung in den Ausschluss einer parallel dazu geführten ehelichen Lebensgemeinschaft beinhaltet. Einzig richtige Lösung kann daher nur die Annahme eines Ehehindernisses während bestehender Lebenspartnerschaft sein.

Auch das Bundesverfassungsgericht hat festgestellt, dass ein Ehehindernis aufgrund bestehender Lebenspartnerschaft keinen Verstoß gegen die verfassungsrechtlich garantierte Eheschließungsfreiheit darstelle, da die Einschränkung ihren sachlichen Grund im Wesen der Ehe selbst als exklusive Partnerschaft finde, die auch keine weitere Ehe neben sich dulde[258]. Die Entscheidung über eine Regelung hat das Bundesverfassungsgericht dennoch dem Gesetzgeber überlassen[259].

Weitere Voraussetzung für die Begründung der Lebenspartnerschaft ist, anders als bei einer Eheschließung, eine nach § 1 I 4 LPartG erforderliche Erklärung der künftigen Partner über ihren Vermögensstand gem. § 6 I LPartG[260]. Nach dem unklaren Gesetzeswortlaut in § 6 I 2 LPartG, wonach die Lebenspartner entweder erklären müssen, „dass sie den Vermögensstand der Ausgleichsgemeinschaft vereinbart haben, oder sie müssen einen Lebenspartnerschaftsvertrag abschließen", scheint eine Erklärung im Falle des Abschlusses eines Lebenspartnerschaftsvertrages allerdings entbehrlich zu sein. Dies kann aber wegen § 1 I 4 LPartG nicht ausreichen, so dass entweder eine Erklärung über den Ver-

---

[256] Diesen Gesichtspunkt gibt auch das Bundesverfassungsgericht zu bedenken, BVerfG, NJW 2002, 2543 (2547) - Az. 1 BvF 1/01, 1 BvF 2/01 - v. 17.7.2002, Absatz-Nr. 85, http://www.bverfg.de.

[257] *Muscheler*, Rn. 24.

[258] BVerfG, NJW 2002, 2543 (2547) - Az. 1 BvF 1/01, 1 BvF 2/01 - v. 17.7.2002, Absatz-Nr. 85, http://www.bverfg.de.

[259] BVerfG, NJW 2002, 2543 (2547) - Az. 1 BvF 1/01, 1 BvF 2/01 - v. 17.7.2002, Absatz-Nr. 85, http://www.bverfg.de. Der Bundesrat hat daraufhin zwar in seiner Stellungnahme zum Gesetzentwurf der Bundesregierung zur Einführung einer Übergangsregelung zum Kindschaftsrechtsreformgesetz für nicht miteinander verheiratete Eltern vorgeschlagen, § 1306 BGB um ein Ehehindernis bei bestehender Lebenspartnerschaft zu erweitern, vgl. BT-Drs. 15/1552, 13 f. Diesem Vorschlag hat die Bundesregierung in ihrer Gegenäußerung zwar auch grundsätzlich zugestimmt, vgl. BT-Drs. 15/1552, 15. In den Gesetzesbeschluss des Bundestages ist eine entsprechende Regelung dann aber doch nicht übernommen worden, vgl. BT-Drs. 15/1807.

[260] *Palandt/Brudermüller*, § 1 LPartG, Rn. 4; Hk-LPartG/*Kemper*, § 1, Rn. 19.

mögensstand der Ausgleichsgemeinschaft zu erfolgen hat, oder für den Fall, dass ein Lebenspartnerschaftsvertrag abgeschlossen wurde, eine Nachweispflicht über diesen gegenüber der zuständigen Behörde zu fordern ist[261].

Bemerkenswert am Lebenspartnerschaftsgesetz ist die Tatsache, dass nirgendwo geregelt ist, wo - oder ob überhaupt - die eingetragene Lebenspartnerschaft einzutragen ist[262]. Dies lässt sich mit der Aufteilung des ursprünglichen Gesetzentwurfs erklären. Die Vorschriften, die den Standesbeamten zur Eintragung der Lebenspartnerschaft in das Lebenspartnerschaftsbuch anweisen, sind als zustimmungsbedürftige Regelungen in das Lebenspartnerschaftsergänzungsgesetz ausgelagert worden und deshalb noch nicht in Kraft getreten. Bislang werden die Verfahrensvorschriften, also auch die Eintragung, daher von den Ländern in den jeweiligen Ausführungsgesetzen bestimmt.

bb) Abschlussmängel

Im Eherecht gelten für Abschlussmängel die Sondervorschriften der §§ 1313 ff. BGB. Danach ist eine Ehe auch bei Vorliegen von Begründungsmängeln gem. § 1314 BGB zunächst wirksam, kann aber, wenn der Mangel nicht schon gem. § 1315 BGB geheilt worden ist, auf Antrag aufgehoben werden. Eine eingetragene Lebenspartnerschaft kennt im Gegensatz dazu keine solchen Sondervorschriften für Abschlussmängel. Zum Teil wird daher vertreten, dass auch bei Begründungsmängeln eine Aufhebung der Lebenspartnerschaft immer nur nach den Vorschriften des § 15 LPartG in Betracht kommen könne, da § 15 LPartG der einzige vom Gesetzgeber geschaffene Beendigungsgrund zu Lebzeiten der Partner sei[263]. Diese Argumentation ist insofern nicht stichhaltig, als die Regelung der Aufhebung nicht abschließend ist. Zudem führte sie zu unhaltbaren Ergebnissen, da eine gegen ein Partnerschaftshindernis verstoßende Lebenspartnerschaft, beispielsweise bei bestehender Ehe eines Lebenspartners, so mindestens ein bis drei Jahre aufrecht erhalten werden müsste[264].

Es wird daher auch vertreten, dass sich die Wirksamkeit einer eingetragenen Lebenspartnerschaft nach den allgemeinen Vertragsregeln, also den §§ 104 ff. BGB richte[265]. Nach dieser Meinung ist eine Lebenspartnerschaft entsprechend des Wortlauts von § 1 II LPartG nicht wirksam begründet worden, wenn eine

---

261 *Muscheler*, Rn. 61.

262 *Leipold*, ZEV 2001, 218.

263 *Grziwotz*, DNotZ 2001, 280 (292 f.); *Dethloff*, NJW 2001, 2598 (2600); in der 60. Aufl. noch *Palandt/Brundermüller*, § 15 LPartG, Rn. 1.

264 Vgl. unten 3. Kap. B. IV. 1. j) Aufhebung der Lebenspartnerschaft.

265 *Schwab*, FamRZ 2001, 385 (388); *Ladnar/Bruns*, 30; Hk-LPartG/*Kemper*, § 1, Rn. 27, 33; *Muscheler*, Rn. 66.

Begründungsvoraussetzung fehlt, also im Gegensatz zur bestandsfesteren Ehe ohne weitere Voraussetzung unwirksam[266]. Eine Anwendung der allgemeinen Vertragsregeln auf die eingetragene Lebenspartnerschaft führte auch dazu, dass eine Anfechtung wegen Irrtums über eine verkehrswesentliche Eigenschaft des Lebenspartners oder wegen arglistiger Täuschung gem. §§ 119 ff. BGB möglich wäre[267].

Eine Ehe hingegen kann gem. § 1314 II Nr. 3 BGB nur aufgehoben werden bei arglistiger Täuschung über Umstände, die den Getäuschten bei Kenntnis von der Eingehung der Ehe abgehalten hätten. Es wird daher vertreten, die Anfechtungsgründe einer Lebenspartnerschaft teleologisch einzuschränken auf solche Gründe, die mit der Person des Partners zu tun haben und so gravierend sind, dass sie auch einen verständigen Dritten von einer Eingehung abhalten könnten[268]. Damit sollen unbillige Ergebnisse und eine Abwertung der besonderen personalen Bindung, die durch eine Lebenspartnerschaft begründet wird, vermieden werden. Eine Anfechtung wegen Irrtums oder arglistiger Täuschung über die Vermögensverhältnisse des Partners dürfte daher beispielsweise nicht in Betracht kommen[269].

Wenn eine Lebenspartnerschaft trotz Unwirksamkeit faktisch einige Zeit gelebt wurde, richte sich die Rückabwicklung nach den Regeln über fehlerhafte Dauerschuldverhältnisse, so dass die Lebenspartnerschaft wegen der sonst kaum zu lösenden Abwicklungsprobleme für den bereits gelebten Zeitraum als wirksam behandelt werden müsse und die Unwirksamkeit erst für die Zukunft eintrete[270]. Im Einzelfall komme auch eine Heilung gem. § 242 BGB in Betracht, wenn eine Berufung auf die Unwirksamkeit der Lebenspartnerschaft rechtsmissbräuchlich wäre und zu einem unbilligen Ergebnis führen würde[271].

Die Lösung der dargestellten Meinung behält, obwohl sie sich um eine Abschwächung des unbefriedigenden Zustandes bemüht, immer noch große Unsicherheiten für die Betroffenen zurück. Insgesamt wäre es daher wünschenswert, insbesondere in Anbetracht des verfassungsrechtlichen Gleichheitssatzes, wenn der Gesetzgeber diese Schutzlücke durch eine den Vorschriften der §§ 1313 ff. BGB entsprechende Regelung für Lebenspartner schließen würde.

---

[266] Hk-LPartG/*Kemper*, § 1, Rn. 20 ff.
[267] *Schwab*, FamRZ 2001, 385 (388); *Ladnar/Bruns*, 30; Hk-LPartG/*Kemper*, § 1, Rn. 33 ff.
[268] Hk-LPartG/*Kemper*, § 1, Rn. 40.
[269] Hk-LPartG/*Kemper*, § 1, Rn. 41, 43.
[270] *Muscheler*, Rn. 67; Hk-LPartG/*Kemper*, § 1, Rn. 58.
[271] Hk-LPartG/*Kemper*, § 1, Rn. 25.

cc) Das Versprechen der Partnerschaftsbegründung

Im Lebenspartnerschaftsgesetz finden sich keine dem Verlöbnis gem. §§ 1297-1302 BGB entsprechenden Vorschriften. Der Umgang mit dem Versprechen zweier gleichgeschlechtlicher Personen, miteinander eine eingetragene Lebenspartnerschaft eingehen zu wollen, ist daher problematisch[272].

Eine Anwendung allgemeinen Vertragsrechts auf diese Fälle würde den Interessen der Parteien nicht gerecht[273], aber nicht etwa, wie zum Teil angenommen[274], wegen einer sich daraus ergebenden Einklagbarkeit der Partnerschaftsbegründung oder Zulässigkeit von Vertragsstrafen für den Fall, dass keine Lebenspartnerschaft begründet wird. Vielmehr führte eine Anwendung allgemeinen Vertragsrechts dazu, dass das Versprechen als Vorvertrag den Formvorschriften des Hauptvertrages, also der Begründung der Lebenspartnerschaft selbst zu genügen hätte[275]. Da diese Form bei einem bloßen Versprechen der Partnerschaftsbegründung aber nie eingehalten sein kann, wäre bei Anwendung allgemeinen Vertragsrechts das Versprechen stets unwirksam[276].

Eine solche Lösung wird der besonderen Situation nicht gerecht, die sich bei einem Versprechen auf Eingehung einer Lebenspartnerschaft daraus ergibt, dass im Vertrauen auf die zukünftige Partnerschaft in der Regel bereits erhebliche Aufwendungen gemacht oder Verbindlichkeiten eingegangen werden. Teilweise wird daher eine Analogie zu den §§ 1297-1302 BGB angenommen[277]. Da der Gesetzgeber das Versprechen auf Eingehung einer Lebenspartnerschaft jedoch bewusst ungeregelt gelassen hat, wird eine analoge Anwendung von anderer Seite mangels Planwidrigkeit der Regelungslücke abgelehnt und stattdessen ein solches Versprechen als unwirksam angesehen[278].

Wegen der identischen Interessenlage zwischen heterosexuellen Paaren, die sich die Eheschließung versprechen, und homosexuellen Paaren, die sich die Eingehung einer Lebenspartnerschaft versprechen, ist dieses Ergebnis jedoch nicht angemessen, so dass die auf die Besonderheiten von derartigen Versprechen Rücksicht nehmenden Vorschriften des Verlöbnisrechts gerade im Hinblick auf Art. 3 GG analog anzuwenden sind.

---

[272] *Grziwotz*, DNotZ 2001, 280 (284); *Muscheler*, Rn. 41; Hk-BGB/*Kemper*, Vor §§ 1297-1302, Rn. 2.
[273] *Muscheler*, Rn. 41; Hk-LPartG/*Kemper*, Vor § 1, Rn. 3.
[274] *Muscheler*, Rn. 41.
[275] Hk-LPartG/*Kemper*, Vor § 1, Rn. 3; BGHZ 61, 48; BGHZ 97, 147.
[276] Hk-LPartG/*Kemper*, Vor § 1, Rn. 3.
[277] Hk-BGB/*Kemper*, Vor §§ 1297-1302, Rn. 2; Hk-LPartG/*Kemper*, Vor § 1, Rn. 2.
[278] *Muscheler*, Rn. 42, 44.

b) Personenrechtliche Wirkungen

Die Lebenspartner tragen wie Ehegatten gem. § 1353 BGB füreinander Verantwortung und sind einander zu Fürsorge und Unterstützung verpflichtet gem. § 2 LPartG. Die Lebenspartnerschaft ist damit wie die Ehe als eine Beistandsgemeinschaft ausgestaltet[279]. Jedoch anders als Ehegatten verpflichten sich die Partner zwar zu einer gemeinsamen Lebensgestaltung, nicht aber zu einer partnerschaftlichen Lebensgemeinschaft entsprechend der ehelichen Lebensgemeinschaft gem. § 1353 I 2, 1. HS BGB[280]. Die amtliche Überschrift von § 2 LPartG „Partnerschaftliche Lebensgemeinschaft" legt zwar das Gegenteil nah, aber sowohl der Gesetzestext als auch die Gesetzesbegründung machen deutlich, dass ein Zusammenleben der Partner zwar als der wünschenswerte und schützenswerte Regelfall angesehen wird, von der Schaffung einer Pflicht zur vollen Lebensgemeinschaft entsprechend der Ehe jedoch abgesehen wurde[281]. Die Lebenspartner sind daher weder zur häuslichen Gemeinschaft noch zur Geschlechtsgemeinschaft verpflichtet[282].

Das Fehlen einer Verpflichtung zur Geschlechtsgemeinschaft wird damit begründet, dass der Staat bei Gemeinschaften, aus deren sexueller Betätigung keine Kinder hervorgehen können, kein Interesse an einer solchen habe[283]. Dieser Standpunkt wirft die Frage auf, ob es heute noch zeitgemäß ist, dass den Staat die sexuelle Betätigung seiner Bürger überhaupt etwas angeht, oder ob nicht auch Eheleuten die Entscheidung über ihr Sexualleben selbst überlassen werden sollte[284].

Problematisch ist die fehlende Verpflichtung zu häuslicher Gemeinschaft. Bisher indizierte das Getrenntleben von Ehegatten eine im Scheitern begriffene Beziehung. Diese Indizwirkung ist bei eingetragenen Lebenspartnern aber nicht gegeben, da der Gesetzgeber gem. § 2 LPartG auch den Fall als vollwertige, intakte Lebenspartnerschaft klassifiziert hat, in der die Partner von vornherein ohne häusliche Gemeinschaft leben und diese auch in der Zukunft nicht herstellen wollen. Die Anknüpfung von Rechtsfolgen an den herkömmlichen Begriff des Getrenntlebens ist für die Lebenspartnerschaft daher nicht uneingeschränkt mög-

---

279 Hk-LPartG/*Kemper*, § 2, Rn. 8.

280 *Muscheler*, Rn. 136; Hk-LPartG/*Kemper*, § 2, Rn. 2, 9.

281 BT-Drs. 14/3751, 36.

282 *Kaiser*, JZ 2001, 617 (618 f.); *Palandt/Brudermüller*, § 2 LPartG, Rn. 2; Hk-LPartG/*Kemper*, § 2, Rn. 9 f., 15.

283 Hk-BGB/*Kemper*, § 1353, Rn. 1; Hk-LPartG/*Kemper*, § 2, Rn. 15; *Diederichsen*, NJW 2000, 1841 (1842) hingegen vermutet, dass eine solche Verpflichtung fehle, weil dem Gesetzgeber die Sexualität gleichgeschlechtlicher Paare „offenbar peinlich" gewesen sei. *Muscheler*, Rn. 137, wiederum sieht den eigentlichen Grund dafür darin, dass man keine Verpflichtung zu sexueller Exklusivität schaffen wollte.

284 So auch *Palandt/Brudermüller*, § 2 LPartG, Rn. 2.

lich. Dennoch stellen viele Normen offensichtlich ohne Problembewusstsein wie bisher bei Ehegatten auf das Kriterium des Getrenntlebens ab[285]. So wird beispielsweise bei der Berechnung von Arbeitslosenhilfe gem. §§ 193 II, 194 I 1 Nr. 2 SGB III, bei der Gewährung von Erziehungsgeld gem. § 5 II 6 BErzGG oder bei den Kosten einer Vormundschaft gem. § 1836 c Nr. 1 BGB das Einkommen des Lebenspartners nur dann berücksichtigt, wenn diese nicht dauernd getrennt leben[286]. Sogar das Lebenspartnerschaftsgesetz selbst bezieht sich auf den Begriff des Getrenntlebens, ohne ihn für die jeweiligen Besonderheiten der Lebenspartnerschaft zu definieren, so beispielsweise in den §§ 12-14 LPartG[287] sowie in § 9 IV LPartG[288].

Ein weiterer Problempunkt der weniger weitreichenden Verpflichtungen gem. § 2 LPartG gegenüber denjenigen von Ehegatten gem. § 1353 BGB ist der dadurch erschwerte Beweis einer Scheinpartnerschaft gem. § 1 II Nr. 4 LPartG[289]. Auch verfassungsrechtlich könnte diese Unterschiedlichkeit von Lebenspartnerschaft und Ehe als eine Schlechterstellung der Ehe bedenklich sein[290].

Es gibt bei der Lebenspartnerschaft im Gegensatz zur Ehe auch keine Regelungen, die sich auf die Arbeitsteilung zwischen den Partnern bzw. auf eine Haushaltsführungslebenspartnerschaft beziehen entsprechend den §§ 1356, 1360 S. 2 BGB. Der Gesetzgeber hat den Lebenspartnern die Regelung der Arbeitsteilung selbst überlassen und ging folglich von einem Regelfall aus, nach dem es keine unterschiedliche Rollenverteilung zwischen beiden Partnern gibt, sondern beide erwerbstätig sind und die Arbeit der Haushaltsführung selbständig zwischen sich verteilen[291].

Gem. § 3 LPartG können die Lebenspartner einen gemeinsamen Lebenspartnerschaftsnamen führen. Diese Regelung entspricht der des Eherechts gem. § 1355 BGB bis auf den Unterschied, dass Ehegatten einen solchen gemeinsamen Namen nicht nur führen können, sondern auch führen sollen[292]. Auch hier zeigt sich wieder die Vorstellung des Gesetzgebers von einer soweit wie möglich selbstbestimmten Lebenspartnerschaft ohne gesetzliche Vorgaben, was in einer individualisierten Gesellschaft als Fortschritt gegenüber dem Eherecht betrachtet werden kann.

---

285 *Kaiser*, JZ 2001, 617 (619).
286 *Muscheler*, Rn. 141.
287 Siehe unten 3. Kap. B. IV. 1. i) Getrenntleben.
288 Siehe unten 3. Kap. C. II. 1. a) aa) (4) Kein Getrenntleben.
289 *Muscheler*, Rn. 140.
290 *Muscheler*, Rn. 138.
291 BT-Drs. 14/3751, 37; *Grziwotz*, DNotZ 2001, 280 (283); *Palandt/Brudermüller*, § 2 LPartG, Rn. 2, § 5 LPartG, Rn. 1.
292 *Palandt/Brudermüller*, § 3 LPartG, Rn. 1; *Muscheler*, Rn. 153; Hk-LPartG/*Kemper*, § 3, Rn. 1.

Als weitere personenrechtliche Auswirkung des Lebenspartnerschaftsgesetzes gelten die Lebenspartner gem. § 11 I LPartG untereinander als Familienangehörige und gem. § 11 II LPartG gegenüber den Verwandten des Partners, insbesondere also auch gegenüber seinen Kindern, als verschwägert. Damit stehen ihnen die an den Angehörigenstatus anknüpfenden Rechte, insbesondere das Zeugnisverweigerungsrecht zu[293].

c) Vermögensrechtliche Wirkungen

aa) Vermögensstand

Die vermögensrechtlichen Wirkungen einer Lebenspartnerschaft unterscheiden sich von denen einer Ehe. Das Gesetz spricht nicht von Güterstand, sondern von Vermögensstand. Es ist kein gesetzlicher Vermögensstand vorgesehen, so dass die Lebenspartner vor Eintragung eine Erklärung über ihren Vermögensstand abgeben müssen gem. § 6 I 1 LPartG[294]. Wenn eine Ausgleichsgemeinschaft gewollt ist, die gem. § 6 II LPartG inhaltlich der Zugewinngemeinschaft im Eherecht entspricht, reicht gem. § 7 II LPartG eine formlose Vereinbarung zwischen den Lebenspartnern aus[295]. Abweichungen davon sowie die Vereinbarung anderer Vermögensstände bedürfen zu ihrer Wirksamkeit eines Lebenspartnerschaftsvertrages gem. § 7 I LPartG, welcher bei gleichzeitiger Anwesenheit der Lebenspartner zur Niederschrift eines Notars geschlossen werden muss[296]. Bei Unwirksamkeit der Vereinbarung von Ausgleichsgemeinschaft oder Lebenspartnerschaftsvertrag gilt generell die Vermögenstrennung gem. § 6 III LPartG als Auffangvermögensstand.

Dadurch, dass bei der Ausgleichsgemeinschaft an die Form der Vereinbarung die geringsten Anforderungen gestellt werden, wird diese zwar nicht wie bei der Ehe zum gesetzlichen, aber dennoch zum faktischen Regelfall[297]. Dies stellt eine Durchbrechung des dem Lebenspartnerschaftsgesetz zugrunde liegenden Prinzips dar, bei der Regelung der Partnerschaft grundsätzlich die Gegebenheit zu berücksichtigen, dass die Mehrheit gleichgeschlechtlicher Paare nicht nach einem Pendant zur heterosexuellen „Hausfrauenehe“ zusammenlebt, sondern bei-

---

293 *Palandt/Brudermüller*, § 11 LPartG, Rn. 1; Hk-LPartG/*Bruns*, § 11, Rn. 1 ff.

294 BT-Drs. 14/3751, 37; *Palandt/Brudermüller*, § 6 LPartG, Rn. 1; *Mayer*, ZEV 2001, 169 (170).

295 *Palandt/Brudermüller*, § 6 LPartG, Rn. 2; *Muscheler*, Rn. 75 ff.; *Mayer*, ZEV 2001, 169 (171); Hk-BGB/*Kemper*, Vor §§ 1297-1588, Rn. 17; Hk-LPartG/*Kemper*, Vor §§ 6-7, Rn. 3.

296 Hk-BGB/*Kemper*, Vor §§ 1297-1588, Rn. 17.

297 *Muscheler*, Rn. 63.

de Partner in der Regel berufstätig sind. Für solche Konstellationen ist eine Ausgleichsgemeinschaft insbesondere bei Beendigung der Lebenspartnerschaft durch eine Aufhebung oft nicht interessengerecht[298]. Inkonsequent ist dabei auch, dass der Gesetzgeber trotz Ausgleichsgemeinschaft keinen Versorgungsausgleich für die eingetragene Lebenspartnerschaft eingeführt hat, obwohl dieser auf demselben Grundgedanken beruht[299].

Wenn die Lebenspartner ihre Vermögensverhältnisse in einem Lebenspartnerschaftsvertrag gem. § 7 I LPartG regeln, steht es ihnen darin frei, die Ausgleichsgemeinschaft zu modifizieren, ihren Vermögensstand individuell auszugestalten oder durch Verweis auf das Eherecht Vermögenstrennung zu vereinbaren[300].

Ob auch eine Vermögensgemeinschaft entsprechend der ehelichen Gütergemeinschaft im Lebenspartnerschaftsvertrag vereinbart werden kann, ist umstritten[301]. Es gibt keine gesetzlichen Vorschriften, die entsprechend den eherechtlichen §§ 1415 ff. BGB eine Vermögensgemeinschaft für Lebenspartner regeln. Zum Teil wird aber vertreten, dass die Lebenspartner die Vorschriften der §§ 1415 ff. BGB im Lebenspartnerschaftsvertrag für entsprechend anwendbar erklären können[302]. Dafür spricht, dass im Hinblick auf Art. 3 GG eine identische Interessenlage zwischen Ehegatten und eingetragenen Lebenspartnern besteht, die jeweils im Stand der Güter- / Vermögensgemeinschaft zusammen leben möchten. Auch nach dem explizit geäußerten Willen des Gesetzgebers sollte es den Lebenspartnern freigestellt sein, die Wirkungen der Vermögensgemeinschaft durch einen Lebenspartnerschaftsvertrag herbeizuführen[303].

Dagegen wird von anderen eingewendet, es sei nicht möglich, eine Vermögensgemeinschaft zu vereinbaren, weil es im Unterschied zum Eherecht keine entsprechende Einrichtung zum Güterrechtsregister für Lebenspartner gebe[304]. Ei-

---

298 *Muscheler*, Rn. 79; *Ladnar/Bruns*, 40.

299 *Dethloff*, NJW 2001, 2598 (2601); *Muscheler*, Rn. 79.

300 *Muscheler*, Rn. 74; *Schwab*, FamRZ 2001, 385 (388); *Dorsel*, RNotZ 2001, 151f.; BT-Drs. 14/3751, 38; *Trimbach*, NJ 2001, 399 (401); *Ladnar/Bruns*, 40f.; Hk-LPartG/*Kemper*, Vor §§ 6-7, Rn. 4.

301 Ablehnend: Hk-LPartG/*Kemper*, Vor §§ 6-7, Rn. 4, § 7, Rn. 3, 12; *Kemper*, FF 2001, 156 (163); *Mayer*, ZEV 2001, 169 (175); *Grziwotz*, DNotZ 2001, 280 (287); *Grziwotz*, FPR 2001, 466 (467f.); *Palandt/Brudermüller*, § 7 LPartG, Rn. 1; bejahend: *Muscheler*, Rn. 74; in der 60. Aufl. noch *Palandt/Brudermüller*, § 7 LPartG, Rn. 1; *Schwab*, FamRZ 2001, 385 (388); *Dorsel*, RNotZ 2001, 151f.; BT-Drs. 14/3751, 38; *Trimbach*, NJ 2001, 399 (401); *Dethloff*, NJW 2001, 2598 (2601); *Ladnar/Bruns*, 41; *Epple*, BWNotZ 2001, 44 (46); *Leipold*, ZEV 2001, 218 (220); offen gelassen bei *Müller*, DNotZ 2001, 581 (583).

302 *Leipold*, ZEV 2001, 218 (220); *Epple*, BWNotZ 2001, 44 (46); *Schwab*, FamRZ 2001, 385 (388); *Dorsel*, RNotZ 2001, 151 (152); *Muscheler*, Rn. 74.

303 BT-Drs. 14/3751, 38.

304 Hk-LPartG/*Kemper*, Vor §§ 6-7, Rn. 4, § 7, Rn. 3, 12; *Kemper*, FF 2001, 156 (163).

ner Eintragung ins Güterrechtsregister kommt jedoch keine konstitutive Wirkung zu[305]. Die Vereinbarung einer Gütergemeinschaft zwischen Eheleuten ist auch ohne Eintragung wirksam[306]. Folglich kann das Fehlen eines entsprechenden Registers nicht gegen die Möglichkeit der Vereinbarung einer Vermögensgemeinschaft sprechen.

Eine solche Vereinbarung ist jedoch deshalb problematisch, weil durch die Begründung einer Gütergemeinschaft das Vermögen beider Ehegatten kraft Gesetzes, also ohne rechtsgeschäftliche Übertragung, zu gemeinschaftlichem Vermögen, dem sogenannten Gesamtgut wird[307]. Eine solche dingliche Rechtsänderung ohne rechtsgeschäftliche Übertragung kann daher grundsätzlich nur durch Gesetz erfolgen, nicht hingegen durch Vertrag[308].

Teilweise wird angenommen, Lebenspartnerschaftsverträge könnten wegen der fehlenden Verweisung auf § 1412 BGB keine Wirkung gegenüber Dritten entfalten[309]. Diese Argumentation verkennt jedoch, dass der Sinn und Zweck des § 1412 BGB darin liegt, das Vertrauen des Rechtsverkehrs in das grundsätzliche Bestehen des gesetzlichen Güterstands der Zugewinngemeinschaft zu schützen. Ehegatten können sich einem Dritten gegenüber nur auf einen anderen Güterstand berufen, wenn dieser im Güterrechtsregister eingetragen war oder der Dritte positiv Kenntnis von der Abweichung hatte[310]. Im Gegensatz dazu ist der Rechtsverkehr bei der eingetragenen Lebenspartnerschaft in seinem Vertrauen auf das Bestehen eines bestimmten Vermögensstandes nicht schutzwürdig, da es dort keinen gesetzlichen Vermögensstand gibt. Eine Verweisung auf § 1412 BGB wäre daher systemwidrig gewesen. Ihr Fehlen bedeutet damit aber nicht, dass den Lebenspartnerschaftsverträgen keine Wirkung gegenüber Dritten zukommt, sondern im Gegenteil, dass die Vereinbarung der Ausgleichsgemeinschaft oder der Lebenspartnerschaftsvertrag mangels Rechtsschein in jedem Fall Wirkung gegenüber Dritten entfaltet, also unabhängig von Eintragung und Kenntnis[311]. Ein anderes Ergebnis wäre schon deswegen nicht interessengerecht, weil sonst kein im Außenverhältnis wirksamer Ausschluss der Schlüsselgewalt[312] möglich wäre.

---

305 *Schwab*, FamR, Rn. 212; *Palandt/Brudermüller*, § 1412, Rn. 1.

306 *Schwab*, FamR, Rn. 212; *Palandt/Brudermüller*, § 1412, Rn. 1.

307 *Schwab*, FamR, Rn. 195.

308 *Mayer*, ZEV 2001, 169 (175); *Palandt/Brudermüller*, § 7 LPartG, Rn. 1; *Grziwotz*, FPR 2001, 466 (467f.); *Grziwotz*, DNotZ 2001, 280 (287); Hk-LPartG/*Kemper*, § 6, Rn. 6; a.A. *Dethloff*, NJW 2001, 2598 (2601).

309 Hk-BGB/*Kemper*, Vor §§ 1408-1588, Rn. 4; Hk-LPartG/*Kemper*, Vor §§ 6-7, Rn. 4, § 6, Rn. 6, § 7, Rn. 3; *Palandt/Brudermüller*, § 7 LPartG, Rn. 1; *Kemper*, FF 2001, 156 (163); offen gelassen bei *Mayer*, ZEV 2001, 169 (175); *Müller*, DNotZ 2001, 581 (584).

310 *Schwab*, FamR, Rn. 214; *Palandt/Brudermüller*, § 1412, Rn. 8 f.

311 So auch *Muscheler*, Rn. 74.

312 Zur Schlüsselgewalt siehe unten 3. Kap. IV. 1. c) cc) Sonstige vermögensrechtliche Wirkungen.

bb) Unterhaltspflicht

Zu den vermögensrechtlichen Wirkungen einer Lebenspartnerschaft gehört als wesentlicher Bestandteil auch die gegenseitige Unterhaltspflicht der Partner gem. § 5 LPartG. Sie ist Ausprägung der in § 2 LPartG aufgestellten Verpflichtung zu gegenseitiger Fürsorge und Unterstützung und entspricht im Wesentlichen der Unterhaltspflicht von Ehegatten gem. § 1360 BGB[313]. Die §§ 1360 a und 1360 b BGB gelten entsprechend. Ein Verweis auf § 1360 S. 2 BGB fehlt, da sich der Gesetzgeber hier an der Lebenswirklichkeit gleichgeschlechtlicher Paare orientiert hat, in welcher der Haushalt in der Regel von beiden Partnern geführt wird[314]. Dies bedeutet jedoch nicht im Umkehrschluss, dass im Falle einer Haushaltsführungspartnerschaft die Haushaltsführung nicht als Unterhaltsleistung gilt[315].

cc) Sonstige vermögensrechtliche Wirkungen

Des Weiteren gilt für die Lebenspartnerschaft gem. § 4 LPartG die Haftungsbegrenzung auf eine diligentia quam in suis entsprechend § 1359 BGB und gem. § 8 I LPartG die Eigentumsvermutung entsprechend § 1362 BGB.

Auch die Regelung der sogenannten Schlüsselgewalt entsprechend § 1357 BGB wird gem. § 8 II LPartG auf Lebenspartner ausgeweitet. Dies ist angesichts der Tatsache, dass die Schlüsselgewalt zum Schutz des haushaltsführenden Ehegatten konzipiert wurde, wenig konsequent. Bei gleichgeschlechtlichen Paaren wird eine Haushaltsführungspartnerschaft wohl eher eine Ausnahme darstellen[316].

Durch die weitere Verweisung in § 8 II LPartG finden auch die Verfügungsbeschränkungen der §§ 1365-1370 BGB zur Erhaltung der wirtschaftlichen Grundlage der Gemeinschaft Anwendung, allerdings mit dem Unterschied, dass die Vorschriften für Lebenspartner unabhängig vom vereinbarten Vermögensstand gelten, während sie im Eherecht nur bei Zugewinngemeinschaft anwendbar sind[317]. Der Gesetzgeber wollte dadurch den Schutz der gemeinsamen materiellen Lebensgrundlage stärken[318]. Inkonsequent daran ist allerdings, dass der Schutz der wirtschaftlichen Grundlage einer Lebenspartnerschaft dadurch weiter

---

[313] *Palandt/Brudermüller*, § 5 LPartG, Rn. 1; *Muscheler*, Rn. 97.

[314] BT-Drs. 14/3751, 41; *Büttner*, FamRZ, 2001, 1105 (1106); *Muscheler*, Rn. 99.

[315] *Muscheler*, Rn. 100; Hk-LPartG/*Kemper*, § 5, Rn. 9.

[316] Hk-LPartG/*Kemper*, § 8, Rn. 3; *Muscheler*, Rn. 86 ff.

[317] *Muscheler*, Rn. 94; *Schwab*, FamRZ 2001, 385 (393f.); *Palandt/Brudermüller*, § 8 LPartG, Rn. 3.

[318] BT-Drs. 14/3751, 38.

ausgedehnt wird als bei einer Ehe, obwohl die Partner im Gegensatz zu Ehegatten nicht zu häuslicher Gemeinschaft verpflichtet sind und seltener mit Kindern zusammenleben als Ehegatten. Gerade für den Fall, dass die Lebenspartner Vermögenstrennung vereinbart haben, ist der Grund, warum die Verfügungsbeschränkungen unabhängig vom Vermögensstand gelten sollen, unverständlich[319].

d) *Kindschaftsrecht*

Bezüglich des Kindschaftsrechts enthält das Lebenspartnerschaftsgesetz im Vergleich zum Eherecht nur sehr wenige Regelungen. Weil gerade der Schutz von Kindern vielfach als ein Hauptargument dient, um die Schutzprivilegien der Ehe zu begründen und gegenüber der angeblich kinderlosen eingetragenen Lebenspartnerschaft zu erhalten, ist dies nicht nur unverständlich, sondern geradezu widersinnig.

Lebenspartner gelten zwar - wie auch Ehegatten gem. § 1590 I 1 BGB - als verschwägert mit dem Kind ihres Lebenspartners gem. § 11 II LPartG. Im Lebenspartnerschaftsgesetz sind aber weder eine Stiefkindadoption, noch eine gemeinschaftliche Adoption, noch ein gemeinsames Sorgerecht vorgesehen. Gem. § 9 I LPartG wurde lediglich ein sogenanntes „kleines Sorgerecht“ für den Lebenspartner geschaffen, der nicht leiblicher Elternteil des in der Partnerschaft aufwachsenden Kindes ist. Danach hat er im Einvernehmen mit dem allein sorgeberechtigten Elternteil die Befugnis zur Mitentscheidung in Angelegenheiten des täglichen Lebens des Kindes[320]. Bei Gefahr im Verzug erhält der Lebenspartner des sorgeberechtigten Elternteils parallel zu § 1629 I 4 BGB ein Notsorgerecht gem. § 9 II LPartG, wonach er berechtigt ist, alle Rechtshandlungen vorzunehmen, die zum Wohle des Kindes notwendig sind[321]. Die sorgerechtlichen Befugnisse nach § 9 LPartG werden durch den neuen § 1687 b BGB auch für den Stiefelternteil innerhalb einer Ehe eingeführt.

Des Weiteren hat der ehemalige Lebenspartner des leiblichen Elternteils jetzt gem. § 1685 II BGB n.F. ein Umgangsrecht mit dem Kind, wenn es mit ihm längere Zeit in einer häuslichen Gemeinschaft gelebt hat[322]. Zudem kann gem. § 1682 S. 2 BGB n.F. vom Gericht nun auch eine Verbleibensanordnung zugunsten des Lebenspartners als Co-Elternteil getroffen werden, wenn dies zum

[319] *Muscheler*, Rn. 91 ff.; *Schwab*, FamRZ 2001, 385 (393); Hk-LPartG/*Kemper*, § 8, Rn. 3.
[320] *Schwab*, FamRZ 2001,385 (394 f.).
[321] *Palandt/Brudermüller*, § 9 LPartG, Rn. 5.
[322] *Palandt/Brudermüller*, § 9 LPartG, Rn. 3.

Wohle des Kindes ist[323]. Ausführlich wird auf das Kindschaftsrecht an späterer Stelle eingegangen[324].

e) Erbrecht

Das Erbrecht der Lebenspartner gem. § 10 LPartG ist nahezu identisch mit dem Erbrecht von Ehegatten hinsichtlich der gesetzlichen Erbfolge und des Pflichtteilsrechts[325]. Auch die Errichtung eines gemeinschaftlichen Testamentes entsprechend den §§ 2266-2273 BGB ist gem. § 10 IV LPartG möglich.

f) Steuerrecht

An der steuerrechtlichen Situation gleichgeschlechtlicher Paare hat sich durch das Inkrafttreten des Lebenspartnerschaftsgesetzes nichts geändert, da steuerrechtliche Regelungen der Zustimmung des Bundesrates bedürfen und daher in das noch nicht in Kraft getretene Lebenspartnerschaftsergänzungsgesetz[326] ausgelagert wurden. Problematisch ist dies insbesondere bei der Einkommenssteuer, bei welcher die Lebenspartner trotz gesetzlicher Unterhaltspflicht gem. §§ 5, 12, 16 LPartG wie Ledige behandelt werden[327]. Daher können die Unterhaltsleistungen an einen Lebenspartner nur bis zur Höhe von 7188 € pro Jahr als außergewöhnliche Belastung abgesetzt werden gem. § 33 a EStG, während bei Ehegatten im Rahmen des Ehegattensplittings eine Zusammenveranlagung bei der Einkommenssteuer gem. §§ 26, 26 b EStG stattfindet[328]. Die durch eine Lebenspartnerschaft begründete gesetzliche Unterhaltsverpflichtung stellt jedoch als unvermeidbare Sonderbelastung einen die Leistungsfähigkeit des Steuerpflichtigen mindernden Umstand dar, welcher ohne eine entsprechende steuerrechtliche Berücksichtigung dem Grundsatz der Besteuerung nach Leistungsfähigkeit widerspricht[329]. Auch das Bundesverfassungsgericht hat deutlich darauf hingewiesen, dass eine solche steuerrechtliche Nichtberücksichtigung gegen Art. 3 I GG

---

[323] Hk-BGB/*Kemper*, § 1682, Rn. 2.
[324] Siehe unten 3. Kap. C. Kindschaftsrecht.
[325] Hk-BGB/*Kemper*, Vor §§ 1297- 1588, Rn. 22; *Muscheler*, Rn. 111.
[326] Vgl. unten 3. Kap. B. IV. 2. Das Lebenspartnerschaftsergänzungsgesetz.
[327] Hk-LPartG/*Stadie*, SteuerR, Rn. 2.
[328] Hk-LPartG/*Stadie*, SteuerR, Rn. 2.
[329] BT-Drs. 14/3751, 34; *Schwab*, FamRZ 2001, 385 (386); Hk-LPartG/*Stadie*, SteuerR, Rn. 1.

verstoßen kann. Es hat diese Frage aber letztlich offen gelassen, da sie von den gestellten Normenkontrollanträgen nicht umfasst war[330].

Ebenfalls sehr problematisch ist die Regelung der Erbschaftssteuer. Mangels Inkrafttreten des Lebenspartnerschaftsergänzungsgesetzes fällt ein Lebenspartner gem. § 15 I ErbStG nach wie vor in die Steuerklasse III, welche dem höchsten Steuersatz unterliegt[331]. Zudem beträgt sein Freibetrag gem. § 16 I ErbStG nur 5.200 €, während Ehegatten einen allgemeinen Freibetrag von 307.000 € haben[332]. Auch einen Versorgungsfreibetrag, wie er Ehegatten gem. § 17 I ErbStG i.H.v. 256.000 € zusteht, gibt es für Lebenspartner nicht[333]. Ein Lebenspartner ist daher, obwohl die Lebenspartnerschaft ein gesetzliches Erb- und Pflichtteilsrecht begründet, erheblich schlechter gestellt als alle anderen Pflichtteilsberechtigten. Hierin liegt ein Verstoß gegen Art. 3 I GG[334].

Entsprechendes gilt auch für die Benachteiligungen von Lebenspartnern durch die bisher unterbliebenen Änderungen im Schenkungs- und Grunderwerbssteuerrecht. Gem. Art. 3 I GG ist daher eine steuerrechtliche Berücksichtigung von Lebenspartnern dringend geboten.

g) Sozialrecht

Je nach Zustimmungsbedürftigkeit sind die sozialrechtlichen Regelungen für Lebenspartner teilweise durch das Lebenspartnerschaftsgesetz bereits in Kraft getreten, zum Teil stehen sie aber als Bestandteil des Lebenspartnerschaftsergänzungsgesetzes noch aus.

Im Sozialversicherungsrecht ist schon jetzt eine Gleichstellung von Lebenspartnern und Ehegatten erfolgt durch die Einbeziehung des Lebenspartners und seiner Kinder in die beitragsfreie Familienmitversicherung bei der Kranken- (§ 10 I 1, 3, III, IV SGB V) und Pflegeversicherung (§ 25 I, III SGB XI)[335].

Im Bereich der Arbeitsförderung nach dem SGB III sind Lebenspartner mit Ehegatten ebenfalls gleichgestellt worden. So wird jetzt anders als bisher der Nachzug zum Lebenspartner als ein wichtiger Grund i.S.d. § 144 SGB III für die Kündigung eines Arbeitsverhältnisses anerkannt, ohne dass der Anspruch auf

---

330 BVerfG, NJW 2002, 2543 (2551) - Az. 1 BvF 1/01, 1 BvF 2/01 - v. 17.7.2002, Absatz-Nr. 122 f., http://www.bverfg.de.

331 Hk-LPartG/*Stadie*, SteuerR, Rn. 34; Hk-LPartG/*Stüber*, Einleitung, Rn. 87.

332 Hk-LPartG/*Stadie*, SteuerR, Rn. 36; Hk-LPartG/*Stüber*, Einleitung, Rn. 87.

333 Hk-LPartG/*Stadie*, SteuerR, Rn. 37.

334 *Muscheler*, Rn. 127.

335 Hk-LPartG/*Kiel*, Sozialversicherung, Rn. 7 ff., 43 ff.; *Muscheler*, Rn. 105.

Arbeitslosengeld für 12 Monate ruht[336]. Bei der Arbeitslosenhilfe führt die Gleichstellung allerdings dazu, dass das Einkommen des Lebenspartners aufgrund der lebenspartnerschaftlichen Unterhaltspflicht bei der Bedürftigkeitsprüfung gem. §§ 193, 194 SGB III berücksichtigt wird. Anders als bei Ehegatten steht dieser Belastung jedoch keine Entlastung bei der Einkommenssteuer gegenüber, was einen verfassungsrechtlich nicht zu rechtfertigenden Verstoß gegen Art. 3 I GG darstellt und dem Grundsatz der Besteuerung nach Leistungsfähigkeit widerspricht[337].

Bezüglich der Sozialhilfe und des BAföG ist die geplante Anpassung an Lebenspartnerschaften bisher unterblieben, so dass das Einkommen des Lebenspartners innerhalb der Bedürftigkeitsprüfung hier im Gegensatz zur Regelung der Arbeitslosenhilfe nicht berücksichtigt wird. Dies ist im Hinblick auf das Benachteiligungsverbot des Art. 6 I GG gegenüber Ehegatten, welche nach dem BSHG sowie dem BAföG als wirtschaftliche Einheit behandelt werden, verfassungsrechtlich problematisch[338]. Ebenso wie im Steuerrecht ist daher auch im Sozialrecht eine Gleichstellung von Lebenspartnern und Ehegatten verfassungsrechtlich geboten.

h) Sonstige Wirkungen

Im Mietrecht ist der § 569 a BGB a.F. auf Lebenspartner erweitert worden, so dass der überlebende Lebenspartner, der nicht Mieter ist, jetzt gem. § 563 BGB n.F.[339] wie ein Ehegatte mit dem Tod des Lebenspartners in dessen Mietverhältnis eintritt[340].

Des Weiteren ist durch die in § 5 LPartG normierte gesetzliche Unterhaltspflicht der Lebenspartner jetzt auch § 844 II BGB auf Lebenspartner anwendbar. Danach hat bei rechtswidriger und schuldhafter Tötung des unterhaltsverpflichteten Lebenspartners durch einen Dritten der Überlebende einen Anspruch auf Zahlung einer Geldrente[341].

Für ausländische Lebenspartner besteht jetzt ein Nachzugsrecht mit eingeschlossener Arbeitsgenehmigung gem. §§ 27 a, 29 IV, 31 I, 48 I 1 Nr. 3 AuslG[342].

---

336 Hk-LPartG/*Augstein*, SozialR, Rn. 12.

337 Vgl. dazu oben 3. Kap. B. IV. 1. f) Steuerrecht.

338 BVerfG, NJW 2002, 2543 (2548) - Az. 1 BvF 1/01, 1 BvF 2/01 - v. 17.7.2002, Absatz-Nr. 95 f., http://www.bverfg.de; *Muscheler*, Rn. 141.

339 In der Fassung des Mietrechtsreformgesetzes v. 19.6.2001, BGBl. I, 1149.

340 Hk-LPartG/*Emmert*, Mietrecht, § 563, Rn. 8; *Muscheler*, Rn. 129.

341 *Muscheler*, Rn. 106.

342 *Palandt/Brudermüller*, Einl. LPartG, Rn. 10, 60. Aufl.

i) Getrenntleben

Die §§ 12-14 LPartG regeln das Getrenntleben der Lebenspartner. Gem. § 12 LPartG kann ein Lebenspartner von dem anderen Trennungsunterhalt in einer den Lebensverhältnissen angemessenen Höhe verlangen[343]. Die Anspruchsvoraussetzungen entsprechen im Wesentlichen denen des Ehegattentrennungsunterhalts gem. § 1361 BGB. Ein Unterschied liegt allerdings darin, dass der unterhaltsberechtigte Lebenspartner, wenn er vorher nicht erwerbstätig war, gem. § 12 LPartG in der Regel auf die Aufnahme einer eigenen Erwerbstätigkeit verwiesen werden kann, der Ehepartner gem. § 1361 II BGB hingegen nur in Ausnahmefällen[344]. Dieses umgekehrte Regel-Ausnahme-Verhältnis ist Ausdruck einer stärkeren Eigenverantwortlichkeit und einer größeren wirtschaftlichen Unabhängigkeit der Lebenspartner[345].

Gem. § 12 II 1 LPartG ist der Unterhaltsanspruch zu versagen, herabzusetzen oder zeitlich zu begrenzen, soweit die Inanspruchnahme des Verpflichteten unbillig wäre. Diese Härteklausel enthält einen weniger strengen Maßstab als die entsprechende Vorschrift für getrenntlebende Ehegatten gem. § 1579 BGB. Dort ist die Schwelle für einen Ausschluss des Unterhaltsanspruchs erst ab „grober Unbilligkeit“ überschritten[346]. Diese Unterscheidung steht im Widerspruch zur Billigkeitsgrenze für den Ausschluss des nachpartnerschaftlichen Unterhaltsanspruchs, welcher gem. § 16 II 2 LPartG durch Verweisung auf § 1579 BGB erst bei grober Unbilligkeit möglich ist[347]. Da aber die Solidarität der Lebenspartner nach Aufhebung der Lebenspartnerschaft nicht größer sein kann als zur Zeit des Getrenntlebens, in der die Partnerschaft noch besteht, muss hier eine Angleichung der Maßstäbe erfolgen[348].

Ob dabei für Trennungs- und nachpartnerschaftlichen Unterhaltsanspruch einheitlich der Maßstab des § 1579 BGB[349] oder der Maßstab des § 12 II 1 LPartG[350] gelten soll, ist umstritten. Im Hinblick auf Art. 6 I, 3 GG und die mit

---

343 *Schwab*, FamRZ 2001, 385 (392); *Palandt/Brudermüller*, § 12 LPartG, Rn. 4, 7.

344 *Muscheler*, Rn. 104, 235 f.; *Büttner*, FamRZ, 2001, 1105 (1107); Hk-LPartG/*Kemper*, § 12, Rn. 11 ff.

345 BT-Drs. 14/3751, 41; *Büttner*, FamRZ, 2001, 1105 (1107); *Palandt/Brudermüller*, § 12 LPartG, Rn. 7; Hk-LPartG/*Kemper*, § 12, Rn. 12.

346 *Schwab*, FamRZ 2001, 385 (392); *Dorsel*, RNotZ 2001, 151 (152); *Büttner*, FamRZ 2001, 1105 (1107 f.); Hk-LPartG/*Kemper*, § 12, Rn. 34.

347 Siehe unten 3. Kap. B. IV. 1. j) bb) (1) Nachpartnerschaftlicher Unterhalt.

348 *Palandt/Brudermüller*, § 16 LPartG, Rn. 12; *Büttner*, FamRZ 2001, 1105 (1107 f.); Hk-LPartG/*Kemper*, § 12, Rn. 34; *Muscheler*, Rn. 104.

349 Hk-LPartG/*Kemper*, § 12, Rn. 34; *Muscheler*, Rn. 104; *Palandt/Brudermüller*, § 12 LPartG, Rn. 9, § 16 LPartG, Rn. 12.

350 *Büttner*, FamRZ 2001, 1105 (1108); in der 60. Aufl. noch *Palandt/Brudermüller*, § 16, Rn. 12.

der Ehe vergleichbare partnerschaftliche Solidarität ist der auch für Ehegatten einheitlich geltende Maßstab des § 1579 BGB vorzuziehen.

Des Weiteren gewährt § 13 LPartG einen Anspruch auf Hausratsverteilung entsprechend § 1361 a BGB. § 14 LPartG regelt in Übereinstimmung mit § 1361 b BGB die Wohnungszuweisung im Fall des Getrenntlebens. Außerdem entfällt mit der Trennung das kleine Sorgerecht gem. § 9 IV LPartG[351], die Eigentumsvermutung gem. §§ 8 I 2 LPartG, 1362 I 2 BGB und die Schlüsselgewalt gem. §§ 8 II LPartG, 1357 III BGB.

Problematisch ist allerdings, wann die Vorschriften über das Getrenntleben Anwendung finden, da der Begriff des Getrenntlebens im Lebenspartnerschaftsgesetz nicht definiert wird[352]. Eine eherechtliche Definition des Getrenntlebens findet sich in § 1567 I BGB, wonach Ehegatten getrennt leben, wenn sie objektiv nicht oder nicht mehr in häuslicher Gemeinschaft leben und mindestens einer von ihnen subjektiv nicht mit dem anderen in häuslicher Gemeinschaft leben will, weil er die eheliche Lebensgemeinschaft ablehnt[353]. Eine Übertragung dieser Definition setzt eine vergleichbare Interessenlage voraus. Anders als bei der Ehescheidung kommt es für die Aufhebung der Lebenspartnerschaft gem. §§ 15 ff. LPartG zwar nicht auf ein Getrenntleben an. Der Begriff des Getrenntlebens in den §§ 12-14 LPartG bezieht sich angesichts der Rechtsfolgen jedoch auch bei der Lebenspartnerschaft nach seinem Sinn und Zweck auf Partnerschaften, die in die Krise geraten und im Scheitern begriffen sind. Da Lebenspartner aber gem. § 2 LPartG im Unterschied zu Ehegatten gem. § 1353 BGB nicht zu partnerschaftlicher Lebensgemeinschaft und damit auch nicht zu häuslicher Gemeinschaft verpflichtet sind[354], kann das objektive Fehlen einer häuslichen Gemeinschaft selbst bei subjektiver Ablehnung einer solchen nicht als ausreichendes Indiz für das Scheitern der Beziehung angenommen werden. Die Definition des § 1567 I BGB kann im Hinblick auf die Besonderheiten der Lebenspartnerschaft daher nur in modifizierter Form Anwendung finden. Getrenntleben liegt danach vor, wenn die Lebenspartner objektiv nicht oder nicht mehr in häuslicher Gemeinschaft leben und mindestens einer von ihnen subjektiv nicht mit dem anderen in häuslicher Gemeinschaft leben will, weil - dieser Teil ist der entscheidende - er die lebenspartnerschaftlichen Pflichten des § 2 LPartG, also gegenseitige Unterstützung, Fürsorge und gemeinsame Lebensgestaltung, ab-

---

351 Zur Besonderheit beim Begriff des Getrenntlebens siehe 3. Kap. C. II. 1. a) aa) (4) Kein Getrenntleben.

352 Siehe oben 3. Kap. B. IV. 1. b) Personenrechtliche Wirkungen.

353 *Schwab*, FamR, Rn. 321.

354 Siehe oben 3. Kap. B. IV. 1. b) Personenrechtliche Wirkungen.

lehnt[355]. Dabei muss das subjektive Element wie auch bei Ehegatten nach außen erkennbar werden[356].

j) Aufhebung der Lebenspartnerschaft

Die Auflösung von Lebenspartnerschaften unterscheidet sich in einigen Punkten von der Ehescheidung. Sprachlich ist etwas missverständlich von einer Aufhebung der Lebenspartnerschaft die Rede. Damit sind nicht die einer Aufhebung der Ehe entsprechenden Regelungen verbunden, sondern die einer Ehescheidung[357]. Eine Entsprechung zu den Aufhebungsvorschriften der Ehe aufgrund von Mängeln bei der Eheschließung gem. §§ 1313 ff. BGB gibt es für die eingetragene Lebenspartnerschaft nicht[358].

aa) Aufhebungsvoraussetzungen

Die Aufhebung einer eingetragenen Lebenspartnerschaft erfolgt auf Antrag eines oder beider Lebenspartner wie eine Scheidung durch gerichtliches Urteil gem. § 15 I LPartG[359]. Auch die Wartefristen sind gem. § 15 II Nr. 1 und 2 LPartG ihrer Länge nach denen des Scheidungsrechts nachgebildet, also bei einvernehmlichem Aufhebungswunsch ein Jahr, bei Einseitigkeit drei Jahre[360]. Wenn die Fortsetzung der Partnerschaft dagegen aus Gründen, die in der Person des anderen Lebenspartners liegen, eine unzumutbare Härte darstellt, kann die Lebenspartnerschaft gem. § 15 II Nr. 3 LPartG sofort aufgehoben werden.

Im Unterschied zum Eherecht wird als Konsequenz der fehlenden Verpflichtung zu häuslicher Gemeinschaft gem. § 2 LPartG kein Getrenntleben der Partner während dieser Wartezeit vorausgesetzt[361]. Die Trennung erfolgt also anders als bei Ehegatten nicht aufgrund des Zerrüttungsprinzips[362]. Dagegen ist eine öffentlich beurkundete Aufhebungserklärung eines oder beider Partner gem. § 15 II Nr. 2 oder 1 LPartG erforderlich, welche die vorgeschriebene Wartefrist

---

[355] *Muscheler*, Rn. 232; *Büttner*, FamRZ, 2001, 1105 (1106); Hk-LPartG/*Kemper*, § 5, Rn. 6, § 12, Rn. 6; *Palandt/Brudermüller*, § 12 LPartG, Rn. 3.

[356] *Palandt/Brudermüller*, § 12 LPartG, Rn. 3.

[357] *Schwab*, FamRZ 2001, 385 (397); Hk-LPartG/*Kemper*, § 15, Rn. 1.

[358] Vgl. dazu oben 3. Kap. B. IV. 1. a) bb) Abschlussmängel.

[359] *Muscheler*, Rn. 241.

[360] Hk-BGB/*Kemper*, Vor §§ 1297-1588, Rn. 20.

[361] *Muscheler*, Rn. 245.

[362] *Muscheler*, Rn. 244; Hk-LPartG/*Kemper*, § 15, Rn. 7.

in Gang setzt[363]. Bei einseitigem Aufhebungsverlangen muss für den Fristbeginn eine Zustellung der Erklärung des aufhebungswilligen Lebenspartners an den anderen Lebenspartner durch den Gerichtsvollzieher erfolgen[364].

Die Erklärungen sind gem. § 15 III LPartG vor Aufhebung der Lebenspartnerschaft widerruflich. Der Widerruf muss gem. § 15 IV 1 LPartG ebenso wie die Erklärung öffentlich beurkundet werden[365]. Nicht geregelt ist, ob auch eine Zustellung des Widerrufs an den anderen Lebenspartner zu erfolgen hat[366]. Zum Teil wird für den Widerruf als actus contrarius im Falle des § 15 II Nr. 2 LPartG eine Zustellung an den anderen Lebenspartner verlangt[367]. Die praktische Relevanz erscheint jedoch fragwürdig, weil die Entscheidung gegen die Aufhebung einer Partnerschaft wohl nicht ohne Kommunikation mit dem anderen Lebenspartner zustande kommt.

Wird eine zunächst übereinstimmend abgegebene Erklärung nach § 15 II Nr. 1 LPartG nur von einem Partner widerrufen, so wird die aufrechterhaltene Erklärung des anderen rückwirkend als einseitige verstanden, durch die dann gem. § 15 III 2 LPartG ab dem Zeitpunkt ihrer Abgabe eine 36-Monatsfrist läuft[368].

Trotz gleicher Wartefristen wird durch das Erfordernis der Erklärungen gem. § 15 II Nr. 1 und 2 LPartG die Aufhebung einer Lebenspartnerschaft gegenüber einer Ehescheidung in den Fällen erschwert, in denen sich die Partner über ihren Aufhebungswunsch einig sind. Anders als Ehegatten haben sie nämlich nicht die Möglichkeit, vor Ablauf der Jahresfrist eine Aufhebung durch die Vortäuschung eines einjährigen Getrenntlebens zu erreichen[369]. Bei einseitigem Aufhebungsbegehren ist für die Aufhebung der Lebenspartnerschaft in jedem Falle die Dreijahresfrist einzuhalten, wohingegen eine Ehe trotz Einseitigkeit auch schon nach einem Jahr geschieden werden kann, wenn sie nach § 1565 I 2 BGB wegen unheilbarer Zerrüttung gescheitert ist[370]. Warum sich die Lebenspartnerschaft bei der Aufhebung bestandsfester erweist als die Ehe, während es bei der Begründung genau umgekehrt ist, bleibt unklar[371].

---

363 *Palandt/Brudermüller*, § 15 LPartG, Rn. 2, 7.
364 *Muscheler*, Rn. 247.
365 *Palandt/Brudermüller*, § 15 LPartG, Rn. 7.
366 *Muscheler*, Rn. 249.
367 *Muscheler*, Rn. 249; Hk-LPartG/*Kemper*, § 15, Rn. 12.
368 *Schwab*, FamRZ 2001, 385 (398).
369 *Muscheler*, Rn. 244; *Palandt/Brudermüller*, § 15 LPartG, Rn. 2.
370 *Schwab*, FamR, Rn. 300; *Muscheler*, Rn. 244.
371 Vgl. oben 3. Kap. B. IV. 1. a) bb) Abschlussmängel.

bb) Aufhebungsfolgen

(1) Nachpartnerschaftlicher Unterhalt

Der § 16 LPartG gewährt nachpartnerschaftlichen Unterhalt. Diese Regelung ist im Groben an die Unterhaltsregelung bei geschiedenen Ehegatten gem. §§ 1569-1578 BGB angelehnt[372].

Gem. § 16 I LPartG hat ein ehemaliger Lebenspartner wie ein Ehegatte Anspruch auf Unterhalt, wenn er nicht selbst für seinen Unterhalt sorgen kann, soweit und solange eine Erwerbstätigkeit von ihm nicht erwartet werden kann. Im Unterschied zum Eherecht, in dem die verschiedenen Unterhaltstatbestände einzeln in den §§ 1570-1576 BGB geregelt sind, gibt es im Lebenspartnerschaftsrecht gem. § 16 I LPartG eine Generalklausel mit nicht abschließend aufgezählten Beispielsfällen der unzumutbaren Erwerbstätigkeit, nämlich „insbesondere wegen seines Alters oder wegen Krankheiten oder anderer Gebrechen“[373]. Das bedeutet eine Tatbestandserweiterung des nachpartnerschaftlichen Unterhaltsrechts von Lebenspartnern gegenüber dem von Ehegatten. Damit kann eine Besserstellung eines bedürftigen Lebenspartners gegenüber einem bedürftigen Ehegatten verbunden sein, die wegen Art. 6 I GG verfassungsrechtlich problematisch ist[374].

Auf der anderen Seite ist die Reichweite des gewährten Unterhalts im Lebenspartnerschaftsrecht gegenüber dem Eherecht dadurch eingeschränkt, dass der verpflichtete Lebenspartner - anders als bei der Ehe gem. § 1573 I BGB - nicht das Risiko trägt, dass sein ehemaliger Partner keine angemessene Arbeit findet. In diesem Fall wird von dem bedürftigen Lebenspartner dennoch Erwerbstätigkeit, also auch unangemessene Arbeit erwartet, bzw. es besteht keine Unterhaltsverpflichtung bei einer daraus herrührenden Arbeitslosigkeit[375]. Als weitere Einschränkung ist für Lebenspartner auch kein Aufstockungsunterhalt gem. § 1573 II BGB vorgesehen, so dass der Bedürftige das Risiko, dass er mit seiner Erwerbstätigkeit nicht genug verdient, um seinen bisherigen Lebensstandard zu erhalten, selbst trägt[376]. In diesen Fällen, in denen das Lebenspartnerschaftsgesetz weniger Unterhalt gewährt als das Eherecht, liegt die verfassungsrechtliche Problematik genau anders herum. Hierdurch kann eine gegen Art. 6 I GG ver-

---

372 Hk-BGB/*Kemper*, Vor §§ 1297-1588, Rn. 21.

373 *Schwab*, FamRZ 2001, 385 (392); *Muscheler*, Rn. 262; *Mayer*, ZEV 2001,169 (174); Hk-LPartG/*Kemper*, § 16, Rn. 1, 16 ff.

374 *Muscheler*, Rn. 262, 266.

375 *Palandt/Brudermüller*, § 16 LPartG, Rn. 7; *Muscheler*, Rn. 262.

376 *Muscheler*, Rn. 262.

stoßende Besserstellung eines verpflichteten Lebenspartners gegenüber einem verpflichteten Ehegatten entstehen[377].

Gem. § 16 II 2 LPartG gilt die Härteklausel des § 1579 BGB auch für Lebenspartner. Danach ist der nachpartnerschaftliche Unterhaltsanspruch wie auch im Eherecht bei „grober Unbilligkeit" zu versagen, herabzusetzen oder zeitlich zu begrenzen. Diese Regelung steht, wie oben bereits dargestellt[378], im Widerspruch zur Härteklausel des § 12 II 1 LPartG für den Trennungsunterhalt. Deshalb ist der Maßstab des § 1579 BGB auch auf den Trennungsunterhalt anzuwenden, so dass auch dort im Wege der teleologischen Reduktion ein Ausschluss erst bei grober Unbilligkeit möglich ist[379].

Der Unterhalt umfasst wie bei Ehegatten den gesamten Lebensbedarf gem. §§ 16 II 2 LPartG, 1578 I 4 BGB und ist nach den partnerschaftlichen Lebensverhältnissen zu bemessen gem. §§ 16 I, II 2 LPartG, 1578 I 1 BGB[380].

Problematisch ist allerdings der Einsatzzeitpunkt für den Unterhaltsanspruch. Anders als im Eherecht wird nicht bestimmt, zu welchem Zeitpunkt der Grund für den Ausschluss einer Erwerbstätigkeitspflicht des Bedürftigen eingetreten sein muss[381]. Ein Unterhaltsanspruch könnte daher nicht nur dann entstehen, wenn die Erwerbstätigkeit ab dem Zeitpunkt der Aufhebung nicht erwartet werden kann, sondern auch dann, wenn ein die Zumutbarkeit ausschließender Zustand - also beispielsweise Alter oder Krankheiten - gem. § 16 I LPartG zwar „nach der Aufhebung der Lebenspartnerschaft", aber erst Jahre später eintritt[382]. Eine solche Regelung stünde aber im Widerspruch zum Prinzip der stärkeren Eigenverantwortlichkeit der Lebenspartner[383] und wäre zudem als eine erhebliche Besserstellung eines unterhaltsbedürftigen Lebenspartners gegenüber einem unterhaltsbedürftigen Ehegatten wegen Art. 6 I GG verfassungsrechtlich problematisch[384]. Im Wege der teleologischen Reduktion sind für die Entstehung eines Unterhaltsanspruchs daher nur die Verhältnisse zum Zeitpunkt der Aufhebung der Lebenspartnerschaft maßgeblich[385].

Der nachpartnerschaftliche Unterhaltsanspruch erlischt gem. § 16 II 1 LPartG, wenn der Berechtigte eine Ehe eingeht oder eine neue Lebenspartnerschaft begründet.

---

377 *Muscheler*, Rn. 266.

378 Siehe oben 3. Kap. B. IV 1. i) Getrenntleben.

379 Hk-LPartG/*Kemper*, § 12, Rn. 34; *Muscheler*, Rn. 104; *Palandt/Brudermüller*, § 16, Rn. 12; a.A. *Büttner*, FamRZ 2001, 1105 (1108).

380 *Schwab*, FamRZ 2001, 385 (392); *Palandt/Brudermüller*, § 16 LPartG, Rn. 9.

381 *Büttner*, FamRZ 2001, 1105 (1108); *Muscheler*, Rn. 262; *Palandt/Brudermüller*, § 16 LPartG, Rn. 2; Hk-LPartG/*Kemper*, § 16, Rn. 37.

382 *Muscheler*, Rn. 262.

383 Hk-LPartG/*Kemper*, § 16, Rn. 37.

384 *Palandt/Brudermüller*, § 16 LPartG, Rn. 2.

385 Hk-LPartG/*Kemper*, § 16, Rn. 37.

(2) Rangordnung

Die Rangordnung mehrerer Unterhaltsgläubiger ergibt sich aus § 16 III LPartG. Danach ist der unterhaltspflichtige Lebenspartner vor seinem ehemaligen Lebenspartner zunächst allen anderen gesetzlichen Unterhaltsberechtigten verpflichtet. Der ehemalige Lebenspartner geht lediglich dem neuen Lebenspartner und den übrigen Verwandten des Verpflichteten gem. § 1609 II BGB vor[386]. Die Rangordnung gestaltet sich daher folgendermaßen: Zuerst sind minderjährige, unverheiratete Kinder (gem. §§ 1609 I, 1603 II BGB), der aktuelle und der geschiedene Ehegatte (gem. §§ 1609 I, II, 1582 BGB) unterhaltsberechtigt, dann die Mutter eines gemeinsamen nichtehelichen Kindes (gem. § 1615 l III 3 BGB), dann die sonstigen Kinder des Verpflichteten (gem. § 1609 I BGB). Darauf folgt erst der ehemalige Lebenspartner vor dem aktuellen Lebenspartner und den übrigen Verwandten (gem. § 16 III LPartG)[387].

Unterhaltsberechtigte Lebenspartner sind also immer gegenüber unterhaltsberechtigten Ehegatten nachrangig, und das ohne Rücksicht auf ein mögliches Vorhandensein von Kindern. Diese unflexible Rangordnung ist nicht, wie zum Teil behauptet[388], durch Art. 6 I GG geboten, da die Ehe an sich ohne Rücksicht auf Kinder und Dauer der Beziehung kein geeignetes Kriterium ist, einen ausnahmslosen unterhaltsrechtlichen Vorrang anzuknüpfen. Vielmehr könnte hierin mangels sachlichen Grundes ein Verstoß gegen den verfassungsrechtlichen Gleichheitssatz zu sehen sein[389].

Ebenfalls bedenklich ist die Tatsache, dass es im Lebenspartnerschaftsrecht keine dem § 1582 BGB entsprechende Vorschrift gibt[390]. Der Gesetzgeber ging offenbar pauschal von der Kinderlosigkeit gleichgeschlechtlicher Paare aus[391], so dass dem ehemaligen Lebenspartner selbst dann ausnahmsloser Vorrang vor dem neuen Lebenspartner gewährt wird, wenn in der neuen Lebenspartnerschaft Kinder aufwachsen.

---

[386] *Schwab*, FamRZ 2001, 385 (393).

[387] *Muscheler*, Rn. 265; *Palandt/Brudermüller*, § 16 LPartG, Rn. 16; Hk-LPartG/*Kemper*, § 16, Rn. 174 ff.

[388] *Palandt/Brudermüller*, § 16 LPartG, Rn. 16; Hk-BGB/*Kemper*, § 1582, Rn. 9.

[389] Auch Muscheler, Rn. 265, hält die Randordnung für bedenklich.

[390] *Muscheler*, Rn. 265.

[391] Es wird keine Begründung für § 16 III LPartG gegeben, siehe Bericht des Rechtsausschusses, BT-Drs. 14/4550, 7.

(3) Sonstige Aufhebungsfolgen

Als weitere Aufhebungsfolgen sehen die §§ 17-19 LPartG eine Wohnungs- und Hausratsverteilung wie bei geschiedenen Ehegatten gem. §§ 1-10 HausratsVO vor[392].

Ein Versorgungsausgleich bezüglich Anwartschaften wegen Alters oder verminderter Erwerbsfähigkeit, wie dies bei Ehescheidungen gem. § 1587 I BGB vorgeschrieben ist, wird bei der eingetragenen Lebenspartnerschaft nicht vorgesehen[393]. Der Grund liegt darin, dass der Versorgungsausgleich auf die typische „Hausfrauenehe" zugeschnitten ist, die bei gleichgeschlechtlichen Paaren nach Meinung des Gesetzgebers wegen fehlender Kinder in der Regel nicht vorkomme[394]. Diese Nichtgewährung des Schutzes für den schwächeren Teil der Lebenspartnerschaft ist jedoch angesichts der Tatsache, dass in vielen Partnerschaften dennoch Kinder aufwachsen, unverständlich[395]. Zugleich liegt darin ein Widerspruch zur Regelung des Vermögensstandes, wonach die Ausgleichsgemeinschaft als Regelfall ausgestaltet ist[396].

k) Auflösung durch Tod

Bei einer Auflösung der Lebenspartnerschaft durch den Tod eines Lebenspartners gibt es, anders als bei Ehegatten, bisher keine gesetzliche Hinterbliebenenrente entsprechend einer Witwen- bzw. Witwerrente gem. § 46 SGB VI[397]. Der Bundestag hat allerdings bereits im Juli 2000 beschlossen, im Rahmen der laufenden Arbeiten an der Rentenreform eingetragene Lebenspartnerschaften in die Hinterbliebenenversorgung einzubeziehen[398]. Solange dies jedoch noch nicht geschehen ist, besteht eine erhebliche Schutzlücke bei der Altersvorsorge von Lebenspartnern, die der partnerschaftlichen Solidarität zu Lebzeiten widerspricht[399].

---

392 *Schwab*, FamRZ 2001, 385 (398).

393 Hk-BGB/*Kemper*, Vor §§ 1587-1587 p BGB, Rn. 1; *Büttner*, FamRZ 2001, 1105 (1111).

394 *Büttner*, FamRZ 2001, 1105 (1107).

395 *Dorsel*, RNotZ 2001, 151 (153); *Büttner*, FamRZ 2001, 1105 (1107) weist darauf hin, dass in solchen Fällen ungenügender sozialer Absicherung anstelle des ehemaligen Lebenspartners die Allgemeinheit die Konsequenzen zu tragen habe.

396 Siehe oben 3. Kap. B. IV. 1. c) aa) Vermögensstand.

397 Hk-LPartG/*Stüber*, Einleitung, Rn. 86.

398 Vgl. BT-Drs. 14/3792.

399 *Muscheler*, Rn. 103.

2. Das Lebenspartnerschaftsergänzungsgesetz

Das Lebenspartnerschaftsergänzungsgesetz ist bisher nicht in Kraft getreten, weil der Bundesrat das zustimmungspflichtige Gesetz abgelehnt hat. Die wichtigsten darin vorgesehenen Regelungen betreffen das Verfahrens-, Steuer-, Beamten- und Sozialrecht.

In Art. 1 Nr. 1 a) LPartGErgG wird das Standesamt als die zuständige Behörde bestimmt[400]. Bei der Einkommenssteuer ist gem. Art. 2 § 55 Nr. 2 a) aa) LPartGErgG in Anlehnung an das Realsplitting bei Ehegatten gem. § 10 EStG ein Unterhaltsabzugsbetrag in Höhe von bis zu 40.000 DM (der Entwurf enthält bislang keine Angaben in Euro) vorgesehen[401]. Grunderwerbsteuerlich ist geplant, Lebenspartner wie Ehegatten zu behandeln[402]. Auch im Erbschafts- und Schenkungssteuerrecht sollen Lebenspartner mit Ehegatten gleichgestellt werden[403]. Des Weiteren soll eine Gleichstellung im Beamtenrecht, im Sozialhilferecht und nach dem BAföG erfolgen[404]. Durch diese geplanten Angleichungen im Steuer- und Sozialrecht würde - wie oben beschrieben - der bislang bestehende verfassungswidrige Zustand beseitigt, der aufgrund einer Besteuerung im Widerspruch zum Grundsatz nach Leistungsfähigkeit und einer teilweisen Besserstellung gegenüber Ehegatten im Sozialrecht besteht[405].

V. Zusammenfassung

Zusammenfassend lässt sich feststellen, dass die eingetragene Lebenspartnerschaft trotz vielfältiger Abweichungen in der Ausgestaltung in ihren wesentlichen Rechtswirkungen einer Ehe gleicht. Da der Gesetzgeber davon ausging, dass gleichgeschlechtliche Partner wegen fehlender Kinder im Regelfall beide berufstätig sind, ist die Lebenspartnerschaft dem auf Privatautonomie bedachten Grundansatz zufolge zwar insgesamt von einer stärkeren Eigenverantwortlichkeit der Lebenspartner im Vergleich zu Ehegatten geprägt. Sie hat aber insbesondere durch Schaffung eines Angehörigenstatus, eines Nachzugsrechts für ausländische Lebenspartner, eines gesetzlichen Unterhalts- und Erbrechts sowie

---

400 BT-Drs. 14/4545, 69.

401 BT-Drs. 14/3751, 34; BT-Drs: 14/4545, 80; Hk-LPartG/*Stadie*, SteuerR, Rn. 4.

402 *Mayer*, ZEV 2001, 169 (176); Hk-LPartG/*Stadie*, SteuerR, Rn. 45.

403 Hk-LPartG/*Stadie*, SteuerR, Rn. 33.

404 *Mayer*, ZEV 2001, 169 (176).

405 Vgl. oben 3. Kap. B. IV. 1. f) Steuerrecht, g) Sozialrecht.

eines Umgangsrechts viele der eingangs genannten[406] existentiellen Benachteiligungen gleichgeschlechtlicher Paare beseitigt.

Das Fehlen des Versorgungsausgleichs und der Hinterbliebenenrente[407] stellt jedoch eine nicht zu rechtfertigende gravierende Schutzlücke für Lebenspartner bei der Vorsorge für Alter und Erwerbsunfähigkeit dar, die mangels sachlichen Grundes im Hinblick auf Art. 3 III, I GG verfassungsrechtlich äußerst bedenklich ist[408]. Zudem führen die fehlenden kindschaftsrechtlichen Regelungen in Form eines gemeinschaftlichen Adoptionsrechts, eines Rechts zur Stiefkindadoption und eines vollen gemeinsamen Sorgerechts zu großen Problemen, wie noch im Folgenden ausführlich zu zeigen sein wird. Problematisch ist insbesondere auch die Tatsache, dass das Lebenspartnerschaftsergänzungsgesetz bisher nicht in Kraft getreten ist. Die dadurch entstehenden Widersprüche durch Belastung wegen gesetzlicher Unterhaltsverpflichtung auf der einen und fehlende Entlastung bei der Besteuerung auf der anderen Seite sind verfassungsrechtlich nicht zu rechtfertigen.

Neben diesen inhaltlichen Kritikpunkten ist auch das formale Regelwerk des Lebenspartnerschaftsgesetzes in einigen Punkten fragwürdig. Die umständliche Mischung aus halb eigenständigen und halb auf das Eherecht verweisenden Vorschriften führt vielfach zu Lücken und inneren Widersprüchen. Die so erzielten Abweichungen vom Eherecht erscheinen häufig als willkürlich und keiner inneren Systematik folgend. Dadurch wird der Verdacht erweckt, sie dienten einzig und allein dem Zeck, das vermeintliche[409] Abstandsgebot des Art. 6 I GG zu wahren[410]. Es wäre einfacher und in sich stimmiger gewesen, wie in den skandinavischen Ländern grundsätzlich auf das Eherecht zu verweisen.

Trotz dieser Mängel ist das Gesetz insgesamt jedoch als ein erheblicher Fortschritt für die Gleichberechtigung homosexueller Paare zu begrüßen. Inwieweit von der Eintragungsmöglichkeit Gebrauch gemacht werden wird, ist noch schwer absehbar[411]. In den nordischen Ländern ist das Vorkommen nicht sehr hoch. In Dänemark lebten zum 1. Januar 1998 4337 Personen bzw. 0,0821 % der Gesamtbevölkerung in einer eingetragenen Partnerschaft, in Norwegen 1199 bzw. 0,027 %, in Schweden 1753 bzw. 0,0197 % und in den Niederlanden 9542 bzw. 0,0606 %[412]. Ob eine Übertragung dieser Zahlen auf die Bundesrepublik

---

406 Vgl. oben 3. Kap. A. Rechtslage vor Inkrafttreten des Lebenspartnerschaftsgesetzes.

407 Der Bundestag hat sich aber dazu entschlossen, für eingetragene Lebenspartner im Rahmen der laufenden Arbeiten an der Rentenreform eine Regelung für den Hinterbliebenenfall zu schaffen: BT-Drs. 14/3792; *Muscheler*, Rn. 9, 28.

408 *Muscheler*, Rn. 103.

409 Vgl. oben 3. Kap. B. III. 3. b) aa) Verstoß gegen Art. 6 I GG.

410 *Muscheler*, Rn. 18.

411 BT-Drs. 14/3751, 2, 35.

412 BT-Drs. 14/3751, 35.

möglich ist, lässt sich jedoch nicht abschätzen und bleibt daher abzuwarten[413]. Aber letztlich unabhängig von der tatsächlichen Gebrauchmachung wird durch das Gesetz allgemein die Situation von Homosexuellen in Deutschland verbessert, da eine rechtliche Anerkennung der gleichgeschlechtlichen Lebensweise durch den Gesetzgeber erfolgt ist[414]. Dadurch ist eine weitere Vergrößerung der Akzeptanz von Homosexualität in der Gesellschaft zu erwarten[415]. Und auch für die Betroffenen selber sowie ihre Angehörigen wird durch das zur Verfügung gestellte gesetzliche Leitbild die Auseinandersetzung mit ihrer sexuellen Orientierung und der daran anknüpfenden Rolle in der Gesellschaft erleichtert.

C. Kindschaftsrecht

Der Bereich des Kindschaftsrechts ist für gleichgeschlechtliche Paare auch nach Einführung der eingetragenen Lebenspartnerschaft nach wie vor wenig geregelt. Das macht es den Betroffenen oft schwer, ihr Leben zu gestalten. Im Nachfolgenden soll die kindschaftsrechtliche Situation umfassend unter Einschluss der neuen Regelungen des Lebenspartnerschaftsgesetzes dargestellt werden.

I. Gemeinsame Elternstellung

Wie bereits oben ausführlich geschildert, gibt es vielfältige Möglichkeiten für Homosexuelle, als Einzelpersonen Eltern zu werden[416]. Es stellt sich aber die Frage, ob auch eine gemeinsame rechtliche Elternschaft eines gleichgeschlechtlichen Paares für ein Kind möglich ist.

1. Abstammung

Eine durch leibliche Abstammung vermittelte gemeinsame rechtliche Elternschaft ist bei Personen des gleichen Geschlechts von Natur aus nicht möglich[417].

---

413 *Dopffel/Kötz/Scherpe*, 391 (418 f.); BT-Drs. 14/3751, 35.

414 *Muscheler*, Rn. 19.

415 So geschehen in Dänemark, vgl. *Scherpe*, DEuFamR 2000,32 (35).

416 Siehe oben 2. Kap. B. Mögliche Konstellationen homosexueller Elternschaft.

417 Man denke aber an die zukünftigen, wenn auch in ethischer Hinsicht äußerst bedenklichen reproduktionsmedizinischen Methoden, beispielsweise das Klonen durch Entfernung des männlichen oder weiblichen Vorkerns vor Abschluss des Befruchtungsvorgangs. Theore-

Eine Aufweichung erfährt dieser Grundsatz allerdings schon jetzt durch die Reproduktionsmedizin[418]. Durch eine Eispende von einer Partnerin zur anderen kann es zu einer sogenannten gespaltenen Mutterschaft[419] kommen, da sowohl die gebärende als auch die genetische Mutter neben dem genetischen Vater biologische Eltern des Kindes sind. Das Kind hat damit eigentlich zwei Mütter, wovon jedoch wegen § 1591 BGB nur die gebärende Mutter rechtlich als Mutter anerkannt wird. Die genetische Mutter hat hingegen überhaupt keine rechtliche Beziehung zu ihrem Kind und kann diese auch nicht erwirken[420]. Eine Eispende führt also nicht zu einer gemeinsamen rechtlichen Elternschaft der lesbischen Partnerinnen. Inwieweit diese Regelung sinnvoll ist, wird noch an späterer Stelle untersucht[421].

Auch die für Ehegatten geltende Abstammungsvermutung gem. § 1592 Nr. 1 BGB, wonach der Mann Vater des Kindes ist, welcher zum Zeitpunkt der Geburt mit der Mutter verheiratet ist, wurde nicht auf Lebenspartner ausgedehnt. Der Fall, dass eine Frau ein Kind in eine Lebenspartnerschaft hinein gebiert, bewirkt daher nicht, dass die Lebenspartnerin entsprechend § 1592 Nr. 1 BGB als Elternteil des Kindes vermutet wird[422]. Das gleiche gilt für die Abstammungsvermutung kraft Anerkennung der Vaterschaft gem. § 1592 Nr. 2 BGB.

Festzustellen bleibt, dass es keine durch Abstammung vermittelte gemeinsame rechtliche Elternschaft gleichgeschlechtlicher Partner gibt.

2. Adoption

Durch eine Adoption kann auch ohne leibliche Abstammung eine rechtliche Elternstellung begründet werden, da das Kind die rechtliche Stellung eines Kindes des Annehmenden erlangt gem. § 1754 I, II BGB und gleichzeitig das Verwandtschaftsverhältnis zu seinen bisherigen Verwandten erlischt gem. § 1755 I 1 BGB.

---

tisch denkbar wäre auch, zwei Eizellen zur Verschmelzung zu bringen. Siehe dazu *Starck*, A 10.

[418] Zur rechtlichen Zulässigkeit reproduktionstechnischer Verfahren siehe unten 3. Kap. C. XI.

[419] Vgl. dazu unten 4. Kap. D. II. 2. b) bb) (1) (a) (bb) Mutterschaftszuordnung.

[420] Kritisch auch *Palandt/Diederichsen*, § 1591, Rn. 2.

[421] Siehe unten 4. Kap. D. II. 2. b) bb) (2) (b) (bb) Gespaltene Mutterschaft.

[422] Vgl. dazu unten 4. Kap. D. II. 2. b) bb) (2) (a) Änderung des Abstammungsrechts.

a) Gemeinschaftliche Adoption

Die für Ehegatten geltende gemeinschaftliche Adoptionsmöglichkeit ist für gleichgeschlechtliche Paare nicht zulässig, da § 1741 II 2 BGB trotz vielfältiger Forderungen bisher nicht durch das Lebenspartnerschaftsgesetz auf Lebenspartner ausgedehnt worden ist[423]. Diese haben daher keine Möglichkeit, eine gemeinsame rechtliche Elternstellung durch eine Fremdadoption herzustellen. Bestrebungen, auch die Möglichkeit der Einzeladoption durch Lebenspartner auszuschließen, sind jedoch gescheitert[424]. In einer homosexuellen Lebensweise lässt sich heute kein Versagungsgrund für eine Adoption mehr erblicken[425], da es inzwischen anerkannt ist, dass die homosexuelle Orientierung eines Menschen keine generellen Schlussfolgerungen auf seine Erziehungsfähigkeit zulässt[426]. Vielmehr hat der Gesetzgeber durch die Erweiterung des § 1757 I 2 BGB, der sich seit dem Lebenspartnerschaftsgesetz jetzt auch auf den Begleitnamen eines Lebenspartners gem. § 3 II LPartG erstreckt, deutlich gemacht, dass er von der Möglichkeit der Adoption durch einen Lebenspartner ausgegangen ist[427]. Daher besteht für Lebenspartner wie auch für nicht „verpartnerte" Homosexuelle die rechtliche Möglichkeit, ein Kind gem. § 1741 II 1 BGB als Einzelperson anzunehmen, auch wenn dieser Fall in der Praxis - wie beschrieben[428] - nur selten vorkommt.

b) Stiefkindadoption

Auch die Begründung einer gemeinsamen rechtlichen Elternstellung durch eine Stiefkindadoption, wie sie für Ehegatten gem. §§ 1741 II 3, 1754 I BGB möglich ist, bleibt gleichgeschlechtlichen Paaren verschlossen. Ein Lebenspartner kann zwar das Kind seines Lebenspartners annehmen, allerdings nicht mit der gem. § 1754 I BGB für Ehegatten geltenden Folge, dass es die rechtliche Stel-

---

423 *Dethloff*, NJW 2001, 2598 (2602); *Muscheler*, Rn. 179.

424 Der niedersächsische „Vorentwurf eines Ersten Gesetzes zur Beseitigung rechtlicher Diskriminierungen lesbischer Frauen und homosexueller Männer" vom 10.11.1995 sah vor, auch die Einzeladoption während bestehender Lebenspartnerschaft auszuschließen. Damit hätte das Vorurteil, dass Homosexuelle zur Erziehung von Kindern angeblich nicht geeignet sind, erstmals auch im Gesetz Ausdruck gefunden. Vgl. *Steinmeister*, ZRP 1996, 214 (216); *Muscheler*, Rn. 179.

425 A.A. noch *Wacke*, FamRZ 1990, 347 (349).

426 Antwort der Bundesregierung auf die Kleine Anfrage zur Homosexualität bei Erziehungspersonen, BT-Drs. 11 / 5412, 2; AG Mettmann, FamRZ 1985, 529.

427 *Muscheler*, Rn. 161; BT-Drs. 14/3751, 45.

428 Siehe oben 2. Kap. B. II. 2. Adoption.

lung eines gemeinschaftlichen Kindes erlangt[429]. Vielmehr wird durch eine solche Adoption die verwandtschaftliche Beziehung des Kindes zu seinen leiblichen Eltern zerstört und es wird rechtlich allein das Kind des adoptierenden Lebenspartners (§§ 1754 II, 1755 I 1 BGB)[430].

Eine gemeinsame rechtliche Elternschaft ist für gleichgeschlechtliche Paare daher auch nicht durch eine Adoption zu erlangen.

3. Ergebnis

Da unabhängig vom Bestehen einer Lebenspartnerschaft weder eine durch Abstammung noch durch Adoption vermittelte gemeinsame rechtliche Elternschaft in Betracht kommt, liegt bei gleichgeschlechtlichen Paaren mit Kindern immer eine Konstellation vor, in der nur einer der beiden Partner rechtlich anerkannter Elternteil des Kindes ist.

II. Sorgerecht

Mangels gemeinsamer rechtlicher Elternschaft scheidet ein an die Elternstellung anknüpfendes gemeinsames Sorgerecht entsprechend der §§ 1626 I 1, 1626 a I BGB für gleichgeschlechtliche Paare aus.

1. Lebenspartnerschaften

Durch das Lebenspartnerschaftsgesetz bestehen aber neuerdings bei Vorliegen der weiteren Voraussetzungen gewisse sorgerechtliche Befugnisse des Co-Elternteils für das Kind seines Lebenspartners.

a) Kleines Sorgerecht

Gem. § 9 I LPartG kann dem Lebenspartner des Elternteils ein sogenanntes kleines Sorgerecht zustehen. Nach dem Willen des Gesetzgebers soll dieses

---

[429] *Dethloff*, NJW 2001, 2598 (2602).
[430] *Kaiser*, JZ 2001, 617 (624).

neue Institut die faktischen Erziehungsleistungen, welche der Lebenspartner sozialwissenschaftlichen Untersuchungen[431] zufolge bei häuslicher Gemeinschaft mit dem Elternteil und dem Kind in der Regel erbringt, rechtlich anerkennen und absichern[432]. Das Zusammenleben aller Beteiligter soll dadurch erleichtert werden[433]. Gleichzeitig ist diese Regelung, nachdem sie bereits 1999 vom Bundesrat vorgeschlagen wurde[434], durch den neuen § 1687 b BGB auch für verheiratete Stiefeltern eingeführt worden[435].

aa) Voraussetzungen

Für die Entstehung des kleinen Sorgerechts gem. § 9 I LPartG ist zunächst erforderlich, dass es sich um ein minderjähriges Kind des Lebenspartners im Rechtssinne handelt, nicht dagegen um ein Pflegekind[436]. Zudem muss eine wirksame Lebenspartnerschaft bestehen. Eine rein faktische Partnerschaft reicht nicht aus[437].

(1) Alleinsorge des in der Lebenspartnerschaft lebenden Elternteils

Weitere Voraussetzung ist, dass der in der Lebenspartnerschaft lebende Elternteil allein sorgeberechtigt ist[438].

(a) Entstehen der Alleinsorge

Wie es zur Entstehung der Alleinsorge eines homosexuellen Elternteils kommt, ist entscheidend davon abhängig, ob das Kind aus einer früheren heterosexuellen Beziehung stammt, so dass ein anderer Elternteil zuvor an der Erziehung beteiligt war, oder ob eine der sonstigen Möglichkeiten homosexueller Elternschaft vorliegt, bei der zwar eine außerhalb der Lebenspartnerschaft stehende Person

---

431 *Buba/Vaskovics*, 229 ff.
432 BT-Drs. 14/3751, 39; Hk-LPartG/*Kemper*, § 9, Rn. 1; *Meyer/Mittelstädt*, 49.
433 *Palandt/Brudermüller*, § 9 LPartG, Rn. 7.
434 Vgl. Entwurf des Kinderrechteverbesserungsgesetzes, BR-Drs. 369/99, BT-Drs. 14/2096.
435 Hk-LPartG/*Kemper*, § 9, Rn. 2.
436 *Muscheler*, Rn. 199.
437 Hk-LPartG/*Kemper*, § 9, Rn. 5; *Muscheler*, Rn. 193.
438 *Schomburg*, Kind-Prax 2001, 103 (104); Hk-LPartG/*Kemper*, § 9, Rn. 3; BT-Drs. 14/3571, 39.

an der Zeugung beteiligt war, diese aber in der Regel keine Elternrolle übernimmt[439].

(aa) Kinder aus heterosexuellen Beziehungen

Für Kinder aus früheren heterosexuellen Beziehungen wird in der Regel zunächst ein gemeinsames Sorgerecht beider Elternteile bestanden haben. Bei verheirateten Eltern ergibt sich dieses aus § 1626 I 1 BGB[440]. Bei Eltern, die in einer nichtehelichen Lebensgemeinschaft zusammenleben, ist es seit dem Kindschaftsrechtsreformgesetz[441] möglich, das Sorgerecht gemeinsam auszuüben, wenn Sorgeerklärungen gem. § 1626 a I Nr. 1 BGB abgegeben werden[442].

Der nach der Trennung in einer Lebenspartnerschaft lebende Elternteil kann das alleinige Sorgerecht zum einen dann erhalten, wenn der gemeinsam sorgeberechtigte andere Elternteil ausfällt gem. §§ 1678 I 1. HS, 1680 I, III, 1681 I BGB[443].

Ansonsten muss er einen Antrag auf gerichtliche Übertragung gem. § 1671 I BGB stellen, um die Alleinsorge zu erhalten. Die früher bei Scheidungen obligatorische gerichtliche Sorgerechtsentscheidung im sogenannten Zwangsverbund wird seit der Kindschaftsrechtsreform nur noch auf Antrag eines Elternteils getroffen, wenn die Eltern nicht nur vorübergehend getrennt leben[444]. Ohne einen solchen Antrag bleibt die gemeinsame Sorge der Eltern bestehen. Diese Neuregelung dient dem Zweck, das gemeinsame Sorgerecht der Eltern im Interesse des Kindes sowenig wie möglich zu behindern, unabhängig davon, ob die Eltern verheiratet sind oder zusammen oder getrennt leben[445]. Zudem ist es in der Sorgerechtsentscheidung jetzt auch möglich, anstatt des früher geltenden Alles-oder-Nichts-Prinzips nur eine Teilübertragung der Alleinsorge auf gewisse Sorgebereiche vorzunehmen[446].

Aufgrund dieser Neuregelung tendierte die Rechtsprechung zunächst größtenteils dazu, die gemeinsame Sorge nach Trennung der Eltern weiterhin aufrecht

---

439 Zu den möglichen Konstellationen homosexueller Elternschaft siehe oben 2. Kap. B.

440 *Palandt/Diederichsen*, § 1626, Rn. 7, § 1626 a, Rn. 1.

441 Kindschaftsrechtsreformgesetz v. 16.12.97, BGBl. I, 2942, am 1.7.1998 in Kraft getreten, BT-Drs. 13/4899, 13/8511.

442 *Schwab/Wagenitz*, FamRZ 1997, 1377 (1379).

443 *Muscheler*, Rn. 174.

444 *Schwab/Wagenitz*, FamRZ 1997, 1377 (1379).

445 *Diederichsen*, NJW 1998, 1977 (1985); *Wichmann*, FuR 1996, 161 f.; *Schwab/Wagenitz*, FamRZ 1997, 1377 (1379).

446 BT-Drs. 13/4899, 98 f.; *Palandt/Diederichsen*, § 1671, Rn. 4; *Diederichsen*, NJW 1998, 1977 (1986).

zu erhalten und nur noch selten einem Antrag auf Übertragung der Alleinsorge auf einen Elternteil nach § 1671 II Nr. 2 BGB stattzugeben[447]. Sogar bei fehlender Kooperationsbereitschaft bzw. -fähigkeit und erheblichen Kommunikationsstörungen der Eltern blieb es in der Regel bei der gemeinsamen Sorge, da der betreuende Elternteil in Angelegenheiten des täglichen Lebens ohnehin allein entscheiden könne[448]. Die Grenze bildeten häufig erst tätliche Auseinandersetzungen[449].

Seit der dazu ergangenen Grundsatzentscheidung des BGH[450] hat sich die Auffassung der Rechtsprechung jedoch geändert[451]. Danach wird ein Regel-Ausnahme-Verhältnis zugunsten einer Beibehaltung der gemeinsamen Sorge nicht mehr angenommen, so dass nun keine Regelvermutung mehr besteht, wonach die gemeinsame Sorge dem Wohl des Kindes am besten entspreche, und die Alleinsorge nicht mehr ausschließlich als ultima ratio in Betracht kommt[452]. Danach ist die Alleinsorge als Priorität des Kindeswohls vor dem Elternrecht dann geboten, wenn die Eltern ihre Konflikte zu Lasten des Kindes austragen und das Kind zum Streitgegenstand zwischen ihnen wird[453].

Damit ist eine Übertragung der Alleinsorge nach Trennung der Eltern insgesamt also wieder wahrscheinlicher geworden. Es bleibt aber die Frage offen, ob einem homosexuellen Elternteil das alleinige Sorgerecht im Sorgerechtsverfahren allgemein seltener übertragen wird als einem heterosexuellen Elternteil. In den USA wird nach einer Studie von 1987 in 98 % der Fälle, in denen die homosexuelle Orientierung eines Elternteils im Sorgerechtsverfahren bekannt ist, diesem das Sorgerecht nicht zugesprochen[454]. Konkrete statistische Angaben aus Deutschland liegen dazu nicht vor. In einer Entscheidung von 1977 hatte das Gericht in dem Zusammenleben eines Kindes mit seiner Mutter und deren gleichgeschlechtlichen Partnerin noch wegen „möglichen Gefährdungen für die geistig-seelische Entwicklung" eine Gefährdung des Kindeswohls erblickt und die elterliche Gewalt daher dem Vater übertragen[455]. Es hat sich zwar seit 1989 die Auffassung durchgesetzt, dass die homosexuelle Orientierung eines Elternteils im Sorgerechtsverfahren keine generellen Schlussfolgerungen auf seine Er-

---

[447] *Motzer*, FamRZ 2001, 1034 ff; *Oelkers*, ZfJ 1999, 263 (267); *Kemper*, FF 2001, 156 (161); *Delerue*, 36.

[448] Vgl. OLG Hamm, FamRZ 2000, 26 f.; OLG Karlsruhe FamRZ 2000, 111 f.; OLG Karlsruhe FamRZ 2000, 1041 f.

[449] OLG Hamm, FamRZ 2000, 501 f.

[450] BGH, FamRZ 1999, 1646 ff.

[451] OLG Karlsruhe, FamRZ 2000, 1605 f.; OLG Köln, FamRZ 2001, 183; OLG Zweibrücken, FamRZ 2001, 182 f.; OLG Hamm, FamRZ 2001, 183.

[452] BGH, FamRZ 1999, 1646 ff.

[453] *Motzer*, FamRZ, 2001, 1034 (1036); *Niepmann*, MDR 2001, 601 (604).

[454] *Rauchfleisch*, Alternative Familienformen, 50.

[455] OLG Düsseldorf, Beschluss vom 10.10.1977, Az: 2 UF 272/77.

ziehungsfähigkeit zulasse[456]. Da aber jeweils eine Kindeswohlprüfung im Einzelfall zu erfolgen hat, ist die Gefahr bestehen geblieben, dass das Sorgerecht aufgrund vielfältiger Vorurteile[457] gegenüber der Erziehungsfähigkeit von Homosexuellen auch weiterhin bevorzugt auf den heterosexuellen Elternteil übertragen wird[458].

Mütter bekommen dabei trotz formaler Gleichberechtigung faktisch häufiger das alleinige Sorgerecht zugesprochen als Väter[459].

(bb) Sonstige homosexuelle Elternschaft

Bekommt eine lesbische Frau außerhalb einer Ehe oder sonstigen heterosexuellen Beziehung ein Kind - wie es zur Zeugung kam, spielt dabei keine Rolle -, wird sie gem. § 1626 a II BGB automatisch allein sorgeberechtigt, da bei einer nichtehelichen Geburt die Mutter das alleinige Sorgerecht erhält, wenn keine Sorgeerklärungen beider Elternteile gem. § 1626 a I Nr. 1 BGB vorliegen[460].

Schwule Väter können bei einer nichtehelichen Geburt eine Übertragung der Alleinsorge gem. § 1672 I BGB beantragen. Dabei besteht auch die Möglichkeit, dass sie die Vaterschaft nach Absprache mit einer ledigen Mutter gem. §§ 1592 Nr. 2, 1594 BGB anerkennen, obwohl sie gar nicht der leibliche Vater des Kindes sind, solange noch kein anderer Mann die Vaterschaft anerkannt hat oder gerichtlich als Vater festgestellt worden ist. Vermittlungstätigkeiten, die ein solches Ziel verfolgen, sind allerdings gem. § 5 IV 1 AdoptionsvermittlG[461] verboten. Ein Antrag auf Übertragung der Alleinsorge nach § 1672 I BGB ist aber immer von der Zustimmung der Mutter abhängig. Gegen ihren Willen ist es für schwule Väter daher nicht möglich, das alleinige Sorgerecht für ein nichteheliches Kind zu erhalten. Damit sind lesbische Mütter insgesamt wesentlich häufiger allein sorgeberechtigt als schwule Väter[462].

Im Falle der Adoption wird immer ein alleiniges Sorgerecht des homosexuellen Elternteils begründet, da nur eine Einzeladoption möglich ist[463].

---

456 *Muscheler*, Rn. 189; Antwort der Bundesregierung auf die Kleine Anfrage zur Homosexualität bei Erziehungspersonen, BT-Drs. 11 / 5412, 2.

457 Siehe unten 4. Kap. C. II. Gefährdung durch Aufwachsen in gleichgeschlechtlicher Partnerschaft?

458 *Muscheler*, Rn. 174.

459 *Holzhauer*, JZ 2000, 1076 (1082); *Muscheler*, Rn. 174.

460 *Kemper*, FF 2001, 156 (161); *Holzhauer*, JZ 2000, 1076 (1082).

461 Adoptionsvermittlungsgesetz v. 27.11.89, BGBl. I 2019.

462 *Muscheler*, Rn. 174.

463 Siehe oben 3. Kap. C. I. 2. Adoption.

(b) Möglichkeit der Ausdehnung auf Fälle der gemeinsamen Sorge

Nach dem Wortlaut des § 9 I LPartG, der die Alleinsorge des in der Lebenspartnerschaft lebenden Elternteils voraussetzt, steht dem Lebenspartner im Falle der gemeinsamen Sorge beider Elternteile kein kleines Sorgerecht zu, so dass er sorgerechtliche Angelegenheiten nur durch rechtsgeschäftliche Bevollmächtigungen ausführen kann[464]. Diese Beschränkung des kleinen Sorgerechts stößt zum Teil auf Unverständnis. Aus der Gesetzesbegründung geht hervor, dass in den Fällen der Alleinsorge des in der Lebenspartnerschaft lebenden Elternteils das Entstehen einer neuen sozialen Familie erwartet werde[465]. Damit kann der Ausschluss des kleinen Sorgerechts bei gemeinsamer Sorge jedoch nicht begründet werden, da andernfalls impliziert würde, dass bei Bestehenbleiben des gemeinsamen Sorgerechts nach Trennung der Eltern das Entstehen einer neuen sozialen Familie behindert oder gar ausgeschlossen wäre[466]. Auch in diesen Fällen ist das Entstehen einer neuen sozialen Familie zu erwarten, da sonst die Beibehaltung des gemeinsamen Sorgerechts nach einer Trennung der Eltern insgesamt fragwürdig wäre.

Zum Teil wird die Einschränkung des kleinen Sorgerechts aber auch damit begründet, dass sonst auf unzulässige Weise in das Elternrecht des anderen gemeinsam sorgeberechtigten Elternteils eingegriffen würde[467]. Die Mitentscheidungsbefugnis des anderen Elternteils beschränkt sich gem. § 1687 I 1 BGB jedoch auf Angelegenheiten von erheblicher Bedeutung. Bei Angelegenheiten des täglichen Lebens hingegen entscheidet der Elternteil, bei welchem sich das Kind gewöhnlich aufhält, gem. § 1687 I 2 BGB allein. Da sich das kleine Sorgerecht gem. § 9 I LPartG ohnehin nur auf Angelegenheiten des täglichen Lebens bezieht, wäre es also auch ohne unerwünschte Konkurrenz zu dem anderen gemeinsam sorgeberechtigten Elternteil möglich[468].

Es ist daher kein Grund für die Einschränkung auf Fälle der Alleinsorge einsichtig. Vielmehr hat dies den negativen Effekt, dass mit einem Anstieg von Übertragungen der Alleinsorge gem. § 1671 I BGB gerechnet werden muss, um ein zukünftiges Entstehen des kleinen Sorgerechts in der Stieffamilie möglich zu machen[469]. Die Regelung des kleinen Sorgerechts, die gem. § 1687 b I BGB auch für heterosexuelle Stieffamilien gilt und daher potentiell alle Elterntren-

[464] *Schomburg*, Kind-Prax 2001, 103 (104); vgl. dazu auch *Carré-Jersch*, 37.
[465] BT-Drs. 14/3751, 39; BT-Drs. 14/2096, 8.
[466] *Motzer*, FamRZ 2001, 1034 (1040).
[467] Hk-LPartG/*Kemper*, § 9, Rn. 3.
[468] MüKo/*Finger*, § 1687 b, Rn. 8; *v.Puttkamer*, Regenbogenfamilien, 75 (77); *Motzer*, FamRZ 2001, 1034 (1040).
[469] *Motzer*, FamRZ 2001, 1034 (1040).

nungen betrifft, steht damit der Intention des Kindschaftsrechtsreformgesetzes[470] entgegen. Danach soll die gemeinsame Sorge von Eltern nämlich unabhängig davon, ob diese verheiratet sind, zusammen oder getrennt leben, grundsätzlich nicht behindert werden[471].

Auch die Einbenennung eines Kindes in die Stieffamilie gem. § 1618 BGB bereitete Probleme, weil sie dem Wortlaut nach bislang ebenfalls nur bei Alleinsorge des Elternteils möglich war[472]. Zunächst haben daher die Gerichte eine Einbenennung trotz gemeinsamer Sorge zugelassen[473], bis schließlich auch der Gesetzgeber durch das Kinderrechteverbesserungsgesetz gem. § 1618 BGB n.F. eine Ausweitung auf die Fälle der gemeinsamen Sorge vorgenommen hat, um diese nicht zu behindern[474].

Es sollte daher auch bei dem kleinen Sorgerecht gem. § 9 I LPartG der Wortlaut dahingehend eingeschränkt ausgelegt werden, dass anstatt der Alleinsorge nur eine alleinige Entscheidungsbefugnis des sich in der Lebenspartnerschaft befindlichen Elternteils für Angelegenheiten des täglichen Lebens zu fordern ist[475].

(2) Einvernehmen

Gem. § 9 I LPartG hat der Lebenspartner die Befugnis zur Mitentscheidung im Einvernehmen mit dem sorgeberechtigten Elternteil. Wegen der sprachlichen Ungenauigkeit ist vom Wortlaut her nicht zu unterscheiden, ob es sich lediglich um eine Regelung handelt, die die Ausübung des Sorgerechts näher konkretisiert, oder ob das „Einvernehmen" eine echte Entstehungsvoraussetzung des kleinen Sorgerechts darstellt, wobei wiederum unklar ist, welche Rechtsnatur diese Voraussetzung hätte. Auch in der Gesetzesbegründung findet sich keine Erklärung zur Bedeutung des Einvernehmens.

---

470 Kindschaftsrechtsreformgesetz v. 16.12.97, BGBl. I, 2942, am 1.7.1998 in Kraft getreten, BT-Drs. 13/4899, 13/8511.

471 Vgl. dazu oben 3. Kap. C. II. 1. a) aa) (1) (a) (aa) Kinder aus heterosexuellen Beziehungen.

472 Vgl. *Gaaz*, FPR 2002, 125 (130 f.); *Janzen*, FamRZ 2002, 785 (787).

473 BayOLG , FamRZ 2001, 857; OLG Hamm, FamRZ 2001, 568.

474 Vgl. das Kinderrechteverbesserungsgesetz, vom 9.4.2002, BGBl I, 1239, am 12.4.2002 in Kraft getreten, BT-Drs. 14/8131, BT-Drs. 14/2096, 7 f.

475 So auch *Palandt/Brudermüller*, § 9 LPartG, Rn. 1; *Motzer*, FamRZ 2001, 1034 (1040).

(a) Entstehungsvoraussetzung oder Ausübungskonkretisierung

Wegen der sprachlich parallel formulierten Vorschrift des § 1627 S. 1 BGB, die besagt, dass die Eltern das Sorgerecht in gegenseitigem Einvernehmen auszuüben haben, ließe sich annehmen, mit dem „Einvernehmen" gem. § 9 I LPartG sei ebenfalls nur eine Ausübungskonkretisierung im Sinne des Konsensprinzips verbunden[476]. Danach würde das kleine Sorgerecht kraft Gesetzes, also unabhängig vom Willen beider Lebenspartner automatisch mit der Eintragung entstehen und wäre dann in gegenseitigem Einvernehmen der Lebenspartner auszuüben[477]. Einen erheblichen Vorteil dieser Auslegung bildet die dadurch gegenüber einer vom Einvernehmen abhängigen Entstehung erleichterte Erkennbarkeit für den Rechtsverkehr. Da anders als bei den Sorgeerklärungen nicht verheirateter Eltern gem. § 1626 d BGB keine Formvorschriften für das Einvernehmen normiert sind, wäre eine erforderliche Abrede über das Entstehen der kleinen Sorge auch formlos möglich und für Außenstehende deshalb nur schwer erkennbar[478].

Bei einer automatischen Entstehung des kleinen Sorgerechts mit Lebenspartnerschaftsbegründung könnte allerdings ein etwaiger entgegenstehender Wille des Elternteils keine Berücksichtigung finden, obwohl er bisher allein für sein Kind entscheiden durfte. Da der Elternteil Inhaber des alleinigen Sorgerechts ist, darf sein Lebenspartner nicht ohne seine Einwilligung kraft Gesetzes an der Erziehung seines Kindes beteiligt werden[479]. Eine solche Einwilligung kann auch nicht in der Begründungserklärung der Lebenspartnerschaft gem. § 1 I LPartG erblickt werden, weil sich diese nur darauf bezieht, mit dem Lebenspartner eine Partnerschaft auf Lebenszeit führen zu wollen. Sie betrifft dagegen nicht das Verhältnis des Lebenspartners zum Kind, zumal es auch möglich ist, dass das Kind erst später als zum Zeitpunkt der Eintragung geboren wird, seine Existenz dem Lebenspartner oder sogar auch dem Elternteil unbekannt ist oder der Elternteil erst später das alleinige Sorgerecht für sein Kind erlangt.

Eine Verweigerungsmöglichkeit des Sorgeberechtigten wird zum Teil jedoch abgelehnt, da sie dem Gesetzeszweck zuwiderlaufe. Sinn und Zweck des § 9 I LPartG, nämlich die tatsächliche Übernahme von Erziehungsverantwortung

---

[476] So *Palandt/Brudermüller*, § 9 LPartG, Rn. 1; *Meyer/Mittelstädt*, 51; *Schomburg*, Kind-Prax 2001, 103 (105); *Motzer*, FamRZ 2001, 1034 (1039); *v.Puttkamer*, Regenbogenfamilien, 75 (77); *Delerue*, 36, 38.

[477] *Schomburg*, Kind-Prax 2001, 103 (105); *Meyer/Mittelstädt*, 51; *Motzer*, FamRZ 2001, 1034 (1039); *Palandt/Brudermüller*, § 9 LPartG, Rn. 1.

[478] *Schomburg*, Kind-Prax 2001, 103 (105).

[479] *Kemper*, FF 2001, 156 (161); Hk-LPartG/*Kemper*, § 9, Rn. 7.

durch den Lebenspartner rechtlich zu schützen und abzusichern[480], würden bei Abhängigkeit vom Willen des Sorgeberechtigten nicht ausreichend erfüllt[481].

Bei dieser Argumentation werden allerdings zwei wesentliche Aspekte übersehen. Zum einen liegt in manchen Fällen gar keine tatsächliche Übernahme von Erziehungsaufgaben durch den Lebenspartner und damit gar kein Bedürfnis nach einer rechtlichen Absicherung vor. Es wäre wenig sinnvoll, einem Lebenspartner, der keine sorgerechtliche Verantwortung für das Kind wünscht, gegen seinen Willen ein Sorgerecht aufzudrängen[482]. Zum anderen wäre es ebenso wenig interessengerecht, den Lebenspartner gegen den Willen des Elternteils an der Erziehungsverantwortung zu beteiligen, da dies zwangsläufig zu Konflikten führte, die auch dem Wohl des Kindes schaden könnten. Eine Einbeziehung des Lebenspartners in das Sorgerecht ergibt für alle Beteiligten nur Sinn, wenn sie gewollt ist.

In den Fällen dagegen, die der Gesetzgeber mit dem kleinen Sorgerecht absichern wollte, nämlich diejenigen, in denen bisher schon eine tatsächliche Beteiligung des Lebenspartners an der Erziehung vorlag, ist zu erwarten, dass der Elternteil dazu auch weiterhin sein Einverständnis erteilt. Der Zweck des Gesetzes wird folglich auch dann erreicht, wenn man das Einvernehmen als eine Entstehungsvoraussetzung für das kleine Sorgerecht ansieht. Auch die Gesetzesbegründung spricht davon, dass der Lebenspartner die kleine Sorge im Einvernehmen mit dem Elternteil erhalten, nicht ausüben soll[483].

Bei dem von § 9 I LPartG geforderten Einvernehmen handelt es sich demnach um eine Entstehungsvoraussetzung[484].

(b) Frei widerruflich oder bindender Vertrag

Fraglich ist jedoch die Rechtsnatur des Einvernehmens. Denkbar wäre es, das Einvernehmen als einen Vertrag zwischen dem Elternteil und seinem Lebenspartner über das Entstehen des kleinen Sorgerechts als gesetzliches Schuldverhältnis gem. § 9 I LPartG zu verstehen[485]. Das Einvernehmen müsste sich dann generell auf die Beteiligung des Lebenspartners an der Erziehung beziehen und

480 BT-Drs. 14/3751, 39.
481 *Schomburg*, Kind-Prax 2001, 103 (105).
482 So auch Hk-LPartG/*Kemper*, § 9, Rn. 7; *Staudinger/Rauscher*, § 1590, Rn. 18.
483 BT-Drs. 14/3751, 39.
484 Ebenso: *Muscheler*, Rn. 203; *Schwab*, FamRZ 2001, 385 (394); Hk-LPartG/*Kemper*, § 9, Rn. 7; *Kemper*, FF 2001, 156 (161); *Ladnar/Bruns*, 59.
485 *Muscheler*, Rn. 203; *Schwab*, FamRZ 2001, 385 (394); *Weinreich*, FuR 2001, 481 (485); *Oberloskamp*, Praxis der Rechtspsychologie 13 (1), März 2003, 17 (19).

nicht auf die Vornahme jeder sorgerechtlichen Handlung im Einzelfall[486]. Bei Meinungsverschiedenheiten müssten sich beide Lebenspartner einigen[487]. Wegen der Bindungswirkung könnte das kleine Sorgerecht nur durch einen Aufhebungsvertrag, eine gerichtliche Entscheidung gem. § 9 III LPartG oder durch Getrenntleben gem. § 9 IV LPartG wieder beseitigt werden[488].

Es wäre dagegen auch möglich, das Einvernehmen als eine einseitige Willenserklärung des Elternteils zu verstehen, die jederzeit frei von diesem widerrufen werden könnte[489]. Begründet wird die letztgenannte Auffassung damit, dass das kleine Sorgerecht lediglich von dem alleinigen Sorgerechtsinhaber abgeleitet sei, und die sorgerechtliche Befugnis des Lebenspartners daher nur soweit und solange reichen könne, wie sie noch von der Zustimmung des Elternteils gedeckt werde[490]. Die Wahrnehmung einer sorgerechtlichen Aufgabe habe daher bei entgegenstehendem Willen des Elternteils zu unterbleiben, da der Lebenspartner sonst eine zu herausgehobenen Stellung im Verhältnis zum allein sorgeberechtigten Elternteil erhielte[491]. Das Einvernehmen sei somit als eine Art von Unterbevollmächtigung zu verstehen[492].

Nach dieser Auffassung würde die Regelung des § 9 I LPartG jedoch insgesamt überflüssig, da die so erzielten Rechtswirkungen auch schon zuvor durch Vollmachten erlangt werden konnten[493]. Dem kleinen Sorgerecht käme danach lediglich eine symbolische Funktion zu[494]. Vom Gesetz ist jedoch weit mehr als eine bloß symbolische Aufwertung bezweckt. Vielmehr ist durch das kleine Sorgerecht eine rechtliche Absicherung der tatsächlich vom Lebenspartner übernommenen Erziehungsaufgaben gewollt[495]. Die kleine Sorge muss zwar, wie oben beschrieben[496], wegen ihres abgeleiteten Charakters und wegen des Kindeswohls in ihrem Entstehen vom Willen der Beteiligten abhängig sein. Eine freie Widerruflichkeit würde aber anstelle von rechtlicher Absicherung zu vielfältigen Unsicherheiten führen und das tägliche Zusammenleben stark verkomplizieren.

---

486 *Muscheler*, Rn. 203; *Oberloskamp*, Praxis der Rechtspsychologie 13 (1), März 2003, 17 (19).

487 *Muscheler*, Rn. 204; *v.Puttkamer*, Regenbogenfamilien, 75 (77).

488 *Muscheler*, Rn. 203; *Schwab*, FamRZ 2001, 385 (394); vgl. dazu auch unten 3. Kap. C. II. 1. a) aa) (3) Kein gerichtlicher Ausschluss, (4) Kein Getrenntleben.

489 So Hk-LPartG/*Kemper*, § 9, Rn. 7; MüKo/*Finger*, § 1687 b, Rn. 1; *Ladnar/Bruns*, 59; *Schlüter*, FamR, Rn. 360 a.

490 Hk-LPartG/*Kemper*, § 9, Rn. 7; *Kemper*, FF 2001, 156 (161).

491 *Kemper*, FF 2001, 156 (161); *Ladnar/Bruns*, 59.

492 *Kemper*, FF 2001, 156 (162); *Schlüter*, FamR, Rn. 360 a; wohl auch *Holzhauer*, JZ 2000, 1076 (1082).

493 Dieses kritisieren *Holzhauer*, JZ 2000, 1076 (1082); *Kemper*, FF 2001, 156 (162).

494 *Holzhauer*, JZ 2000, 1076 (1082).

495 BT-Drs. 14/3751, 39.

496 Siehe oben 3. Kap. C. II. 1. a) aa) (2) (a) Entstehungsvoraussetzung oder Ausübungskonkretisierung.

Ohne Konstanz in der Ausübung des kleinen Sorgerechts könnte der Elternteil für den Fall von Meinungsverschiedenheiten sein Einvernehmen jedes Mal zurücknehmen, was letztlich einer Alleinentscheidung gleichkäme und damit dem Wortlaut des § 9 I LPartG entgegenstünde, der von einer „Befugnis zur Mitentscheidung" spricht. Eine derart instabile Regelung birgt zudem großes Konfliktpotenzial in sich und schadet damit vor allem dem Wohle des Kindes[497]. Es könnte in Streitsituationen schnell zum Objekt von Machtdemonstrationen werden. Auch für den Rechtsverkehr wäre ein durch freie Widerruflichkeit ermöglichter ständiger Wechsel zwischen Erteilung und Entzug des „Einvernehmens" kaum nachvollziehbar[498].

Als ein weiteres Gegenargument kann noch auf die Regelungen in § 9 III, IV LPartG verwiesen werden[499]. Darin wird für den Fall von erheblichen Streitigkeiten und Trennung gewährleistet, dass es zum Wohle des Kindes zu einem Erlöschen des kleinen Sorgerechts kommt. Solcher Regelungen hätte es ohne Bindungswirkung des Einvernehmens gar nicht bedurft, da das kleine Sorgerecht bei einer angenommenen freien Widerruflichkeit in Streitsituationen wegen fehlenden Einvernehmens in der Regel sowieso nicht mehr vorliegen würde[500].

Dem Gesagten zufolge wird es den Interessen aller Beteiligter am besten gerecht, das Einvernehmen als einen zur Entstehung des kleinen Sorgerechts erforderlichen Vertrag zwischen den Lebenspartnern zu verstehen.

(c) Form

Mangels normierter Formvorschriften ist davon auszugehen, dass der Vertragsschluss formlos möglich ist[501]. Dies hat den Nachteil, dass ein solcher Vertragsschluss für den Rechtsverkehr schwerer zu erkennen ist als beispielsweise die Sorgeerklärungen nicht miteinander verheirateter Eltern gem. § 1626 d BGB[502].

Ein Vorteil der Formlosigkeit besteht jedoch darin, dass der Lebenspartner auch dann, wenn der Elternteil ihm trotz tatsächlicher Übernahme von Erziehungsaufgaben willkürlich sein Einvernehmen verweigert, durch das kleine Sorgerecht geschützt wird, da in der Gestattung durch den Elternteil sowie in der tat-

497 *Muscheler*, Rn. 203.
498 *Muscheler*, Rn. 203.
499 Siehe dazu unten 3. Kap. C. II. 1. a) aa) (3) Kein gerichtlicher Ausschluss, (4) Kein Getrenntleben.
500 *Schwab*, FamRZ 2001, 385 (394).
501 *Muscheler*, Rn. 203.
502 Vgl. *Schomburg*, Kind-Prax 2001, 103 (105).

sächlichen Übernahme durch den Lebenspartner ein konkludenter Vertragsschluss zu erblicken ist.

(3) Kein gerichtlicher Ausschluss

Da die Entstehung des kleinen Sorgerechts nicht an eine gerichtliche Entscheidung geknüpft ist, sondern von den Lebenspartnern bindend vereinbart wird und deshalb außer im Falle eines Aufhebungsvertrags auch bei fortwährenden Streitigkeiten bestehen bleibt, ist zum Schutz des Kindes eine gerichtliche Kontrolle eingefügt worden[503]. Gem. § 9 III LPartG kann das Familiengericht die kleine Sorge des Lebenspartners daher einschränken oder ausschließen, wenn dies zum Wohl des Kindes etwa wegen fortwährender Differenzen über Sorgerechtsangelegenheiten erforderlich ist. Ein solcher gerichtlicher Eingriff bedarf keines Antrags, sondern kann auch von Amts wegen getroffen werden[504]. Wegen des identischen Wortlauts kann die Eingriffsschwelle mit der zu § 1687 II BGB entwickelten Formel beschrieben werden und ist daher überschritten, sobald triftige, das Kindeswohl nachhaltig berührende Gründe besorgen lassen, dass das Kind ohne die Maßnahme eine ungünstige Entwicklung nehmen könnte[505]. Die Tatsache, dass eine Entscheidung nach § 1687 II BGB zur Einschränkung der Alleinentscheidungsbefugnis führt, nach § 9 III LPartG dagegen zu ihrer Erweiterung[506], stellt nur scheinbar einen Widerspruch dar. In beiden Fällen wird, wenn das Kindeswohl dies erfordert, der ursprüngliche Sorgerechtszustand wiederhergestellt.

Das Gericht kann in seiner Entscheidung das kleine Sorgerecht lediglich einschränken oder ausschließen, nicht jedoch etwa auf Angelegenheiten von erheblicher Bedeutung erweitern[507].

(4) Kein Getrenntleben

Das kleine Sorgerecht des Lebenspartners ist gem. § 9 IV LPartG ausgeschlossen, wenn die Lebenspartner nicht nur vorübergehend getrennt leben. Problema-

---

503 BT-Drs. 14/3751, 39; *Muscheler*, Rn. 195; *Schomburg*, Kind-Prax 2001, 103 (105); *Palandt/Brudermüller*, § 9 LPartG, Rn. 6.

504 *Muscheler*, Rn. 195.

505 *Muscheler* Rn. 195; OLG Düsseldorf, FamRZ 1983, 293 (294).

506 Vgl. *Muscheler*, Rn. 195.

507 *Muscheler*, Rn. 195.

tisch ist hier erneut[508] die Definition des Getrenntlebens. Setzte man den oben für die §§ 12 ff. LPartG entwickelten Begriff des Getrenntlebens voraus, dann wäre das kleine Sorgerecht wegen einer fehlenden Verpflichtung zu häuslicher Gemeinschaft in § 2 LPartG unabhängig davon möglich, ob die Lebenspartner in häuslicher Gemeinschaft lebten oder nicht.

Wegen des Sinns und Zwecks des kleinen Sorgerechts, die tatsächliche Übernahme von Aufgaben der Pflege und Erziehung durch den Lebenspartner zu schützen und das Zusammenleben aller zu erleichtern, geht die herrschende Meinung bei § 9 IV LPartG aber von einem anderen Begriff des Getrenntlebens aus, der im Gegensatz zu den §§ 12 ff. LPartG nicht auf die im Scheitern begriffene Beziehung abstellt, sondern bei dem es einzig auf die räumliche Gegebenheit des tatsächlichen häuslichen Zusammenlebens unabhängig vom Zustand der Beziehung ankommt[509].

Dieser Ausschlusstatbestand ist jedoch insofern nicht nachvollziehbar, als durchaus auch Konstellationen denkbar sind, in denen die Lebenspartner bewusst keinen gemeinsamen Haushalt führen, sich aber dennoch gut verstehen und die Erziehungsverantwortung teilen. Dies kann beispielsweise dadurch geschehen, dass sich das Kind regelmäßig auch bei dem Lebenspartner seines Elternteils aufhält. In diesen Fällen ist, anders als bei Getrenntleben aufgrund von Beziehungsschwierigkeiten, kein Nachteil für das Kind zu erwarten, so dass ein genereller Ausschluss der kleinen Sorge bei räumlichem Getrenntleben der Lebenspartner nicht angezeigt ist. Sinnvoll wäre es vielmehr, den Begriff insoweit zu modifizieren, als ein Ausschluss nach § 9 IV LPartG nur dann in Betracht kommt, wenn zum räumlichen Getrenntleben der Lebenspartner untereinander auch ein räumliches Getrenntleben des Lebenspartners vom alltäglichen Lebensraum des Kindes hinzukommt.

bb) Rechtsfolgen

Nach § 9 I LPartG beinhaltet das kleine Sorgerecht des Lebenspartners seine Befugnis zur Mitentscheidung in Angelegenheiten des täglichen Lebens des Kindes.

---

[508] Vgl. 3. Kap. B. IV. 1. b) Personenrechtliche Wirkungen und i) Getrenntleben.

[509] BT-Drs. 14/3751, 39; *Muscheler*, Rn. 196; *Schomburg*, Kind-Prax 2001, 103 (104); *Meyer/Mittelstädt*, 50; Hk-LPartG/*Kemper*, § 9, Rn. 6; *Kemper*, FF 2001, 156 (161f.).

(1) Angelegenheiten des täglichen Lebens

Eine Legaldefinition für den Begriff der Angelegenheiten des täglichen Lebens liefert § 1687 I 3 BGB, welcher durch das Kindschaftsrechtsreformgesetz eingeführt wurde[510]. In Abgrenzung zu den Angelegenheiten von erheblicher Bedeutung sind unter Angelegenheiten des täglichen Lebens in der Regel solche zu verstehen, die häufig vorkommen und keine schwer abzuändernden Auswirkungen auf die Entwicklung des Kindes haben. Dazu zählen insbesondere die tägliche Betreuung und Versorgung des Kindes, aber auch Alltagsfragen, die im schulischen Leben und in der Berufsausbildung des Kindes vorkommen, sowie Entscheidungen, die im Rahmen der gewöhnlichen medizinischen Versorgung des Kindes zu treffen sind[511]. In diesen Angelegenheiten hat der Lebenspartner eine Mitentscheidungsbefugnis, in den grundlegenden Angelegenheiten entscheidet der sorgeberechtigte Elternteil dagegen allein[512].

Problematisch erscheint auf den ersten Blick, dass in § 1687 I BGB und § 9 I LPartG die gleiche Abgrenzung von alltäglichen und erheblichen Angelegenheiten vorgenommen wird, obwohl der Regelungsgehalt beider Vorschriften jeweils unterschiedlich ist[513]. So gewährt § 1687 I BGB für den Fall der gemeinsam sorgeberechtigten, aber getrenntlebenden Eltern demjenigen Elternteil, bei dem sich das Kind gewöhnlich aufhält, eine Alleinentscheidungsbefugnis in den Angelegenheiten des täglichen Lebens, während § 9 I LPartG dazu führt, dass der an sich allein entscheidungsbefugte Elternteil in den Angelegenheiten des täglichen Lebens nicht mehr allein, sondern nur noch mit dem Lebenspartner zusammen entscheiden kann. Die Interessenlagen sind hier jedoch insofern vergleichbar, als beide Vorschriften dazu führen, dass tägliche Angelegenheiten nur von den Personen entschieden werden, die auch täglich mit dem Kind zusammenleben. Inwieweit es allerdings sinnvoll ist, den Lebenspartner generell von der Entscheidung in erheblichen Angelegenheiten auszuschließen, wird noch an späterer Stelle behandelt[514].

---

[510] *Schomburg*, Kind-Prax 2001, 103 (104); Hk-LPartG/*Kemper*, § 9, Rn. 9; BT-Drs. 14/3751, 39.

[511] BT-Drs. 14/3751, 39.

[512] *Schwab*, FamRZ 2001, 385 (395); *Palandt/Brudermüller*, § 9 LPartG, Rn. 1; *Muscheler*, Rn. 200.

[513] *Schwab*, FamRZ 2001, 385 (395); *Palandt/Brudermüller*, § 9 LPartG, Rn. 1; *Muscheler*, Rn. 200.

[514] Siehe dazu unten 4. Kap. D. II. Kindeswohldienlichkeit der Regelungen im Einzelnen.

(2) Umfang der Mitentscheidungsbefugnis

Als Konsequenz der Streitigkeiten über die Rechtsnatur des von § 9 I LPartG geforderten Einvernehmens wird auch die sich daraus ergebende Befugnis zur Mitentscheidung unterschiedlich verstanden. So wird das kleine Sorgerecht zum Teil lediglich als eine Art Unterbevollmächtigung betrachtet mit der Folge, dass der Lebenspartner zwar sorgerechtliche Angelegenheiten des Kindes wahrnehmen kann und auch zur Vertretung des Kindes befugt ist, dieses allerdings immer nur, soweit der Elternteil nicht widerspricht[515]. Eine solche freie Widerruflichkeit des kleinen Sorgerechts wurde aber bereits oben wegen erheblicher Nachteile für alle Beteiligten abgelehnt[516].

Nach der hier vertretenen Auffassung beinhaltet das kleine Sorgerecht zwar keine volle elterliche Sorge für den Lebenspartner, da der leibliche Elternteil in grundlegenden Angelegenheiten weiterhin allein entscheidet. Bei der Entscheidung in alltäglichen Angelegenheiten ist der sorgeberechtigte Elternteil aber durch die bindend vereinbarte Mitentscheidungsbefugnis des Lebenspartners beschränkt. Es handelt sich daher um ein, wenn auch sachlich beschränktes, so doch echtes gemeinsames Sorgerecht des Lebenspartners für den Bereich der Angelegenheiten des täglichen Lebens[517].

Daraus folgt, dass die Vorschriften über die elterliche Sorge gem. §§ 1626 ff. BGB im Wesentlichen auch auf das kleine Sorgerecht anwendbar sind[518].

Entsprechend § 1626 I 1 BGB ist die Befugnis aus § 9 I LPartG daher auch als Pflichtrecht ausgestaltet, so dass sie neben dem Sorgerecht in erster Linie auch die Pflicht des Lebenspartners beinhaltet, für das Kind zu sorgen[519].

Da die elterliche Sorge gem. § 1629 I 1 BGB auch die Vertretung des Kindes umfasst, beschränken sich die Befugnisse des Lebenspartners nicht nur auf eine Beratungs- und Abstimmungsfunktion im Innenverhältnis der Partnerschaft, sondern ihm steht zur Wahrnehmung aller tatsächlicher Sorgerechtshandlungen und den dazu erforderlichen Rechtshandlungen auch ein Vertretungsrecht für das Kind in den Angelegenheiten des täglichen Lebens zu[520]. Zur Vermeidung von Interessenkollisionen gilt dies allerdings nur insoweit, als ein Vormund von der Vertretung des Kindes gem. § 1795 BGB nicht ausgeschlossen wäre gem. §§ 9 I 2 LPartG, 1629 II 1 BGB[521]. Gem. § 1629 I 2, 1. HS BGB erfolgt die Ver-

---

515 Hk-LPartG/*Kemper*, § 9, Rn. 10; *Kemper*, FF 2001, 156 (162).

516 Siehe oben 3. Kap. C. II. 1. a) aa) (2) (b) Frei widerruflich oder bindender Vertrag.

517 So auch *Muscheler*, Rn. 204; *Motzer*, FamRZ 2001, 1034 (1039).

518 *Muscheler*, Rn. 204.

519 *Muscheler*, Rn.204.

520 BT-Drs. 14/3751, 39; *Muscheler*, Rn. 191, 202; *Dethloff*, NJW 2001, 2598 (2602); *Motzer*, FamRZ 2001, 1034 (1039); *Palandt/Brudermüller*, § 9 LPartG, Rn. 2.

521 *Schomburg*, Kind-Prax 2001, 103 (105); *Palandt/Brudermüller*, § 9 LPartG, Rn. 2.

tretung gemeinschaftlich als sogenannte Gesamtvertretung, wobei sich die Lebenspartner aber untereinander bevollmächtigen können[522].

Bei Meinungsverschiedenheiten muss entsprechend § 1627 BGB eine Einigung angestrebt werden. Dabei hat nicht etwa der Elternteil die vorrangige Entscheidungsbefugnis[523]. Vielmehr sind die Lebenspartner gleichberechtigt und gem. § 1627 S. 1 BGB zur Ausübung des Sorgerechts in gegenseitigem Einvernehmen verpflichtet[524]. Wenn sich die Lebenspartner bei einer Entscheidung von erheblicher Bedeutung für das Kind nicht einigen können, was in Ausnahmefällen auch bei Angelegenheiten des täglichen Lebens möglich ist, kann das Familiengericht die Entscheidungsbefugnis auf Antrag entsprechend § 1628 S. 1 BGB einem von beiden übertragen[525].

Der Umfang der Mitentscheidungsbefugnis kann durch Vereinbarung der Lebenspartner auch eingeschränkt erteilt oder nachträglich eingeschränkt werden[526]. Es ist aber nicht möglich, das kleine Sorgerecht durch Vereinbarung mit dinglicher Wirkung auf die Angelegenheiten von erheblicher Bedeutung auszudehnen. Hier kann der sorgeberechtigte Elternteil die Befugnisse seines Lebenspartners nur durch Vollmachten erweitern[527].

Als abgeleitetes Sorgerecht ist das kleine Sorgerecht des Lebenspartners akzessorisch zum Sorgerecht des Elternteils mit der Folge, dass es erlischt, sobald der Elternteil sein Sorgerecht verliert[528].

Wegen der sorgerechtlichen Beschränkung des Elternteils durch die Mitentscheidungsbefugnis seines Lebenspartners für die Angelegenheiten des täglichen Lebens wäre es von Nöten gewesen, dem Elternteil für den Fall einer Notsituation ein Alleinvertretungsrecht einzuräumen, wie dies auch für den Lebenspartner gem. § 9 II LPartG geschehen ist. Zur Schließung dieser Lücke ist das Alleinvertretungsrecht des Elternteils daher aus einer Analogie zu §§ 1629 I 4, 1687 I 5, 1687 a, 1688 I 3, 744 II, 1454, 2038 I 2 BGB herzuleiten[529].

---

522 *Schomburg*, Kind-Prax 2001, 103 (105); *Dethloff*, NJW 2001, 2598 (2602); *Palandt/Diederichsen*, § 1629, Rn. 9; *Motzer*, FamRZ 2001, 1034 (1039).

523 A.A. *Kemper*, FF 2001, 156 (162).

524 *Motzer*, FamRZ 2001, 1034 (1039); *Muscheler*, Rn. 204; *Schomburg*, Kind-Prax 2001, 103 (105).

525 *Muscheler*, Rn. 204.

526 *Muscheler*, Rn. 195.

527 *Muscheler*, Rn. 195; *Schomburg*, Kind-Prax 2001, 103 (104); *Schwab*, FamRZ 2001, 385 (394).

528 *Muscheler*, Rn. 205.

529 *Palandt/Diederichsen*, § 1629, Rn. 17; *Muscheler*, Rn. 194.

b) Notvertretungsrecht

Als weitere sorgerechtliche Befugnis ist dem Lebenspartner eines Elternteils gem. § 9 II LPartG ein Notvertretungsrecht entsprechend der Parallelvorschrift des § 1629 I 4 BGB für das Kind eingeräumt worden.

aa) Voraussetzungen

Die Befugnisse des § 9 II LPartG stehen dem Lebenspartner bei Gefahr im Verzug zu. Eine solche besteht, wenn die Mitwirkung des sorgeberechtigten Elternteils nicht rechtzeitig zur Abwehr einer Gefahr für das Kind eingeholt werden kann[530]. Dabei muss dem Kind ein gesundheitlicher oder wirtschaftlicher Schaden von erheblichem Ausmaß drohen, dessen Abwendung ein sofortiges Eingreifen erforderlich macht[531]. Nach dem Willen des Gesetzgebers sind insbesondere Notsituationen wie Unfälle, Krankheiten und Verletzungen des Kindes gemeint[532].

Da es an einem Verweis des § 9 II LPartG auf den Absatz I fehlt und sich die Absätze III und IV zudem nur auf Absatz I beziehen, kommt es für das Notvertretungsrecht nicht darauf an, dass dem Lebenspartner auch das kleine Sorgerecht nach § 9 I LPartG zusteht[533]. Insbesondere ist - anders als bei § 9 I LPartG - kein Einvernehmen erforderlich[534]. Des Weiteren wird das Notvertretungsrecht weder durch Getrenntleben der Lebenspartner ausgeschlossen, noch ist ein gerichtlicher Ausschluss außer bei Vorliegen der Voraussetzungen des § 1666 BGB möglich[535].

Unklar ist jedoch, ob die Befugnis des § 9 II LPartG davon abhängig ist, dass der in der Lebenspartnerschaft lebende Elternteil das alleinige Sorgerecht hat. Dies wird vielfach ohne Problematisierung angenommen, da auch die Befugnis des § 9 I LPartG das alleinige Sorgerecht des Elternteils voraussetze[536]. Da aber,

---

530 BT-Drs. 14/3751, 39; *Palandt/Brudermüller*, § 9 LPartG, Rn. 5; *Schwab*, FamRZ 2001, 385 (395).

531 *Palandt/Diederichsen*, § 1629, Rn. 17; Hk-LPartG/*Kemper*, § 9, Rn. 12.

532 BT-Drs. 14/3751, 39; *Schomburg*, Kind-Prax 2001, 103 (105 f.); *Palandt/Brudermüller*, § 9 LPartG, Rn. 5.

533 Hk-LPartG/*Kemper*, § 9, Rn. 13.

534 *Muscheler*, Rn. 200.

535 *Schwab*, FamRZ 2001, 385 (395); Hk-LPartG/*Kemper*, § 9, Rn. 13.

536 *Dethloff*, NJW 2001, 2598 (2602); *Schwab*, FamRZ 2001, 385 (394); *Trimbach*, NJ 2001, 399 (402); Hk-LPartG/*Kemper*, § 9, Rn. 14; *Kemper*, FF 2001, 156 (162); *Schlüter*, FamR, Rn. 360 a. Vgl. zur Kritik am Erfordernis der Alleinsorge oben 3. Kap. C. II. 1. a) aa) (1) (b) Möglichkeit der Ausdehnung auf Fälle der gemeinsamen Sorge.

wie soeben beschrieben, ein Verweis von § 9 II LPartG auf den Absatz I fehlt und der Wortlaut des Absatzes II keine Voraussetzung der Alleinsorge enthält, stellt dies kein stichhaltiges Argument dar. Die Gesetzesbegründung liefert dazu keine Stellungnahme[537]. Klarheit kann daher nur ein Blick auf den Sinn und Zweck der Vorschrift verschaffen. Durch das Notvertretungsrecht des Lebenspartners sollen drohende Schäden für das Kind schnell und effektiv verhindert werden können[538].

Die Parallelvorschrift des § 1629 I 4 BGB gewährt jedem Elternteil bei gemeinsamem Sorgerecht ein alleiniges Notvertretungsrecht. Auf diesen Grundsatz, der eigentlich nur das normiert, was ohnehin schon nach allgemeinen Grundsätzen gegolten hat, wird für jeweils unterschiedliche Aufenthaltssituationen des Kindes verwiesen[539]. Daher haben die Eltern auch bei Getrenntleben jeder ein Notvertretungsrecht für das Kind, unabhängig davon, ob sie die gemeinsame Sorge beibehalten haben - dabei spielt es gem. § 1687 I 5 BGB auch keine Rolle, wer von beiden das Alltagssorgerecht hat - oder ob das Sorgerecht nur einem zusteht. Denn auch in diesem Fall hat der nicht sorgeberechtigte Elternteil ein Notvertretungsrecht gem. § 1687 a BGB, wenn sich das Kind entweder mit Einwilligung des Sorgeberechtigten oder auf Grund einer gerichtlichen Entscheidung bei ihm aufhält. Das gleiche Recht steht gem. § 1688 I 3 BGB Pflegepersonen zu, bei denen das Kind für längere Zeit in Familienpflege lebt.

Die Befugnis des berechtigten Personenkreises nach der bisherigen Konzeption des Notvertretungsrechts knüpft daher nicht an ihr jeweiliges Sorgerecht, sondern an ihren bestimmungsgemäßen tatsächlichen Kontakt mit dem Kind an, was zur effektiven Gefahrenabwehr in Notsituationen zweckmäßig ist. Für den Lebenspartner sowie den ehelichen Stiefelternteil muss sinnvollerweise das Gleiche gelten. Auch für ihre Befugnis kann es im Notfall nicht darauf ankommen, ob ihr Lebenspartner oder Ehegatte das alleinige Sorgerecht für sein Kind besitzt oder nicht.

Daher ist kein alleiniges Sorgerecht des in der Lebenspartnerschaft lebenden Elternteils erforderlich. Sogar wenn dieser überhaupt kein Sorgerecht hat und das Kind sich mit Einwilligung des anderen Elternteils oder auf Grund einer gerichtlichen Entscheidung bei ihm aufhält, steht seinem Lebenspartner ein Notvertretungsrecht gem. § 9 II LPartG zu[540].

---

537 BT-Drs. 14/3751, 39.

538 Hk-LPartG/*Kemper*, § 9, Rn. 13.

539 *Staudinger/Salgo*, § 1688, Rn. 36.

540 *Muscheler*, Rn. 194.

bb) Rechtsfolgen

Durch das Notvertretungsrecht wird der Lebenspartner berechtigt, alle notwendigen Rechtshandlungen allein vorzunehmen[541]. Das Alleinvertretungsrecht steht ihm sowohl für grundlegende Angelegenheiten als auch für solche des täglichen Lebens zu[542]. Damit geht das Notvertretungsrecht sachlich über das kleine Sorgerecht hinaus. Neben der Handlungsmacht begründet § 9 II LPartG zugleich aber auch eine Handlungspflicht[543]. Außerdem ist der Lebenspartner verpflichtet, den sorgeberechtigten Elternteil unverzüglich, also ohne schuldhaftes Zögern zu benachrichtigen[544].

2. Faktische Gemeinschaften

Sowohl das kleine Sorgerecht gem. § 9 I LPartG als auch das Notvertretungsrecht gem. § 9 II LPartG setzen eine wirksame Lebenspartnerschaft voraus[545]. Es ist fragwürdig, warum diese Befugnisse, die in erster Linie dem Interesse der Kinder dienen[546], nicht auch für faktische Gemeinschaften gelten sollen, da es aus der Sicht der Kinder keinen Unterschied macht, nach welcher Rechtsform die Eltern bzw. Stiefeltern zusammen leben. Von dieser Erkenntnis wurden auch die Veränderungen durch die Kindschaftsrechtsreform entscheidend beeinflusst, wodurch die Situation nichtehelicher Kinder derjenigen von ehelichen Kindern angeglichen worden ist[547]. Daher wird zum Teil gefordert, die sorgerechtlichen Befugnisse von Lebenspartnern und Ehegatten gem. §§ 9 I LPartG, 1687 b BGB auf nichteheliche Lebensgemeinschaften zu erweitern, um eine mangels sachlichen Grundes nicht zu rechtfertigende Ungleichbehandlung gem. Art. 3 I GG zu vermeiden[548].

Diese Forderung wird fälschlicherweise jedoch nur für heterosexuelle nichteheliche Lebensgemeinschaften erhoben. Es sei nicht einsichtig, dass von den nichtehelichen Lebensgemeinschaften lediglich gleichgeschlechtlichen Lebens-

---

541 *Schomburg*, Kind-Prax 2001, 103 (105 f.); *Palandt/Brudermüller*, § 9 LPartG, Rn. 5; *Muscheler*, Rn. 194; Hk-LPartG/*Kemper*, § 9, Rn. 14.

542 *Muscheler*, Rn. 194; *Schwab*, FamRZ 2001, 385 (394).

543 *Staudinger/Salgo*, § 1687, Rn. 53, § 1688, Rn. 36.

544 Hk-LPartG/*Kemper*, § 9, Rn. 14; *Palandt/Brudermüller*, § 9 LPartG, Rn. 5.

545 Hk-LPartG/*Kemper*, § 9, Rn. 5; *Muscheler*, Rn. 193.

546 Hk-LPartG/*Kemper*, § 9, Rn. 2.

547 MüKo/*Huber*, Vor § 1626, Rn. 12.

548 Hk-LPartG/*Kemper*, § 9, Rn. 2; *Kemper*, FF 2001, 156 (161); allgemein gegen eine Diskriminierung nichtehelicher Stiefkinder: *Dethloff*, NJW 1992, 2200 (2203).

partnern die Rechte des § 9 LPartG gewährt würden, verschiedengeschlechtlichen Partnern hingegen nicht[549].

Diese Festlegung der Vergleichsgruppen enthält einen entscheidenden Denkfehler. Es wird dabei verkannt, dass die eigentliche Ungleichbehandlung nicht zwischen Kindern in heterosexuellen nichtehelichen Lebensgemeinschaften auf der einen und solchen in homosexuellen nichtehelichen Lebenspartnerschaften auf der anderen Seite liegt, sondern zwischen Kindern einerseits in faktischen und andererseits in formalisierten Beziehungen, da eine eingetragene Lebenspartnerschaft das Pendant zur Ehe bildet und man sie somit nicht als nichteheliche Lebensgemeinschaft im herkömmlichen Sinne verstehen kann. Zudem wachsen auch in faktischen homosexuellen Gemeinschaften Kinder auf, die ebenso wenig wie Kinder in heterosexuellen nichtehelichen Lebensgemeinschaften in den Anwendungsbereich des kleinen Sorgerechts fallen. Als Vergleichsgruppen sind daher die verrechtlichten Gemeinschaften von Ehe und eingetragener Lebenspartnerschaft auf der einen Seite und die faktischen heterosexuellen und faktischen homosexuellen Lebensgemeinschaften auf der anderen Seite zu betrachten[550]. Die Forderung nach einer analogen Anwendung des § 9 I LPartG muss sich damit auch auf nicht eingetragene gleichgeschlechtliche Partner beziehen.

Gegen eine Ausweitung der Vorschrift könnte allerdings sprechen, dass es bei faktischen Gemeinschaften an klaren Anknüpfungspunkten fehlt und somit erhebliche Beweisprobleme entstünden[551]. Bei Lebenspartnerschaften fehlen aber nach der hier vertretenen Auffassung[552] ebenfalls klare Anknüpfungspunkte, da für den Beginn und das Ende des kleinen Sorgerechts nicht Partnerschaftsbegründung und Aufhebung entscheidend sind, sondern Einvernehmen und nicht nur vorübergehende Trennung[553]. Diese internen Ereignisse sind ebenfalls schwer nachweisbar, zumal auf eine Beweiserleichterung durch Formerfordernisse entsprechend der Formvorschriften für Sorgeerklärungen gem. § 1626 d BGB verzichtet wurde. Die Schwierigkeit der Beweislage ist damit kein taugliches Argument, die dem Interesse der Kinder dienenden Vorschriften des § 9 LPartG faktischen Gemeinschaften vorzuenthalten.

549 Hk-LPartG/*Kemper*, § 9, Rn. 2.

550 Auch *Motzer*, FamRZ 2001, 1034 (1042), und *Muscheler*, Rn. 214, stellen faktische homo- und heterosexuelle Gemeinschaften gleich.

551 So *Muscheler*, Rn. 193.

552 Siehe oben 3. Kap. C. II. 1. a) aa) (2) (a) Entstehungsvoraussetzung oder Ausübungskonkretisierung.

553 So auch Hk-LPartG/*Kemper*, § 9, Rn. 2.

III. Umgangsrecht

Die bisherige Rechtslage kannte kein Umgangsrecht von homosexuellen Partnern. Es waren daher Gerichtsentscheidungen[554] möglich, die das Umgangsrecht einer jahrelangen lesbischen Co-Mutter nach Trennung von der leiblichen Mutter ablehnten, obwohl das Kind aufgrund gemeinsamer Entscheidung beider Frauen durch Insemination gezeugt und als gemeinsames Kind betrachtet wurde. Dabei war die Co-Mutter sogar diejenige, die das Kind während der Partnerschaft überwiegend betreut hatte. Mangels rechtlicher Beziehung zum Kind wurde sie vom Gesetz bislang dennoch als Fremde betrachtet.

1. Lebenspartnerschaften

Durch das Lebenspartnerschaftsgesetz ist § 1685 II BGB erweitert worden und räumt jetzt - entsprechend der Regelung für eheliche Stiefeltern - auch dem aktuellen oder ehemaligen Lebenspartner des Elternteils ein Umgangsrecht mit dem Kind ein, wenn er längere Zeit mit dem Kind in häuslicher Gemeinschaft gelebt hat und der Umgang dem Wohl des Kindes dient[555].

a) Voraussetzungen

Das Umgangsrecht des Lebenspartners gem. § 1685 II BGB setzt neben der Minderjährigkeit des Kindes zunächst eine wirksam bestehende oder bestandene Lebenspartnerschaft zu dem Elternteil des Kindes voraus. Dabei spielt es keine Rolle, ob dieser das alleinige Sorgerecht oder überhaupt ein Sorgerecht für sein Kind hat[556]. Auch die Umstände, die zu einer Trennung des Kindes vom Lebenspartner führen, sind unerheblich, so dass ein Umgangsrecht beispielsweise in Betracht kommt, wenn die Lebenspartner getrennt leben, wenn die Lebenspartnerschaft aufgehoben wird oder wenn das Sorgerecht auf den anderen Elternteil übertragen wird und das Kind deshalb nicht mehr in der Lebenspartnerschaft lebt[557].

---

[554] OLG Hamm, FamRZ 2000, 1600 f., NJW 2000, 2684 f.; *Motzer*, FamRZ 2001, 1034 (1042); *Niepmann*, MDR 2001, 601 (605).

[555] *Schomburg*, Kind-Prax 2001, 103 (106); *Muscheler*, Rn. 208.

[556] *Dethloff*, NJW 2001, 2598 (2602); *Schwab*, FamRZ 2001, 385 (395); *Motzer*, FamRZ 2001, 1034 (1042).

[557] *Muscheler*, Rn. 209.

Voraussetzung ist aber, dass der Lebenspartner zuvor mit dem Kind zu irgendeinem Zeitpunkt in häuslicher Gemeinschaft gelebt hat. Das Zusammenleben kann - wie im Regelfall - während, aber auch vor oder nach Bestehen der Lebenspartnerschaft stattgefunden haben. Nicht erforderlich ist, dass auch der Elternteil des Kindes mit in der häuslichen Gemeinschaft gelebt hat[558].

Das Zusammenleben muss längere Zeit gedauert haben. Bei der Zeitbestimmung ist, wie bei §§ 1632 IV, 1682 S. 1 BGB, von einem relativen, an der Erlebnisverarbeitung des Kindes orientierten Zeitbegriff auszugehen, bei dem es vor allem darauf ankommt, ob der Lebenspartner für das Kind zur Bezugsperson geworden ist[559]. Es kann auch schon längere Zeit zurückliegen, wenn der Umgang dann noch dem Wohl des Kindes dient[560].

Anders als beim Umgangsrecht leiblicher Eltern gem. § 1684 BGB entsteht ein Umgangsrecht nach § 1685 II BGB nur, wenn der Umgang dem Wohl des Kindes dient, also einen positiven Einfluss auf seine Entwicklung hat[561]. Das Umgangsrecht leiblicher Eltern entsteht dagegen grundsätzlich und kann allenfalls ausgeschlossen oder eingeschränkt werden, wenn dies zum Wohl des Kindes erforderlich ist. Bei Lebenspartnern wird die Kindeswohldienlichkeit hingegen nicht von Gesetzes wegen vermutet, sondern muss erst im konkreten Einzelfall festgestellt werden[562]. Eine solche liegt in der Regel vor, wenn der Lebenspartner zu einer festen Bezugsperson für das Kind geworden ist[563].

b) Rechtsfolgen

Der Lebenspartner des Elternteils erhält gem. § 1685 II BGB ein Umgangsrecht mit dem Kind, was anders als bei § 1684 BGB keine Umgangspflicht beinhaltet[564]. Das Umgangsrecht schließt keinerlei sorgerechtliche Befugnisse ein, so dass auch für die Zeit des Umgangs die erzieherischen Aufgaben ausschließlich vom Sorgeberechtigten wahrzunehmen sind[565]. Gem. § 1685 III BGB gilt bezüglich der Art und Dauer des Umgangs § 1684 II-IV BGB entsprechend. Insbe-

---

558 *Muscheler*, Rn. 210.

559 Hk-LPartG/*Kemper*, § 1682 BGB, Rn. 2, § 1685 BGB, Rn. 2; BGHZ 40, 1 (11); *Staudinger/Rauscher*, § 1685, Rn. 10; *Erman/Michalski*, § 1632, Rn. 26.

560 *Muscheler*, Rn. 210.

561 Hk-LPartG/*Kemper*, § 1685 BGB, Rn. 4.

562 *Muscheler*, Rn. 210; Hk-LPartG/*Kemper*, § 1685 BGB, Rn. 1.

563 Hk-LPartG/*Kemper*, § 1685 BGB, Rn. 4.

564 *Motzer*, FamRZ 2001, 1034 (1042); krit. dazu *v.Puttkamer/Radziwill*, Kind-Prax 2000, 19 (20); *Lipp*, FamRZ 1998, 65 (75); anders der Entwurf des Bundesrates zum Kinderrechteverbesserungsgesetz, der das Umgangsrecht nach § 1685 II BGB auch als ein Recht des Kindes ausgestalten wollte, vgl. BR-Drs. 369/99, 2, 5.

565 *Muscheler*, Rn. 212.

sondere besteht die Verpflichtung für den Umgangsberechtigten und -verpflichteten, alles zu unterlassen, was das Verhältnis des Kindes zum jeweils anderen stören würde[566]. Im Streitfall kann das Familiengericht gem. § 1685 III i.V.m. § 1684 III BGB über die Ausübung und den Umfang des Umgangsrechts entscheiden[567].

Als umgangsberechtigte Person hat der Lebenspartner einen Anspruch gegenüber dem Jugendamt auf Beratung und Unterstützung bei der Ausübung des Umgangsrechts gem. § 18 III 3 und 4 SGB VIII[568].

2. Faktische Gemeinschaften

Das Umgangsrecht der Stiefeltern gem. § 1685 II BGB ist an die formale Voraussetzung der Ehe oder Lebenspartnerschaft geknüpft. Wie schon oben[569] bei den sorgerechtlichen Befugnissen des § 9 LPartG ist es beim Umgangsrecht wegen der starken Betroffenheit von Kindesinteressen erst recht unverständlich, warum faktische Bindungen, mögen sie auch noch so intensiv sein, unberücksichtigt bleiben[570].

Auch das Gesetz erkennt in § 1626 III 2 BGB an, dass der Umgang allgemein mit Personen, zu denen das Kind Bindungen besitzt, zum Wohl des Kindes gehört. Zudem widerspricht die derzeitige Regelung dem Grundgedanken des Kindschaftsrechtsreformgesetzes, wonach grundsätzlich kein Unterschied mehr danach gemacht werden sollte, ob die Eltern verheiratet sind oder nicht, da dies aus der Sicht des Kindes völlig unerheblich ist[571]. Auch nach der Gesetzesbegründung des § 1685 II BGB müsste folgerichtig unverheirateten und „unverpartnerten" Lebensgefährten ebenfalls ein Umgangsrecht eingeräumt werden[572]. Es ist daher schon oft gefordert worden, auch nichteheliche Lebensgefährten, die mit dem Kind längere Zeit zusammengelebt haben, in den umgangsberechtigten Personenkreis des § 1685 II BGB einzubeziehen[573]. Wegen des oben schon beschriebenen Denkfehlers bei der Festlegung der Vergleichsgruppen muss dies

---

566 Hk-LPartG/*Kemper*, § 1685 BGB, Rn. 6.
567 *Schomburg*, Kind-Prax 2001, 103 (106); Hk-LPartG/*Kemper*, § 1685 BGB, Rn. 7.
568 *Schomburg*, Kind-Prax 2001, 103 (106).
569 Siehe oben 3. Kap. C. II. 2. Faktische Gemeinschaften.
570 Vgl. *v.Puttkamer*, Regenbogenfamilien, 75 (78); Hk-LPartG/*Kemper*, § 1685 BGB, Rn. 3.
571 *Muscheler*, Rn. 214.
572 BT-Drs. 13/4899, 46; *Schmitt*, STREIT 1999, 51 (54).
573 Hk-LPartG/*Kemper*, § 1685 BGB, Rn. 3; *Kemper*, FF 2001, 156 (162); MüKo/*Finger*, § 1685, Rn. 10; *Palandt/Diederichsen*, § 1685, Rn. 5.

dann natürlich genauso für nicht eingetragene Lebensgefährten gelten[574]. Bislang stand der Wortlaut des § 1685 II BGB entgegen. Da jetzt aber die Rede von „Lebenspartner" ist, ein expliziter Bezug auf das Lebenspartnerschaftsgesetz jedoch fehlt, könnte das Umgangsrecht des Stiefelternteils von den Gerichten in Zukunft auch für andere Lebensgefährten angewendet werden[575].

Das Gegenargument der schwierigen Beweisbarkeit bloß faktischer Beziehungen ist insofern nicht überzeugend, als ohnehin in jedem Fall die Kindeswohldienlichkeit und die längere Zeit der häuslichen Gemeinschaft bewiesen werden muss[576]. Zum Schutze der Kindesinteressen muss § 1685 II BGB für faktische Gemeinschaften daher entsprechend gelten.

IV. Verbleibensanordnung

Das Institut der Verbleibensanordnung, welches sowohl die Stieffamilie als auch das Kindeswohl schützt[577], ist durch die Kindschaftsrechtsreform für heterosexuelle Stieffamilien eingeführt worden.

1. Lebenspartnerschaften

Seit der Erweiterung des Anwendungsbereichs durch das Lebenspartnerschaftsgesetz gilt die Verbleibensanordnung jetzt auch für Lebenspartner gem. § 1682 S. 2 Alt. 1 i.V.m. § 1682 S. 1 BGB[578].

Danach kann das Familiengericht anordnen, dass das Kind, das mit einem Elternteil und dessen Lebenspartner zusammengelebt hat, bei dem Lebenspartner bleibt, wenn der andere Elternteil die alleinige elterliche Sorge erlangt und das Wohl des Kindes bei Wegnahme aus der Stieffamilie gefährdet würde[579].

---

574 Vgl. oben 3. Kap. C. II. 2. Faktische Gemeinschaften.
575 *Motzer*, FamRZ 2001, 1034 (1042 f.).
576 *Muscheler*, Rn. 214.
577 *Dethloff*, NJW 2001, 2598 (2602); BT-Drs. 13/4899, 104; *Kemper*, FF 2001, 156 (162).
578 *Schomburg*, Kind-Prax 2001, 103 (106); *Dethloff*, NJW 2001, 2598 (2602); *Kemper*, FF 2001, 156 (162).
579 *Muscheler*, Rn. 215; *v.Puttkamer*, Regenbogenfamilien, 75 (79); *Schomburg*, Kind-Prax 2001, 103 (106); Hk-LPartG/*Kemper*, § 1682 BGB, Rn. 3 ff.

a) Voraussetzungen

Erforderlich für eine Verbleibensanordnung gem. § 1682 BGB zugunsten des Lebenspartners ist, dass dieser während einer wirksamen Lebenspartnerschaft mit dem Elternteil und dem minderjährigen Kind längere Zeit in einem Haushalt gelebt hat[580]. Die Zeitspanne muss auch hier wie bei § 1685 II BGB[581] wieder aus der kindlichen Perspektive beurteilt werden und ist damit abhängig vom Alter des Kindes und der Intensität der Bindung an den Lebenspartner[582]. Anders als bei § 1685 II BGB darf das Zusammenleben aber nicht schon längere Zeit zurückliegen, sondern muss die gegenwärtige Bezugswelt des Kindes prägen, da aus dem Wortlaut „seit" in § 1682 S. 2 BGB hervorgeht, dass sich die Verbleibensanordnung ohne längere Unterbrechung an das bisherige Zusammenleben anschließen muss[583].

Wie auch beim Umgangsrecht gem. § 1685 II BGB ist unerheblich, ob der Lebenspartner zuvor das kleine Sorgerecht gem. § 9 I LPartG innehatte. Der in der Lebenspartnerschaft lebende Elternteil braucht also nicht allein sorgeberechtigt gewesen zu sein oder sein Einvernehmen für die Erziehungsbeteiligung des Lebenspartners erteilt zu haben. Entscheidend ist, dass der andere Elternteil, der bisher nicht mit dem Kind zusammengelebt hat, gem. §§ 1678, 1680 oder 1681 BGB das alleinige Sorgerecht für das Kind erlangt, weil der in der Lebenspartnerschaft lebende Elternteil tatsächlich an der Ausübung seiner elterlichen Sorge gehindert ist, seine elterliche Sorge ruht, er stirbt, für tot erklärt wird oder ihm die elterliche Sorge entzogen wird[584].

Will der andere, nun allein sorgeberechtigte Elternteil aufgrund seines alleinigen Entscheidungsrechts über den Aufenthalt des Kindes das Kind aus der Stieffamilie herausnehmen, kann eine Verbleibensanordnung zugunsten des Lebenspartners getroffen werden, wenn durch die Wegnahme das Wohl des Kindes gefährdet würde. Ein Aufenthaltswechsel, der oft auch mit einem Schul- und Freundeswechsel verbunden ist, bedeutet für das Kind häufig eine gravierende Änderung seines gesamten Umfeldes, die insbesondere dann seelische Schäden hervorrufen kann, wenn die Stieffamilie zur festen Bezugswelt für das Kind geworden ist, während zum anderen Elternteil eine Entfremdung stattgefunden hat. Entscheidend für eine Verbleibensanordnung ist daher in erster Linie, ob durch

580 Hk-LPartG/*Kemper*, § 1682, Rn. 2; *Muscheler*, Rn. 221; MüKo/*Finger*, § 1682, Rn. 3 ff.

581 Siehe oben 3. Kap. C. III. 1. a) Voraussetzungen.

582 MüKo/*Finger*, § 1682, Rn. 6; Hk-LPartG/*Kemper*, § 1682 BGB, Rn. 2; wie bei Pflegefamilien: OLG Celle FamRZ 1990, 191 f.; OLG Frankfurt a.M. NJW-RR 1987, 258 (259).

583 MüKo/*Finger*, § 1682, Rn. 6.

584 *Muscheler*, Rn. 215; *Schomburg*, Kind-Prax 2001, 103 (106); Hk-LPartG/*Kemper*, § 1682 BGB, Rn. 3; *v.Puttkamer*, Regenbogenfamilien, 75 (79).

die Wegnahme des Kindes die für das Kindeswohl wichtige Kontinuität seiner Bezugspersonen zerstört würde[585].

Die Erteilung einer Verbleibensanordnung kann vom Lebenspartner beantragt werden. Zum Schutz des Kindes kann sie aber auch ohne Antrag durch das Gericht von Amts wegen getroffen werden gem. § 1682 S. 1 BGB[586].

b) Rechtsfolgen

§ 1682 BGB ist keine Ermessensvorschrift, da die Formulierung „kann" dem Gericht lediglich die Kompetenz erteilt, in das Sorgerecht, genauer in das Aufenthaltsbestimmungsrecht des anderen Elternteils einzugreifen. Zum Schutze des Kindes muss bei Vorliegen aller Tatbestandsvoraussetzungen angeordnet werden, dass das Kind bei dem Lebenspartner verbleibt[587].

Ein Sorgerecht erwirbt der Lebenspartner damit nicht. Im Falle einer Verbleibensanordnung gelten aber die sorgerechtlichen Befugnisse für Pflegepersonen gem. § 1688 IV 2. Alt. BGB entsprechend. Der Lebenspartner ist daher gem. § 1688 I 1 BGB berechtigt, in Angelegenheiten des täglichen Lebens zu entscheiden und den Inhaber der elterlichen Sorge in solchen Angelegenheiten zu vertreten[588]. Er kann zudem den Arbeitsverdienst des Kindes verwalten sowie Unterhalts-, Versicherungs-, Versorgungs- und sonstige Sozialleistungen für das Kind geltend machen und verwalten gem. § 1688 I 2 BGB. Da er den Sorgerechtsinhaber vertritt, kann er die Ansprüche aber nur gegenüber Dritten, nicht gegenüber dem Sorgerechtsinhaber selbst geltend machen[589]. Des Weiteren steht dem Lebenspartner ein Notvertretungsrecht gem. § 1688 I 3 BGB zu, das insbesondere dann von Bedeutung ist, wenn im Todesfall des Elternteils ein Notvertretungsrecht des Lebenspartners gem. § 9 II LPartG nicht in Betracht kommt.

Die Befugnisse des § 1688 I BGB können gem. § 1688 IV BGB vom Familiengericht eingeschränkt oder ausgeschlossen werden.

Eine Verbleibensanordnung ergeht grundsätzlich nicht auf unbestimmte Zeit, sondern nur vorübergehend, da sie einen gravierenden Eingriff in die elterliche Sorge des anderen Elternteils darstellt. Sie kann aber verlängert werden, wenn die Voraussetzungen des § 1682 BGB weiterhin vorliegen[590]. Ein dauerhafter

[585] Hk-LPartG/*Kemper*, § 1682 BGB, Rn. 5.
[586] Hk-LPartG/*Kemper*, § 1682 BGB, Rn. 6.
[587] *Muscheler*, Rn. 222; *Staudinger/Salgo*, § 1682, Rn. 24; Hk-LPartG/*Kemper*, § 1682 BGB, Rn. 7.
[588] *Schomburg*, Kind-Prax 2001, 103 (106).
[589] *Muscheler*, Rn. 224.
[590] *Muscheler*, Rn. 225.

Verbleib des Kindes beim Lebenspartner ist nur dann möglich, wenn die elterliche Sorge nicht auf den anderen Elternteil übertragen oder ihm gem. §§ 1666, 1666 a BGB entzogen wird[591]. In diesen Fällen kommt eine Vormundschaft des Lebenspartners für das Kind in Betracht[592].

2. Faktische Gemeinschaften

Aus den gleichen Gründen, die - wie beschrieben[593] - eine analoge Anwendung des Umgangsrechts erforderlich machen, muss folgerichtig auch die Verbleibensanordnung bei faktischen Gemeinschaften möglich sein, zumal die Kreise der berechtigten Personen von § 1685 BGB und § 1682 BGB auch bisher identisch waren.

V. Vormundschaft

Abgesehen von den genannten sorgerechtlichen Befugnissen ist es auch möglich, durch Vormundschaft ein umfassendes Sorgerechtsverhältnis für ein minderjähriges, nicht unter elterlicher Sorge stehendes Kind zu begründen.

1. Vormundschaft bei Tod

Relevant ist diese Möglichkeit insbesondere beim Tod des in der Lebenspartnerschaft lebenden Elternteils. Sein Lebenspartner kann vorsorglich für diesen Fall durch letztwillige Verfügung des sorgeberechtigten Elternteils zum Vormund benannt werden gem. § 1777 BGB[594]. Dies ist jedoch nur dann möglich, wenn der andere Elternteil kein Sorgerecht hat oder erlangt, da eine Vormundschaft voraussetzt, dass das Kind nicht unter elterlicher Sorge stehen darf gem. §§ 1773 ff. BGB[595].

Für den Fall, dass keine Benennung durch letztwillige Verfügung vorliegt, hat das Vormundschaftsgericht einen Vormund auszuwählen gem. § 1779 I BGB. Dabei sind insbesondere der mutmaßliche Wille der Eltern, die persönlichen

---

591 *Schomburg*, Kind-Prax 2001, 103 (106); *Palandt/Diederichsen*, § 1682, Rn. 13.
592 Siehe unten 3. Kap. C. V. Vormundschaft.
593 Siehe oben 3. Kap. C. III. 2. Faktische Gemeinschaften.
594 *Epple*, BWNotZ 2001, 44 (47); *Müller*, DNotZ 2001, 581 (588).
595 *Schmitt*, STREIT 1999, 51 (54 f.).

Bindungen des Kindes, die Verwandtschaft und Schwägerschaft zu berücksichtigen gem. § 1779 II 2 BGB, so dass die Chancen für Lebenspartner, die gem. § 11 II 1 LPartG mit dem Kind ihres Lebenspartners als verschwägert gelten, diesbezüglich gestiegen sind[596].

2. Gemeinsame Vormundschaft

Nach §§ 1773, 1775 S. 1 BGB kann gleichgeschlechtlichen Partnern auch eine gemeinsame Vormundschaft für ein minderjähriges, nicht leibliches Kind erteilt werden, wenn es nicht unter elterlicher Sorge steht. Gem. § 1775 S. 1 BGB soll zwar nur einem Ehepaar eine gemeinsame Vormundschaft erteilt werden. Da diese Vorschrift aber nicht zwingend ist, können aus besonderen Gründen auch mehrere Vormünder bestellt werden[597]. Deshalb ist eine gemeinsame Vormundschaft auch für homosexuelle Paare möglich[598], was angesichts der damit verbundenen umfassenden sorgerechtlichen Befugnisse einer gemeinsamen rechtlich anerkannten Elternschaft am nächsten kommt.

Mit Hilfe der Vormundschaft lässt sich für homosexuelle Paare jedoch keine gemeinsame sorgerechtliche Verantwortung für das leibliche Kind eines der Partner herstellen, und zwar selbst dann nicht, wenn der Elternteil das alleinige Sorgerecht hat, da § 1773 BGB eine Vormundschaft nur für Kinder zulässt, die unter keiner elterlichen Sorge stehen[599].

VI. Unterhaltsrecht

Eine gesetzliche Unterhaltsverpflichtung für eheliche Stiefkinder gibt es nicht[600]. Auch im lebenspartnerschaftlichen Unterhaltsrecht ist nur eine Unterhaltsverpflichtung der Lebenspartner untereinander vorgesehen gem. § 5 S. 1 LPartG, nicht hingegen für das Kind des Lebenspartners. Der in § 5 S. 2 LPartG i.V.m. § 1360 a BGB angesprochene Familienunterhalt bezieht sich nur auf gemeinsame Kinder, welche bei Lebenspartnern - wie beschrieben - nicht vorhanden sein können[601].

---

596 *Muscheler*, Rn. 209.
597 *Schwab*, FamR, Rn. 785.
598 *Muscheler*, Rn. 178; *Holzhauer*, JZ 2000, 1076 (1082).
599 *Holzhauer*, JZ 2000, 1076 (1082); *Muscheler*, Rn. 178.
600 *Staudinger/Rauscher*, § 1590, Rn. 13.
601 *Epple*, BWNotZ 2001, 44 (46); *Müller*, DNotZ 2001, 581 (588); *v.Puttkamer*, Regenbogenfamilien, 75 (80).

Wie auch bei ehelichen Stiefkindern kann aber im Einzelfall von einer vertraglich übernommenen Unterhaltspflicht aus stillschweigender Übereinkunft ausgegangen werden[602]. Dies ist gerade für homosexuelle Paare, denen anders als heterosexuellen Gemeinschaften die Möglichkeit eines gemeinsamen Kindes im Rechtssinne versperrt bleibt, wegen der verbleibenden Unsicherheiten eine unbefriedigende Lösung zu Lasten der betroffenen Kinder. Daher muss zumindest immer für die Konstellationen, in denen sich die Lebenspartner gemeinsam zur Verwirklichung ihres Kinderwunsches entschlossen haben, etwa bei Zeugung durch Insemination oder Adoption durch einen Partner, in Anlehnung an die Rechtsprechung zur heterologen Insemination bei Ehegatten[603] von einem Unterhaltsvertrag zugunsten des Kindes ausgegangen werden[604], welcher allerdings mangels eines Anspruchs aus § 844 II BGB im Falle der Tötung des Co-Elternteils durch einen Dritten trotzdem keinen gleichwertigen Ersatz für einen gesetzlichen Unterhaltsanspruch bietet.

Beim nachpartnerschaftlichen Unterhalt für Lebenspartner kann sich ein Anspruch nach der Generalklausel des § 16 I LPartG auch wegen der Pflege und Erziehung von Kindern, die bislang in der Lebenspartnerschaft aufgewachsen sind, ergeben, wenn dadurch eine Erwerbstätigkeit vom betreuenden Lebenspartner nicht erwartet werden kann[605]. Der Anspruch hängt von der Zumutbarkeit im Einzelfall ab, wobei insbesondere bei Kindern, die aufgrund gemeinsamen Entschlusses der Lebenspartner gezeugt oder adoptiert wurden, ein Anspruch zu bejahen sein wird. Dabei ist vor allem zu berücksichtigen, dass die Versagung eines Unterhaltsanspruchs des kinderbetreuenden Lebenspartners besonders auch zu Lasten des Kindes ginge[606].

VII. Erbrecht

Ein gesetzliches Erb- oder Pflichtteilsrecht zwischen Co-Elternteil und Kind besteht nicht, obwohl seit der Begründung des Lebenspartnerschaftsgesetzes der Erbteil des Kindes bei Vorversterben seines leiblichen Elternteils durch das geschaffene gesetzliche Erb- und Pflichtteilsrecht des Lebenspartners gem. § 10 LPartG geschmälert wird. Diese Benachteiligung kann - wie auch bei ehelichen

---

602 Hk-LPartG/*Kemper*, § 5, Rn. 15; *Muscheler*, Rn. 101 f.; *Müller*, DNotZ 2001, 581 (588); *Schwab*, FamRZ 2001, 385 (392); OLG Nürnberg, FamRZ 1965, 217; BGH, JZ 1969, 704 (705).

603 Vgl. BGHZ 129, 297 ff.; BGH, NJW 1995, 2031 f.; *Roth*, FamRZ 1996, 769 ff.

604 So auch *Grziwotz*, DNotZ 2001, 280 (297 f.).

605 *Muscheler*, Rn. 262; *Grziwotz*, DNotZ 2001, 280 (297 f.); *v.Puttkamer*, Regenbogenfamilien, 75 (80).

606 *Grziwotz*, DNotZ 2001, 280 (297 f.).

Stiefkindern - je nach Fallkonstellation zu großen Ungerechtigkeiten für die betroffenen Kinder führen[607].

VIII. Namensrecht

Lebt der allein sorgeberechtigte Elternteil zum Zeitpunkt der Geburt des Kindes bereits in einer Lebenspartnerschaft - also beispielsweise im Fall der Insemination bei einer lesbischen Partnerin - dann erhält das Kind gem. § 1617 a I BGB den zu diesem Zeitpunkt geführten Namen des Elternteils, welcher gem. § 3 I 1 LPartG auch der Lebenspartnerschaftsname sein kann, wenn die Lebenspartner einen solchen bestimmt haben. Daher ist es für den geschilderten Fall der Insemination bei einer lesbischen Partnerin möglich, dass das Kind den gleichen Namen wie seine Mutter und seine Co-Mutter führt.

Wenn das Kind allerdings vor Begründung einer Lebenspartnerschaft geboren wurde, regelt der durch das Lebenspartnerschaftsgesetz auf Lebenspartnerschaften ausgedehnte § 1617 c II Nr. 2 BGB, dass eine Namensänderung beim Elternteil durch Lebenspartnerschaftsbegründung keine Namensänderung beim Kind bewirkt[608]. Der Gesetzgeber wollte damit eine Ausweitung der Einbenennungsmöglichkeiten verhindern[609]. Auch die für heterosexuelle Stiefeltern bestehende Möglichkeit, das Kind nach Eheschließung für den Fall der Alleinsorge des Elternteils und neuerdings[610] sogar bei bestehender gemeinsamer Sorge gem. § 1618 BGB einzubenennen, ist nicht auf Lebenspartner erweitert worden[611]. Eine Namensgleichheit zwischen dem Kind und den Lebenspartnern ist daher bei Geburt vor Lebenspartnerschaftsbegründung nur möglich, wenn der Name des leiblichen Elternteils Lebenspartnerschaftsname wird.

Wenn dagegen beide Lebenspartner ein leibliches Kind mit in die Lebenspartnerschaft hineinbringen, ist es überhaupt nicht möglich, eine namensmäßige Übereinstimmung aller Familienmitglieder herzustellen. Bei Bestimmung eines Lebenspartnerschaftsnamens gem. § 3 I 1 LPartG muss dasjenige der beiden Kinder, dessen leiblicher Elternteil ursprünglich anders hieß, als einziges Familienmitglied einen anderen Namen tragen. Wird kein Lebenspartnerschaftsname bestimmt, heißt jedes Kind wie sein leiblicher Elternteil gem. § 1617 a I BGB. Entschließt sich einer der beiden Lebenspartner für einen Doppelnamen gem. § 3 II 1 LPartG, so kommen zwar beide Kindesnamen in diesem vor. Der Name

---

607 Vgl. unten 4. Kap. D. II. 1. d) cc) Erbrecht.

608 Hk-LPartG/*Kemper*, § 1617c BGB, Rn. 2; *Ladnar/Bruns*, 36.

609 BT-Drs. 14/3751, 45.

610 Vgl. § 1618 BGB n.F., eingeführt durch das Kinderrechteverbesserungsgesetz v. 9.4.2002, BGBl I, 1239, am 12.4.2002 in Kraft getreten, BT-Drs. 14/8131, BT-Drs. 14/2096.

611 *Oberloskamp*, Praxis der Rechtspsychologie 13 (1), März 2003, 17 (23).

des anderen Lebenspartners stimmt jedoch lediglich mit dem seines leiblichen Kindes überein, und auch die Kinder untereinander heißen zwangsläufig verschieden. Nicht einmal für den Fall, dass die Kinder vom gleichen Samenspender abstammen, ist eine Namensgleichheit der Halbgeschwister zu erreichen.

Ein Grund für diese Ungleichbehandlung ist nicht ersichtlich[612], vor allem deshalb nicht, weil Lebenspartner gem. § 11 II LPartG - wie auch Ehegatten gem. § 1590 I 1 BGB - als verschwägert mit dem Kind ihres Lebenspartners gelten und damit grundsätzlich wie eheliche Stiefeltern zu behandeln sind[613]. Wegen der hohen Relevanz, die ein Name für die Persönlichkeit des Kindes und sein Zugehörigkeitsgefühl hat[614], sollte § 1618 BGB daher im Lichte von Art. 3 I GG auf Lebenspartnerschaften analog angewendet werden.

IX. Steuer- und Sozialrecht

Im Sozialrecht ist die Situation für Lebenspartnerschaften mit Kindern durch das Lebenspartnerschaftsgesetz in Teilbereichen verbessert worden. Da Lebenspartner - wie auch Ehegatten gem. § 1590 I 1 BGB - als verschwägert mit dem Kind ihres Lebenspartners gelten gem. § 11 II LPartG, werden lebenspartnerschaftliche Stiefeltern in einigen Punkten wie eheliche Stiefeltern behandelt. So sind die Regelungen der Elternzeit und des Erziehungsgeldes gem. § 1 III Nr. 2, § 15 I Nr. 1 b BErzGG[615] jetzt auch auf Lebenspartner anwendbar. Im Gesetzentwurf wird diese Gleichstellung damit begründet, dass die Verhältnisse in einer Lebenspartnerschaft wegen der Verpflichtung zu gegenseitiger Fürsorge, Unterstützung und Unterhalt mit denen einer Ehe vergleichbar seien[616]. Auch bei der gesetzlichen Kranken- und Pflegeversicherung ist eine Angleichung an eheliche Stiefeltern erfolgt. Die Kinder des Lebenspartners gelten gem. § 10 IV 3 SGB V jetzt auch als Stiefkinder und sind daher wie ihr Elternteil mitversichert in der beitragsfreien Familienversicherung der gesetzlichen Krankenversicherung gem. § 10 I 1 SBG V[617]. Das Gleiche gilt auch für die soziale Pflegeversicherung, in die die Kinder des Lebenspartners gem. § 25 III SGB XI wie Stiefkinder beitragsfrei einbezogen werden[618]. Beim Arbeitslosengeld werden lebenspartnerschaftliche und eheliche Stiefeltern ebenfalls gleich behandelt, wenn sie wegen

612 *Muscheler*, Rn. 160, sieht darin einen schweren rechtspolitischen Fehler.
613 So auch *Muscheler*, Rn. 228.
614 Vgl. *Frank*, 26 f; *Conradi*, FamRZ 1980, 103 (105).
615 *Meyer/Mittelstädt*, 196 ff.
616 BT-Drs. 14/3751, 67.
617 *Muscheler*, Rn. 227; *Meyer/Mittelstädt*, 220.
618 *Muscheler*, Rn. 227; *Meyer/Mittelstädt*, 239 ff.; *v.Puttkamer*, Regenbogenfamilien, 75 (81).

Erziehung eines unter drei Jahre alten Kindes ihres Lebenspartners oder Ehegatten ihre bisherige Beschäftigung aufgegeben haben. Dann gelten für sie einheitlich die erleichterten Voraussetzungen für den Erhalt von Arbeitslosengeld gem. § 124 III 1 Nr. 2 SGB III[619].

Im Steuerrecht hingegen haben besonders die in einer Lebenspartnerschaft aufwachsenden Kinder unter den ökonomischen Benachteiligungen der Lebenspartner gegenüber Ehegatten zu leiden, was - wie bereits beschrieben[620] - eine verfassungsrechtlich nicht zu rechtfertigende Ungleichbehandlung darstellt. Angesichts der Tatsache, dass die steuerlichen Vergünstigungen für Ehegatten ihre Rechtfertigung gerade in einer beabsichtigten Förderung der Familie und Unterstützung der Kinder finden, wird die Verfassungswidrigkeit dieses Zustandes hier besonders deutlich.

Zusätzlich kommen für die lebenspartnerschaftliche Familie durch das Vorhandensein von Kindern noch weitere steuerrechtliche Benachteiligungen hinzu. So können beispielsweise tatsächlich erbrachte Unterhaltsleistungen des Co-Elternteils an das Kind mangels einer gesetzlichen Unterhaltspflicht nicht von der Steuer abgesetzt werden, obwohl gerade der Co-Elternteil häufig derjenige ist, der durch seine Berufstätigkeit die Familie ernährt, während der leibliche Elternteil geburtsbedingt das Kind betreut. Ein ehelicher Stiefelternteil kann im Gegensatz dazu Unterhaltsleistungen an das Kind seines Ehegatten als außergewöhnliche Belastungen nach § 33 a I EStG absetzten[621]. Zudem können lebenspartnerschaftliche Stiefeltern anders als Ehegatten keine Kinder- oder Haushaltsfreibeträge für die Kinderbetreuung geltend machen[622].

Auch bezüglich der Erbschaftssteuer bestehen erhebliche Benachteiligungen. Während eheliche Stiefkinder leiblichen Kindern gleichgestellt sind, so dass sie gem. § 15 I ErbStG in die günstige Steuerklasse I fallen und gem. § 16 I Nr. 2 ErbStG einen Freibetrag von 205.000 € erhalten[623], werden lebenspartnerschaftliche Stiefkinder nach der Steuerklasse III besteuert mit einem Freibetrag von nur 5.200 € gem. § 16 I Nr. 5 ErbStG.

Diese Ungleichbehandlungen gegenüber ehelichen Stieffamilien sind in Anbetracht der Schutzbedürftigkeit der betroffenen Kinder sachlich nicht zu begründen. Aus der Tatsache, dass Lebenspartner gem. § 11 II LPartG - wie auch Ehegatten gem. § 1590 I 1 BGB - als verschwägert mit dem Kind ihres Lebenspartners gelten, ergibt sich vielmehr, dass grundsätzlich alle Vorschriften, die auf eheliche Stieffamilien angewendet werden, auch auf lebenspartnerschaftli-

---

619 *Muscheler*, Rn. 227.
620 Vgl. oben 3. Kap. B. IV. 1. f) Steuerrecht.
621 Hk-LPartG/*Stadie*, SteuerR, Rn. 3; *Siegfried*, 79 (86).
622 *Schillen*, Familienbuch, 11 (12); *Siegfried*, 79 (87).
623 *Gernhuber/Coester-Waltjen*, 34 f.

che Stieffamilien anzuwenden sind[624]. Die steuerrechtliche Benachteiligung lebenspartnerschaftlicher Familien ist damit gem. Art. 3 I GG verfassungswidrig.

X. Pflegschaftsrecht

Wie anfangs schon dargestellt[625], liegen die Probleme bei der Pflegschaft nicht auf rechtlicher Ebene. Hier ist die Rechtslage für homosexuelle und heterosexuelle Paare identisch. Um den Rahmen der Arbeit nicht zu sprengen, sei daher auf die zahlreichen Publikationen zum Pflegschaftsrecht verwiesen[626].

XI. Reproduktionstechnische Verfahren

Es gibt in der Bundesrepublik bisher keine einheitliche und umfassende Regelung für den Bereich der reproduktionstechnischen Verfahren. Eine Teilregelung stellt das Embryonenschutzgesetz dar, wonach gem. § 9 Nr. 1 ESchG[627] eine künstliche Insemination[628] nur von einem Arzt vorgenommen werden darf, so dass sich beispielsweise die Partnerin einer lesbischen Mutter gem. § 11 I Nr. 1 ESchG strafbar macht, wenn sie die Insemination vornimmt[629]. Gem. § 11 II ESchG bleiben jedoch sowohl die Mutter, wenn sie sich selbst künstlich inseminiert, als auch der Mann, dessen Sperma für die Insemination verwendet wird, straffrei[630]. Die künstliche Insemination durch einen Arzt ist lesbischen Frauen in der BRD zwar nicht durch Gesetz verboten. Sie wird jedoch durch ärztliches Standesrecht für alleinstehende Frauen und gleichgeschlechtliche Paare ausgeschlossen[631].

Die Ersatzmutterschaft[632] ist nach deutschem Recht strafrechtlich verboten gem. § 1 I Nr. 7 ESchG. Dies gilt auch für die Vermittlung von Ersatzmüttern gem. §§ 13 b, c, 14 b AdoptionsvermittlG[633]. Nach § 1 III Nr. 2 ESchG bleiben aber die Ersatzmutter sowie die Personen straffrei, die das Kind aufnehmen möchten,

---

624 *Muscheler*, Rn. 228.
625 Siehe oben 2. Kap. B II. 3. Pflegschaft.
626 Siehe nur *Sonnenfeld*, passim; *Staudinger/Bienwald*, §§ 1909-1921 m.w.N.
627 Embryonenschutzgesetz v. 13.12.1990, BGBl. I 2746.
628 Zum Begriff siehe oben 2. Kap. B. II. 1. a) aa) Künstliche Insemination.
629 *Coester-Waltjen*, FamRZ 1992, 369 (370); *Schmitt*, STREIT 1999, 51 (54).
630 *Muscheler*, Rn. 183; *Schmitt*, STREIT 1999, 51 (54).
631 Richtlinien der Bundesärztekammer zur Durchführung der assistierten Reproduktion von 1998, Deutsches Ärzteblatt, 1998, A-3166 ff.
632 Zum Begriff siehe oben 2. Kap. B. II. 1. a) cc) Ersatzmutterschaft.
633 Adoptionsvermittlungsgesetz v. 27.11.89, BGBl. I 2019; *Muscheler*, Rn. 187.

also beispielsweise ein schwules Paar. Für eine Eispende zwischen lesbischen Partnerinnen ist § 1 I Nr. 7 ESchG nicht einschlägig, da das Tatbestandsmerkmal der Bereitschaft, das Kind nach der Geburt Dritten zu überlassen, fehlt. Damit stellt dieser Fall keine Ersatzmutterschaft dar. Er ist jedoch je nach angewandtem Verfahren[634] gem. § 1 I Nr. 6, 1. Alt. ESchG (bei intrakorporaler Befruchtung der Eizelle vor Entnahme und Übertragung) oder gem. § 1 I Nr. 2 ESchG (bei In-vitro-Fertilisation der entnommenen Eizelle vor Übertragung) strafrechtlich verboten, wobei die beteiligten Frauen gem. § 1 III Nr. 1 ESchG wiederum straffrei bleiben.

XII. Zusammenfassung

Zusammenfassend lässt sich die momentane Rechtslage gleichgeschlechtlicher Paare mit Kindern wie folgt beschreiben:

Durch das Inkrafttreten des Lebenspartnerschaftsgesetzes hat sich ihre Situation grundsätzlich verbessert, da das zur Verfügung gestellte Rechtsinstitut der eingetragenen Lebenspartnerschaft eine größere Stabilität der Partnerschaft bietet und insgesamt für geregeltere Verhältnisse sorgt. Dies dient insbesondere auch dem Interesse der in Lebenspartnerschaften aufwachsenden Kinder an Kontinuität. Zudem gelten die Lebenspartner untereinander sowie der Co-Elternteil gegenüber dem Kind seines Lebenspartners rechtlich nicht mehr als Fremde, sondern werden als Familienangehörige bzw. Verschwägerte anerkannt. Außerdem ist durch das Lebenspartnerschaftsgesetz eine grundsätzliche staatliche Anerkennung der homosexuellen Lebensform erfolgt, aus der eine allgemein steigende Akzeptanz in der Gesellschaft und ein höheres Maß an Normalität und Selbstverständlichkeit im Umgang mit Homosexualität und homosexuellen Familien zu erwarten ist.

Im kindschaftsrechtlichen Bereich bietet das Lebenspartnerschaftsgesetz konkret den Vorteil, dass Lebenspartnerschaften mit Kindern in einigen Punkten ehelichen Stieffamilien gleichgestellt werden. So bringt das neu geschaffene kleine Sorgerecht Erleichterungen für das tägliche Zusammenleben mit sich. Außerdem werden die gewachsenen sozialen Bindungen zwischen Kind und Lebenspartner des leiblichen Elternteils durch ein Umgangsrecht sowie die Möglichkeit einer Verbleibensanordnung geschützt. Eine Einbenennungsmöglichkeit wie bei ehelichen Stieffamilien gibt es allerdings nicht. Ebenso wenig ist eine steuerrechtliche Gleichstellung der lebenspartnerschaftlichen Stiefkinder mit den ehelichen Stiefkindern erfolgt.

---

[634] Siehe dazu oben 2. Kap. B. II. 1. a) dd) Ei-, Samen- und Embryonenspende.

Die gravierendste Benachteiligung ergibt sich aus der Tatsache, dass gleichgeschlechtliche Paare trotz Inkrafttreten des Lebenspartnerschaftsgesetzes weiterhin keine Möglichkeit haben, eine gemeinsame rechtliche Elternschaft für das bei ihnen aufwachsende Kind zu begründen, da weder die Stiefkindadoption für Lebenspartnerschaften zugelassen noch ein gemeinschaftliches Adoptionsrecht geschaffen wurde. Dadurch ist auch ein gemeinsames Sorgerecht der Lebenspartner ausgeschlossen. Das betroffene Kind ist gegenüber dem Co-Elternteil gesetzlich weder erb- noch unterhaltsberechtigt. Mittelbar hat es zudem unter den ökonomischen Benachteiligungen zu leiden, die der lebenspartnerschaftlichen Familie insbesondere dadurch entstehen, dass der vom Co-Elternteil an das Kind geleistete Unterhalt mangels Unterhaltspflicht steuerrechtlich nicht berücksichtigt wird.

Besonders problematisch ist die Situation für den Fall, dass ein Lebenspartner stirbt oder die Partnerschaft aufgehoben wird. Durch den Tod des leiblichen Elternteils wird das Kind dem Risiko ausgesetzt, bei Übertragung des Sorgerechts auf den anderen leiblichen Elternteil gem. § 1680 II BGB auch seinen Co-Elternteil als Bezugsperson zu verlieren. Ferner besteht bei einer Aufhebung der Lebenspartnerschaft keine Möglichkeit, zum Wohle des Kindes anstatt eines alleinigen Sorgerechts des leiblichen Elternteils eine flexible Lösung bezüglich der Sorgerechtsverteilung zu treffen wie bei der Trennung heterosexueller Eltern.

Zusätzlich bestehen beim Todesfall eines Lebenspartners oder bei Trennung große Risiken bezüglich der finanziellen Absicherung mangels eines Versorgungsausgleichs, einer Hinterbliebenenrente, einer Besserstellung im Erbschaftssteuerrecht oder eines Anspruchs des Kindes gem. § 844 II BGB bei Tötung des Co-Elternteils durch einen Dritten.

An diesen Nachteilen lässt sich entgegen vielfachen Behauptungen[635] auch mit Hilfe von privatrechtlichen Regelungen im Wesentlichen nichts ändern. Das fehlende gesetzliche Erbrecht kann zwar durch letztwillige Verfügungen zugunsten des Kindes ersetzt werden. An den hohen Erbschaftssteuern ändert dies jedoch nichts. Und auch eine vertraglich begründete Unterhaltspflicht des Co-Elternteils führt bei Tötung durch einen Dritten zu keinem Anspruch aus § 844 II BGB. Ebenso wenig können durch privatrechtliche Regelungen der Lebenspartner sonstige Steuererleichterungen, Einbenennungen, Elternschaftszuordnungen oder Sorgerechtsentscheidungen herbeigeführt werden, da diese Bereiche nicht der Privatautonomie unterliegen.

Trotz einiger Verbesserungen durch das Lebenspartnerschaftsgesetz bleiben daher insbesondere für die betroffenen Kinder erhebliche Nachteile bestehen.

[635] So beispielsweise *Weiß*, Recht und Politik 2000, 27 (28).

4. Kapitel
Regelungsbedarf ?

Angesichts der verbliebenen Regelungslücken stellt sich die Frage, ob und gegebenenfalls inwiefern ein gesetzlicher Regelungsbedarf bezüglich der Situation von gleichgeschlechtlichen Paaren mit Kindern besteht.

A. Stand der Diskussion

In der rechtspolitischen Diskussion um die Verrechtlichung homosexueller Beziehungen wird dem kindschaftsrechtlichen Bereich bislang immer noch mit viel Skepsis und Ablehnung begegnet[1]. Homosexuelle Elternschaft löst als die größtmögliche Abweichung von der überkommenen Norm oft Angst vor einem Funktionsverlust der Ehe als Reproduktionsstätte aus[2]. So existieren gegenüber der homosexuellen Elternschaft vielfach noch tiefe, emotional verwurzelte Vorurteile, obwohl die Toleranz der Bevölkerung gegenüber Homosexualität insgesamt deutlich gestiegen ist[3].

Diese Skepsis gegenüber homosexueller Elternschaft äußert sich zum Teil in widersprüchlichen Argumentationen. Gegen die „Homo-Ehe" wurde insbesondere angeführt, dass homosexuelle Paare im Gegensatz zu Ehepaaren nicht zur Reproduktion der Bevölkerung geeignet seien[4]. Sie dienten ohne das Großziehen von Kindern keinem öffentlichen Interesse und seien daher weniger schützenswert als Ehen[5]. Dennoch sind beim Lebenspartnerschaftsgesetz angesichts großen Widerstandes[6] ausgerechnet die kindschaftsrechtlichen Regelungen ausgespart worden, die eine gemeinsame rechtliche Elternschaft von Lebenspartnern ermöglicht hätten. Daran zeigt sich, dass die angeblich fehlende Elternschaft

---

[1] *Kleffmann*, 261; *Amendt*, FAZ v. 8.11.2002, 8; *Kanther*, NJW 2003, 797 f.
[2] *Holzhauer*, JZ 2000, 1076 (1082).
[3] Anschaulich dazu *Amendt*, FAZ v. 08.11.2002, 8.
[4] BAG, NJW 1998, 1012 (1013).
[5] So *Pawlowski*, JZ 2000, 765; *Kirchhof*, FPR 2001, 436 (437 f.); *Kirchhof*, Eingetragene Lebenspartnerschaft, 57 (65, 67 f.); *Louven*, ZRP 1993, 12 f.; *Willutzki*, MDR 1993, 117 (118); *Schumacher*, FamRZ 1994, 857 (858); *Kleffmann*, 261 ff.
[6] *Kemper*, FPR, 2001, 449 (454).

gleichgeschlechtlicher Paare gar nicht den eigentlichen Kritikpunkt bildet, sondern dass im Gegenteil gerade diese unerwünscht und gefürchtet ist[7].

Neben solcher unterschwellig zum Ausdruck kommenden Ablehnung gibt es auch deutlich klarere Ablehnungsbekundungen an die homosexuelle Elternschaft. Während die Ehe als Ort betrachtet wird, der am besten das Wohl des Kindes garantiere und die besten Voraussetzungen für seine seelische, körperliche und geistige Entwicklung biete[8], wird im Aufwachsen von Kindern in homosexuellen Beziehungen eine Gefährdung des Kindeswohls erblickt. Es wird befürchtet, diese könnten selbst homosexuell werden oder in ihrer geistig-seelischen Entwicklung Schaden nehmen[9].

Zum Teil werden Regelungen im kindschaftsrechtlichen Bereich auch allgemein für überflüssig gehalten, weil privatrechtliche Regelungsmöglichkeiten bestünden. Mangels Problembewusstseins wird kein Handlungsbedarf gesehen[10].

Wieder andere halten weitergehende Regelungen zwar nicht grundsätzlich für ausgeschlossen, aber in der momentanen Situation noch für verfrüht[11]. Zum einen bedürfe es zur abschließenden Beurteilung dieser Frage noch weiterer Forschungsergebnisse bezüglich des Kindeswohls. Zum anderen müsse wegen der sonst zu befürchtenden Stigmatisierung zunächst abgewartet werden, bis die gesellschaftliche Akzeptanz auch bezüglich homosexueller Elternschaft gestiegen sei.

Vermehrt gibt es jedoch auch Stimmen, die sich zum Schutze des Kindeswohls für eine Ausweitung der Regelungen aussprechen, wobei insbesondere die Schaffung eines gemeinsamen Sorgerechts sowie die Zulassung von gemein-

---

[7] Besonders deutlich wird diese Widersprüchlichkeit auch bei der Argumentation von *Kaiser*, die - anstatt konsequenterweise ein gemeinschaftliches Adoptionsrecht zu fordern - das LPartG deshalb für verfassungswidrig hält, weil Lebenspartnern, die mangels Zulassung zur gemeinschaftlichen Adoption niemals eine gemeinsame rechtliche Elternschaft herstellen können, kein der Ehe vergleichbarer Schutz zukommen dürfe, der sich bei Ehegatten mit der Tatsache des Aufziehens gemeinsamer Kinder begründe, JZ 2001, 617 (623 f.).

[8] *Pawlowski*, JZ 2000, 765; BVerfGE 76, 1 (51); BVerfGE 25, 167 (196); BVerfGE 99, 145 (156); *Kirchhof*, FPR 2001, 436 (437); *Geis*, 27 (36).

[9] *Wacke*, FamRZ 1990, 347 (349); *Vonholdt*, 117 ff.; OLG Düsseldorf, Beschluss vom 10.10.1977, Az: 2 UF 272/77: Da das Gericht im Zusammenleben eines Kindes mit seiner Mutter und deren gleichgeschlechtlichen Partnerin eine Gefährdung des Kindeswohls erblickt hatte, wurde die elterliche Gewalt auf den Vater übertragen. *Laun*, 53 (56), spricht sogar von einem „Verbrechen am Kind".

[10] *Palandt/Brudermüller*, § 9 LPartG, Rn. 1; *Pawlowski*, JZ 2000, 765 (766); *Schwab* sieht keinen Grund, warum der Einstieg des Rechts gleichgeschlechtlicher Partnerschaften in den Bereich der elterlichen Sorge für das Wohl der dort aufwachsenden Kinder erforderlich sein sollte, begründet aber auch nicht das Gegenteil, FamRZ 2001, 385 (394).

[11] *Dopffel/Kötz/Scherpe*, 391 (409 f.); *Schlüter*, FF 2000, 76 (82); *Holzhauer*, JZ 2000, 1076 (1083); vgl. dazu auch bei *Schomburg*, Kind-Prax 2001, 103 (104).

schaftlicher Adoption und Stiefkindadoption gefordert werden[12]. Vielerorts wird zumindest auch ein grundsätzlicher Bedarf an verbesserter rechtlicher Absicherung anerkannt[13].

Zusammenfassend lässt sich feststellen, dass sich nach allen Meinungen die Entscheidung über eine Verrechtlichung der Situation von gleichgeschlechtlichen Paaren mit Kindern am Kindeswohl zu orientieren hat[14]. Auf dieses richtet sich daher auch in der nachfolgenden Untersuchung das Hauptaugenmerk.

Vorab empfiehlt sich noch ein Blick auf die im Ausland bereits existierenden speziellen Regelungen für gleichgeschlechtliche Paare mit Kindern.

B. Rechtsvergleichende Umschau

Das Europäische Parlament hatte bereits 1994 mit seiner „Entschließung zur Gleichberechtigung von Schwulen und Lesben in der EG" an die Mitgliedstaaten appelliert, eine Gleichstellung gleichgeschlechtlicher Paare auch bezüglich des Kindschafts- und Adoptionsrechts herzustellen[15]. In seiner Entschließung vom 4.9.2003 zur Lage der Grundrechte in der Europäischen Union hat es erneut dazu aufgefordert, „jede Form der - gesetzlichen oder tatsächlichen - Diskriminierung abzuschaffen, unter der Homosexuelle insbesondere im Bereich des Rechts auf Eheschließung und auf Adoption von Kindern noch immer leiden"[16]. Dieser Forderung haben mittlerweile auch hinsichtlich des Kindschaftsrechts immer mehr Staaten Folge geleistet.

Hierbei hat Dänemark, wie schon bei der Einführung eines Rechtsinstituts für gleichgeschlechtliche Paare, erneut eine Vorreiterrolle gespielt[17]. Seit dem 1.7.1999 besteht dort für registrierte Partnerschaften die Möglichkeit der Stiefkindadoption[18]. Begründet wurde die Einführung damit, dass dadurch im Interesse der Kinder, die in zahlreichen registrierten Partnerschaften aufwachsen,

---

[12] *Dethloff*, NJW 2001, 2598 (2602); *Muscheler*, Rn. 180 f.; *Peschel-Gutzeit*, Praxis der Rechtspsychologie 13 (1), März 2003, 6 (13); *Eggen*, FPR 2001, 444 (449); *Niemeyer*, FuR 1997, 141 f.; *Rauchfleisch*, Alternative Familienformen, 82; *Schmitt*, STREIT 1999, 51 (55); *Schöttler*, 11 (13); *Ebel*, 17 (18 f.); *Kämper*, 39 (40 f.); *Hofsäss*, Regenbogenfamilien, 51 (56).

[13] Grziwotz, DNotZ 2001, 280 (283); *Finger*, MDR 2001, 199 (201); *Trimbach*, NJ 2001, 399 (402).

[14] *Schlüter*, FF 2000, 76 (82); *Fountoulakis*, Neue Zürcher Zeitung, v. 8.12.2001.

[15] BT-Drs. 12/7069, 4.

[16] PE 334.393, unter Punkt 77. zur Diskriminierung aufgrund der sexuellen Ausrichtung.

[17] *Scherpe*, DEuFamR 2000, 32.

[18] *Dopffel/Scherpe*, 7 (27 f.); *Hausmann*, FS Henrich, 241 (242); *Dopffel/Kötz/Scherpe*, 391 (405); *Scherpe*, DEuFamR 2000, 32 (34); *Schlüter/Heckes/Stommel*, DEuFamR 2000, 1 (2).

Unterhalts- und Erbansprüche gegen den Adoptivelternteil sowie eine Absicherung für den Todesfall des leiblichen Elternteils sichergestellt werden können[19].

In den Niederlanden ist gleichgeschlechtlichen Paaren seit dem 1.4.2001 die Möglichkeit sowohl zur Stiefkindadoption als auch zur gemeinschaftlichen Adoption eröffnet, wenn sie eine Ehe oder eine registrierte Partnerschaft miteinander eingegangen sind[20]. Damit sind homosexuelle und heterosexuelle Paare dort weitestgehend gleichgestellt. Ein Unterschied besteht in einer für gleichgeschlechtliche Ehen fehlenden gesetzlichen Vermutung der Nachkommenschaft entsprechend einer Vaterschaftsvermutung für einen heterosexuellen verheirateten Mann, da eine unmögliche Abstammung von zwei Vätern oder zwei Müttern nicht vermutet werden könne[21]. Auch hinsichtlich des Adoptionsrechts ist die Gleichstellung nicht vollkommen, da lediglich Kinder adoptiert werden können, die ihren gewöhnlichen Aufenthaltsort in den Niederlanden haben. Eine Adoption ausländischer Kinder ist dagegen ausgeschlossen, um zu vermeiden, dass ausländische Staaten anderenfalls allen niederländischen Paaren die Adoption verweigern könnten[22].

Abgesehen von der Adoption besteht in den Niederlanden bereits seit dem 1.1.1998 die Möglichkeit, eine soziale Eltern-Kind-Beziehung abzusichern. Bei einem gemeinsamen Antrag kann den sozialen Eltern die gemeinsame Sorge[23] bzw. gemeinsame Vormundschaft[24] für das von ihnen betreute Kind erteilt werden[25]. Als soziale Eltern kommen sowohl verschiedengeschlechtliche als auch gleichgeschlechtliche Paare in Betracht, sowie auch andere Personen, die gemeinsam für ein Kind sorgen, wie zum Beispiel zwei Schwestern[26]. Stirbt der leibliche Elternteil, so erhält der überlebende soziale Elternteil von Rechts wegen die alleinige Vormundschaft für das Kind. Der andere leibliche Elternteil kann hingegen nur einen Antrag auf Übertragung der Sorge stellen, bei dem ihm keine bevorzugte Stellung eingeräumt wird, so dass dem Antrag nur unter Abwägung mit dem Kindeswohl stattgegeben werden kann[27]. Damit räumt das nie-

---

[19] Vgl. *Scherpe*, DEuFamR 2000, 32 (34); *Dopffel/Scherpe*, 7 (30); *Dopffel/Kötz/Scherpe*, 391 (405).

[20] *Baur/Mattijssen*, AJP/PJA 2001, 292 (297).

[21] *Baur/Mattijssen*, AJP/PJA 2001, 292 (294, 296); *Emmes*, ZfSH/SGB 1998, 330 (332).

[22] *Boele-Woelki/Schrama*, 51 (95). Angesichts des Zwecks einer Adoption, dem Wohl des Kindes zu dienen, mutet diese Argumentation etwas seltsam an, krit. dazu auch *Baur/ Mattijssen*, AJP/PJA 2001, 292 (298).

[23] Von gemeinsamer Sorge spricht man, wenn ein Antragsteller leiblicher Elternteil des Kindes ist.

[24] Von gemeinsamer Vormundschaft spricht man, wenn das Kind von keinem der beiden Antragsteller abstammt.

[25] *Boele-Woelki/Schrama*, 51 (96 ff.); *Holzhauer*, JZ 2000, 1076 (1082); *Dopffel/Kötz/Scherpe*, 391 (405); *Verschraegen*, DEuFamR 2000, 64 (66).

[26] *Boele-Woelki/Schrama*, 51, (97, Fn. 211).

[27] *Boele-Woelki/Schrama*, 51 , 98 f.

derländische Recht der sozialen Elternschaft und damit auch der Elternschaft homosexueller Co-Elternteile eine wichtige Stellung ein, wohingegen die Position eines ausschließlich biologischen Elternteils ohne soziale Bindung zum Kind nur vergleichsweise schwach ausgeprägt ist[28].

Die nordischen Länder Schweden, Norwegen und Island haben sich ebenfalls zur Einführung kindschaftsrechtlicher Regelungen für gleichgeschlechtliche Paare entschieden. In Norwegen ist seit Anfang 2002 die Stiefkindadoption möglich[29]. In Island wurde die Problematik gleichgeschlechtlicher Paare mit Kindern gesetzlich zunächst insofern berücksichtigt, als der Lebenspartner eines Elternteils mit der Registrierung automatisch gemeinsam sorgeberechtigt und unterhaltspflichtig gegenüber dem Kind wurde, wenn der Elternteil zuvor das alleinige Sorgerecht besessen hatte[30]. Mittlerweile ist aber auch dort die Stiefkindadoption eingeführt worden[31]. In Schweden sind die kindschaftsrechtlichen Regelungen für gleichgeschlechtliche Paare bislang am umfassendsten. Seit Anfang 2003 besteht dort die Möglichkeit der Stiefkindadoption und der gemeinschaftlichen Adoption unter einem weltweit erstmaligen Einschluss auch von ausländischen Kindern[32].

In Großbritannien gab es bisher keine expliziten Regelungen bezüglich homosexueller Elternschaft, und auch die Gerichtspraxis hatte bei Sorgerechtsentscheidungen eine eher negative Einstellung gegenüber homosexuellen Eltern gezeigt[33]. Mit dem Children Act von 2002 hat das Parlament jedoch ein Gesetz verabschiedet, das unverheirateten und damit auch gleichgeschlechtlichen Paaren die gemeinsame Adoption erlaubt und voraussichtlich 2004 in Kraft treten wird[34].

Ein gemeinsames Sorgerecht für gleichgeschlechtliche Paare ist dort aber auch unabhängig von einer Adoption begründbar. Dies ergibt sich aus dem englischen System der „parental responsibility“, welches seit der umfassenden Reform des englischen Kindschaftsrechts mit dem Children Act von 1989 eine Beteiligung sozialer Eltern am Sorgerecht auch ohne Adoption ermöglicht[35]. Das Sorgerecht kann durch einen gerichtlichen „residence order“ nicht nur den rechtlichen El-

---

28 *Boele-Woelki/Schrama*, 51 , 99.

29 Lov om registrert partnerskap, geändert durch Gesetz Nr. 36 v. 15.6.2001, am 1.1.2002 in Kraft getreten; www.odin.dep.no; *Bogdan*, IPRax 2002, 534.

30 *Dopffel/Kötz/Scherpe*, 391 (404 f.); *Fountoulakis*, Neue Zürcher Zeitung, v. 8.12.2001; *Scherpe*, DEuFamR 2000, 32 (34, Fn. 20).

31 *Bogdan*, IPRax 2002, 534.

32 Gesetz v. 5.6.2002, Proposition 2001/02: 123 Partnerskap och adoption, am 1.2.2003 in Kraft getreten; vgl. *Bogdan*, IPRax 2002, 534; SZ v. 6.6.2002: „Europas liberales Aushängeschild – Schwedens Parlament beschließt Adoptionsrecht für Homosexuelle“.

33 *Freeman*, 173 (182 ff.).

34 Sect. 144 (4) b Adoption and Children Act 2002, 2002 Chapter 38; www.hmso.gov.uk; www.stonewall.org. uk.

35 Vgl. *v.Puttkamer*, Stieffamilien, 100.

tern zugesprochen werden, sondern auch allen Personen, die tatsächlich für das Kind sorgen, wie beispielsweise Großeltern, Stiefelternteilen oder nichtehelichen Lebensgefährten[36], und demnach auch homosexuellen Co-Elternteilen. Die Zahl der Sorgerechtsinhaber ist dabei nicht begrenzt, so dass es auch mehr als zwei sein können[37].

Außerhalb von Europa ist eine gemeinsame Adoption durch gleichgeschlechtliche Paare in Kanada mittlerweile in den meisten Provinzen zulässig[38].

In den USA wird die homosexuelle Elternschaft sehr uneinheitlich geregelt. Während in den Staaten Florida und New Hampshire ein generelles Verbot für eine Adoption durch Homosexuelle gilt, ist in vielen anderen Staaten die Einzeladoption und im Staat New Jersey sogar die gemeinschaftliche Fremdadoption durch ein gleichgeschlechtliches Paar erlaubt[39]. Die Stiefkindadoption wird ebenfalls uneinheitlich von den Gerichten in Analogie zu den gesetzlichen Vorschriften teils zugelassen, teils abgelehnt[40].

Der Blick ins Ausland hat gezeigt, dass sich in den letzten Jahren immer mehr Staaten im Interesse des Kindeswohls zur Schaffung von rechtlichen Absicherungsmöglichkeiten speziell für homosexuelle Elternschaft oder allgemein für soziale Elternschaft entschlossen haben.

C. Entgegenstehen des Kindeswohls?

Für die Frage, ob auch in der Bundesrepublik weitergehende kindschaftsrechtliche Regelungen für gleichgeschlechtliche Paare eingeführt werden sollten, ist - wie bereits herausgearbeitet wurde - grundsätzlich das Kindeswohl entscheidend. Es soll daher zunächst überprüft werden, ob ein solches Vorhaben dem Kindeswohl entgegenstünde.

---

[36] *Büttner*, FamRZ 1997, 464 (469); *v.Puttkamer*, Stieffamilien, 100 f.

[37] *Büttner*, FamRZ 1997, 464 (469); *v.Puttkamer*, Stieffamilien, 101.

[38] Vgl. *Merin*, 160 ff.

[39] *Krause*, MPI, 187 (238); *Dopffel/Kötz/Scherpe*, 391 (407).

[40] *Krause*, MPI, 187 (236 ff.); *Dopffel/Kötz/Scherpe*, 391 (407); vgl. z.B. Adoption of Evan, 153 Misc. 2d 844, 583 N.Y.S. 2d 999 (1992), zit. nach: *Krause*, MPI, 187 (237); Adoption of Tammy, 619 N.E.2d 315 (Mass. 1993), zit. nach: *Verschraegen*, FamRZ 2000, 65 (66); *Verschraegen*, DEuFamR 2000, 64 (65). Ausführlich dazu *Verschraegen*, Gleichgeschlechtliche Ehen, 99 ff.

I. Begriff und Bedeutung des Kindeswohls

Eines der grundlegendsten Prinzipien des Kindschaftsrechts ist seine Ausrichtung am Kindeswohl. Über den Schutz des Kindeswohls trägt der Staat das verfassungsrechtliche Wächteramt aus Art. 6 II 2 GG, welches in einem ständigen Spannungsverhältnis zum autonomen Elternrecht aus Art. 6 II 1, III GG steht[41]. Danach sind die Eltern des Kindes zwar grundsätzlich frei in ihrer Entscheidung, wie sie das Kind erziehen wollen[42]. Wenn aber das Kindeswohl gefährdet wird, kann zum Schutz des Kindes in das Elternrecht, das vor allem auch die Pflicht zur Pflege und Erziehung des Kindes beinhaltet, eingegriffen werden, sogar bis hin zum Sorgerechtsentzug gem. §§ 1666 ff. BGB[43].

Das Kindeswohl ist in zahlreichen Vorschriften als gesetzlicher Entscheidungsmaßstab enthalten und muss nach ständiger Rechtsprechung des Bundesverfassungsgerichts bei sämtlichen gerichtlichen Sorgerechtsentscheidungen vorrangig beachtet werden[44].

Die Definition des Kindeswohls gestaltet sich allerdings äußerst schwierig, da es sich dabei um einen unbestimmten Rechtsbegriff handelt[45]. Darunter gefasst wird sowohl das körperliche, geistige als auch seelische Wohlbefinden des Kindes, wobei eine genaue Trennung dieser Bereiche nicht möglich und auch nicht erforderlich ist. Es kommt auf eine umfassende Beachtung aller für das Wohl des Kindes wichtigen Faktoren an[46]. Des Weiteren beinhaltet das Kindeswohlprinzip den Grundsatz, dass die Interessen des Kindes vor den Interessen aller anderen Beteiligten zu werten sind[47]. Einigkeit besteht auch über die Wichtigkeit von Kontinuität und Stabilität im Verhältnis zu den Bezugspersonen des Kindes[48].

Eine darüber hinausgehende Beurteilung, welche Bedingungen im Einzelnen jeweils förderlich bzw. nachteilig für das Kindeswohl sind, stellt sich aber weniger als ein juristisches Problem, denn als eines der Psychologie bzw. der Sozialwissenschaften dar[49].

---

41 *Schlüter*, FamR, Rn. 400.
42 *Schlüter*, FamR, Rn. 6.
43 *Staudinger/Coester*, § 1666, Rn. 3; *Schlüter*, FamR, Rn. 400 ff..
44 BVerfG, NJW 1982, 1379 ff.; BVerfG, NJW 1983, 101 ff.; BVerfG, NJW 1985, 423 (424).
45 Ausführlich dazu *Coester*, Das Kindeswohl als Rechtsbegriff, 1 ff.; 134 ff.
46 *Palandt/Diederichsen*, § 1666, Rn. 15; *Staudinger/Coester*, § 1666, Rn. 67.
47 *Coester*, Das Kindeswohl als Rechtsbegriff, 204 ff.; *Staudinger/Coester*, § 1666, Rn. 64.
48 *Coester*, Das Kindeswohl als Rechtsbegriff, 176 ff.; MüKo/*Olzen*, § 1666, Rn. 44; *Staudinger/Coester*, § 1666, Rn. 68.
49 Vgl. auch *Staudinger/Coester*, § 1666, Rn. 69.

II. Gefährdung durch Aufwachsen in gleichgeschlechtlicher Partnerschaft?

Die Diskussion um die Schaffung weitergehender kindschaftsrechtlicher Regelungen für gleichgeschlechtliche Paare mit Kindern knüpft immer wieder an die Fragestellung an, inwieweit Kinder in ihrer Entwicklung Schaden nehmen könnten, wenn sie in solchen Gemeinschaften aufwachsen. Um das Vorliegen einer Kindeswohlgefährdung zu bestimmen, sind angesichts der beschriebenen Definitionsprobleme von juristischer Seite psychologische und sozialwissenschaftliche Studien von zentraler Bedeutung.

Befürworter weitergehender Regelungen berufen sich auf Forschungsergebnisse, wonach keine Unterschiede in der Entwicklung zu Kindern aus heterosexuellen Gemeinschaften zu verzeichnen seien. Gegner hingegen zweifeln die Aussagekraft der vorliegenden Studien an und stützen ihre ablehnende Haltung auf befürchtete Risiken für das Kindeswohl.

Diese zum Teil äußerst emotional geführte und von Moralvorstellungen bestimmte Diskussion verstellt jedoch den Blick darauf, dass die Frage im Grunde falsch gestellt ist.

Es kann nicht darum gehen zu beurteilen, inwieweit es für Kinder wünschenswert ist, in homosexuellen Gemeinschaften aufzuwachsen, da solche Konstellationen in der Realität bereits bestehen und nicht erst durch eine Verrechtlichung geschaffen bzw. durch eine Nichtregelung der Materie verhindert werden. Selbst wenn sich herausstellte, dass ein Risiko für die Entwicklung der betroffenen Kinder bestünde, ließe sich die Tatsache, dass Kinder dennoch in homosexuellen Gemeinschaften aufwachsen, ohnehin nicht unterbinden, da eine Einflussnahme auf diesen Bereich nicht möglich ist[50].

Homosexuelle Menschen werden also auch in Zukunft Kinder bekommen und weiterhin mit diesen Kindern in gleichgeschlechtlichen Gemeinschaften leben, unabhängig von den aus den Studien gewonnenen Ergebnissen.

---

[50] Die einzige hypothetische Möglichkeit zur „Eindämmung" solcher Konstellationen wäre ein Ausschluss des Einzeladoptionsrechts und der Sorgerechtszuweisung bei festgestellter Homosexualität. Dies führte aber letztlich nur zu einer noch weniger „wünschenswerten" Verheimlichungstaktik. Der beispielsweise im Vorentwurf Niedersachsens zu einer „eingetragenen gleichgeschlechtlichen Lebensgemeinschaft" (vgl. dazu *Steinmeister*, ZRP 1996, 214 (216)) vorgesehene Ausschluss des Einzeladoptionsrechts für Lebenspartner - ein nicht zu verheimlichender Umstand - hätte lediglich zur Folge, dass adoptionswillige Personen dann eben keine Lebenspartnerschaften mehr begründen würden, wobei der Einzeladoption neben den anderen Möglichkeiten homosexueller Elternschaft ohnehin nur eine sehr geringe praktische Relevanz zukommt, siehe oben 2. Kap. B. II. Sonstige homosexuelle Elternschaft.

Das Recht hat nach allgemeiner Ansicht im Interesse der betroffenen Kinder auf die Realität zu reagieren, und das unabhängig von der rechtlichen Zulässigkeit der Zeugungsmethode und einer ethischen Bewertung[51]. Daher muss die zu beurteilende Frage stattdessen lauten, inwieweit kindschaftsrechtliche Regelungen dem Wohl von Kindern dienen, die - ob allgemein wünschenswert oder nicht - tatsächlich in gleichgeschlechtlichen Lebensgemeinschaften aufwachsen.

Die Untersuchung der Frage, ob Kinder in gleichgeschlechtlichen Beziehungen Schaden in ihrer Entwicklung nehmen könnten, stellt sich auch unter einem zweiten Gesichtspunkt als problematisch dar. Inwieweit das Leben eines solchen Kindes „wünschenswert“ ist, entzieht sich im Hinblick auf den grundsätzlichen Wert menschlichen Lebens jeder Beurteilung[52]. Zudem ist es überhaupt bedenklich, verallgemeinernde Prognosen bezüglich der Entwicklungschancen solcher Kinder zu treffen und dabei die Individualität ihrer Persönlichkeit und ihrer Familienbeziehungen unberücksichtigt zu lassen.

Trotz der genannten Kritik an der Fragestellung sollen wegen des verbreiteten Interesses die Forschungsergebnisse zu diesem Thema aber nicht unterschlagen werden.

1. Vorbemerkungen zu den Forschungsergebnissen

Die Studien beschäftigen sich mit der Überprüfung der befürchteten Nachteile, die sich im Wesentlichen in drei unterschiedlichen Bereichen ansiedeln[53]. Zum einen wird die Erziehungsfähigkeit homosexueller Eltern generell angezweifelt, weil diese zu psychischer Krankheit oder Labilität neigten, einen promiskuitiven Lebensstil führten und häufiger als Heterosexuelle ihre Kinder sexuell missbrauchten. Des Weiteren wird befürchtet, dass die Kinder durch das Aufwachsen bei homosexuellen Eltern Entwicklungsstörungen und psychische Schäden erlitten, dass sie insbesondere mit der Entwicklung ihrer Geschlechtsidentität Schwierigkeiten hätten und später häufiger als Kinder, die bei Heterosexuellen aufwachsen, selbst homosexuell würden. Außerdem werden Probleme der Kin-

---

[51] Diese Argumentation wird auch bei der künstlichen Fortpflanzung heterosexueller Paare herangezogen, um einen trotz ungeklärter Zulässigkeit oder gar angenommener Unzulässigkeit dennoch bestehenden zivilrechtlichen Regelungebedarf zu begründen, vgl. etwa *Coester-Waltjen*, FamRZ 1992, 369 (370, 373); BR-Drs. 369/99, 8 f.; MüKo/*Seidel*, § 1591, Rn. 18; *Schwab*, FamR, Rn. 487; BT-Drs. 14/2096, 7; *Quantius*, FamRZ 1998, 1145 (1146); BT-Drs. 13/4899, 82 f. als Begründung für die Regelung der Mutterschaftszuordnung bei einer im Inland verbotenen Leihmutterschaft.

[52] Ähnlich *v.Münch/Kunig/Coester-Waltjen*, Art. 6, Rn. 32.

[53] Vgl. zu den Befürchtungen *Vonholt*, 117 ff.; *Wardle*, University of Illinois Law Review, 1997, 833 ff..

der in ihrem sozialen Umfeld erwartet, da es ihnen Schwierigkeiten bereiten würde, soziale Beziehungen aufzubauen, und sie vermehrt Diskriminierungen und Anfeindungen ausgesetzt wären, was schließlich zu sozialer Isolation der Kinder führen könnte.

Es sei direkt vorweggenommen, dass die genannten Befürchtungen bis auf eine in der Tat bestehende Stigmatisierungsgefahr jeglicher wissenschaftlicher Grundlage entbehren[54]. Obwohl den Studien, die zu solchen Ergebnissen gelangen, von der American Psychological Association und der American Sociological Association unlauteres, ideologisch gefärbtes Arbeiten vorgeworfen wird[55], werden sie von den Gegnern zur Begründung ihrer ablehnenden Haltung gegenüber homosexueller Elternschaft - in der Regel ebenso unwissenschaftlich - zitiert[56].

Daneben gibt es eine große Vielzahl an Studien, die zum gegenteiligen Ergebnis gelangen. Zusammenfassend sind danach zwischen Kindern aus homosexuellen und heterosexuellen Familien keine wesentlichen Unterschiede im Hinblick auf die intellektuelle, emotionale und soziale Entwicklung, auf die sexuelle Orientierung und das Geschlechtsrollenverhalten, auf das Selbstkonzept der Kinder,

---

[54] *Stacey/Biblarz*, American Sociological Review, 2001, Vol. 66, 159 (161); *Eggen*, FR v. 6.3.2002; *Eggen*, Praxis der Rechtspsychologie 13 (1), März 2003, 25 (30); *Dopffel/Kötz/Scherpe*, 391 (408); *Holzhauer*, JZ 2000, 1076 (1083); *Schomburg*, Kind-Prax 2001, 103.

[55] Vgl. *Eggen*, FR v. 6.3.2002. Insbesondere wurde Paul Cameron wegen seiner beiden Studien *Cameron/Cameron*, Adolescence, 1996, Vol. 31, 757 ff. sowie *Cameron/Cameron/Landess*, Psychological Reports, 1996, Vol. 79, 383 ff. von der American Psychological Association ausgeschlossen. Zudem hat ihm auch die American Sociological Association vorsätzliche Falschdarstellung von Forschungsergebnissen vorgeworfen, vgl. *Stacey/Biblarz*, American Sociological Review, 2001, Vol. 66, 159 (161).

[56] Beispielsweise bezieht sich *Vonholt* zur Begründung einer Gefahr für das Kindeswohl durch homosexuelle Elternschaft auf die Studie *Cameron/Cameron*, Adolescence, 1996, Vol. 31, 757 ff., um „dem aus der Studie erwachsenden Vorwurf der sexuellen Belästigung besonderes Gewicht zu verleihen", und dieses, obwohl selbst *Vonholt* zugibt, dass es sich dabei um keine repräsentative Studie handelt. Es wird aus der Studie zitiert, „dass 35 % der Kinder von homosexuell lebenden Vätern oder Müttern sich als Erwachsene als homosexuell und weitere 12 % sich als „nicht exklusiv heterosexuell" bezeichneten. 29 % dieser Erwachsenen gab an, im Kindes- oder Jugendalter von ihrem homosexuellen Elternteil sexuell belästigt worden zu sein, in der Vergleichsgruppe gaben dies nur 0,6 % an." Diese Zahlen suggerieren eine wesentlich erhöhte Gefahr für Kinder homosexueller Eltern, von diesen sexuell missbraucht zu werden. Bei genauerem Nachrechnen erweist sich dieser Vorwurf jedoch als unhaltbar: die Stichprobe umfasste insgesamt nur 17 Kinder homosexueller Eltern, von denen sich 47 %, also 8 Personen später selbst als homosexuell oder nicht exklusiv heterosexuell bezeichneten. Davon wiederum beträgt der Anteil an Missbrauchsfällen mit 29 % rechnerisch nur 2,3 Personen, eine absolut unrepräsentative Zahl, die angesichts der Kommastelle zudem gar nicht stimmen kann und den Verdacht ideologisch motivierter Ergebnisfälschung erhärtet - mit Blick auf das christliche Anliegen der Autorin eine mehr als zweifelhafte Methode, vgl. *Vonholt*, 117 (120 f.).

ihre moralische Entwicklung, ihre sozialen Beziehungen und ihre Anfälligkeit für psychische Störungen feststellbar[57].

Aber auch diese Studien werden zum Teil in Zweifel gezogen. So wird kritisiert, dass sie nicht aus Deutschland stammen, sondern bislang nur im angloamerikanischen Raum durchgeführt wurden[58]. Da die dortigen gesellschaftlichen Rahmenbedingungen aber im Wesentlichen mit denen Deutschlands übereinstimmen, was die geschlechtsspezifische Rollenverteilung, das gesellschaftlich vorherrschende Familienbild, die Moralvorstellungen und die nur begrenzte Akzeptanz von Homosexualität angeht, können die Ergebnisse weitestgehend auf Deutschland übertragen werden[59]. Problematisch ist jedoch die Methodik einiger Studien. Die Anzahl der Stichproben ist oft nicht sehr groß, ihre Gewinnung ist meist nicht nach dem Zufallsprinzip, sondern durch gezielte Ansprache erfolgt[60], und die gezogenen Schlussfolgerungen werden teilweise von der Intention gefärbt, die Gleichwertigkeit homosexueller Elternschaft zu beweisen[61].

Wegen der vorhandenen methodischen Mängel hat daher eine aktuelle Untersuchung die 21 aussagekräftigsten Studien zu diesem Thema erneut begutachtet und die darin enthaltenen wissenschaftlich begründeten Ergebnisse zusammengestellt[62]. Auf diese Ergebnisse stützt sich im Wesentlichen die folgende Darstellung.

Dabei sollte insgesamt berücksichtigt werden, dass Unterschiede zwischen Kindern gleichgeschlechtlicher und verschiedengeschlechtlicher Eltern nicht zwangsläufig auf eine ungleiche Wertigkeit in der Entwicklung schließen lassen. Ein Unterschied sollte zunächst einmal wertfrei betrachtet werden[63]. Dazu ist Voraussetzung, von der idealisierten Vater-Mutter-Kind-Familie zu abstrahieren und bereit zu sein, den vorurteilsfreien Blick auf eine andere, aber nicht zwangsläufig schlechtere Familienform zu richten.

Zu beachten ist ferner, dass es insgesamt schwierig ist, solche Vergleiche zu führen, da die sexuelle Orientierung nur einen kleinen Bestandteil einer komple-

---

[57] *Stacey/Biblarz*, American Sociological Review, 2001, Vol. 66, 159 (160); *Rauchfleisch*, Alternative Familienformen, 75 ff.; *Muscheler*, Rn 171; *Schomburg*, Kind-Prax 2001, 103 f.; *Schöttler*, 11 (13); *Burgert/Lähnemann*, 31 (33f.); *Dethloff*, NJW 2001, 2598 (2602 f.).

[58] *Fthenakis*, 351 (357, 388).

[59] *Lähnemann*, 34, Fn. 38; *Gollner*, 36.

[60] *Stacey/Biblarz*, American Sociological Review, 2001, Vol. 66, 159 (166); *Fthenakis*, 351 (388).

[61] *Stacey/Biblarz*, American Sociological Review, 2001, Vol. 66, 159 (162 f.); *Eggen*, FR v. 6.3.2002; *Vonholt*, 117 f.

[62] Vgl. *Stacey/Biblarz*, American Sociological Review, 2001, Vol. 66, 159 (167 ff.).

[63] So auch *Stacey/Biblarz*, American Sociological Review, 2001, Vol. 66, 159 (162); *Eggen*, Praxis der Rechtspsychologie 13 (1), März 2003, 25 (31); *Eggen*, FR v. 6.3.2002.

xen Persönlichkeit bildet und die Auswirkung speziell dieses Faktors auf das Kind daher schwer zu isolieren ist.

2. Erziehungsfähigkeit der Eltern

Die Befürchtung, Homosexuelle seien grundsätzlich unfähig, Kinder zu erziehen, lässt sich als unbegründet widerlegen, ohne dass wissenschaftliche Studien hinzugezogen werden müssten. Die sexuelle Orientierung vermag keinen Aufschluss über die jeweilige Persönlichkeit eines Menschen oder seine jeweiligen Fähigkeiten und Charaktereigenschaften zu liefern. Aus ihr können somit auch keine sinnvollen verallgemeinerungsfähigen Schlussfolgerungen bezüglich der Eignung zur Kindeserziehung gezogen werden. Entscheidend sind vielmehr die persönlichen Eigenschaften des jeweiligen Menschen unabhängig von seiner sexuellen Orientierung, so dass Homosexuelle genauso erziehungsfähig bzw. erziehungsunfähig wie Heterosexuelle sind[64]. Eine generelle Erziehungsunfähigkeit aufgrund von Homosexualität wird daher heute selbst von den Gegnern nicht mehr ernsthaft behauptet[65]. Es wird aber dennoch eine erhöhte Gefahr für das Kindeswohl durch homosexuelle Eltern befürchtet[66].

a) Erziehungsverhalten

So werden durch das Erziehungsverhalten homosexueller Eltern Nachteile für die Kindesentwicklung erwartet. Lesbischen Frauen wird dabei unterstellt, dass es ihnen durch ihr angeblich stark maskulines Verhalten an Mütterlichkeit mangele und sie aufgrund ihrer angeblichen Selbstzentriertheit der Auslebung ihrer Sexualität und Partnerschaft eine größere Bedeutung beimäßen als dem Wohle ihrer Kinder[67]. Zudem hegten sie verbreitet einen Hass auf Männer, hetzten ihre Kinder gegen diese auf und hielten sie von ihnen fern[68]. Auch schwule Väter werden für inkompetent gehalten. Ihnen wird insbesondere das Verantwortungsbewusstsein für ihre Kinder abgestritten und eine Angst vor Frauen unterstellt, die sie dazu veranlasse, die Kinder weiblichen Einflüssen zu entziehen. Zu diesen Befürchtungen lässt sich Folgendes sagen:

---

64 *Kentler*, 147 f.; *Muscheler*, Rn 171.

65 Vgl. beispielsweise die Antwort der Bundesregierung (CDU) auf die Kleine Anfrage zur Homosexualität bei Erziehungspersonen, BT-Drs. 11 / 5412, 2.

66 *Vonholt*, 117 ff.; *Amendt*, FAZ v. 8.11.2002, 8.

67 Vgl. dazu *Fthenakis*, 351 (373); *Rauchfleisch*, Alternative Familienformen, 45 f.

68 Ausführlich so dargestellt von *Amendt*, FAZ 8.11.2002, 8.

Es ist ein nicht haltbares Vorurteil, dass homosexuelle Menschen Angehörige des jeweils anderen Geschlechts hassen oder meiden würden. Im Gegenteil haben Lesben und Schwule häufig intensive Freundschaften zu Angehörigen des anderen Geschlechts, gerade weil die sexuelle Komponente fehlt, die sich bei Freundschaften zwischen heterosexuellen Männern und Frauen oft als störend auswirkt[69]. Homosexuelle sind zudem laut Untersuchungen im stärkeren Maße als heterosexuelle Alleinerziehende darum bemüht, ihrem Kind den Kontakt zu einer gegengeschlechtlichen Bezugsperson zu ermöglichen[70]. Auch ein übermäßiges gegengeschlechtliches Verhalten homosexueller Menschen konnte nicht festgestellt werden[71].

Was den Erziehungsstil anbelangt, so verhalten sich auch homosexuelle Eltern liebevoll, verantwortungsvoll und kindorientiert[72]. Nach den Forschungsergebnissen zeichnet sich ihr Erziehungsstil durch eine gegenüber Heterosexuellen oft bewusster gestaltete Elternschaft aus. Angesichts der Tatsache, dass sie wegen der genannten Vorbehalte bezüglich ihres Erziehungsverhaltens von ihrer Umgebung misstrauisch beobachtet werden, achten sie besonders auf dieses[73].

Ein weiterer Unterschied besteht in einer gleichmäßigeren Arbeitsverteilung der elterlichen Pflichten[74]. So nimmt eine lesbische Co-Mutter in der Regel mehr an der Erziehung des Kindes teil und verbringt mehr Zeit mit ihm als ein heterosexueller Vater oder Stiefvater[75]. Auch bei schwulen Vätern und deren Partnern wurde eine solche partnerschaftlichere, ausgewogenere Aufteilung der kind- und haushaltsbezogenen Aufgaben gegenüber der heterosexuellen Vergleichsgruppe festgestellt und von einer dadurch bedingten statistisch größeren Zufriedenheit der Paare berichtet[76].

Diese Unterschiede im Erziehungsstil haben ihre Ursache allerdings weniger in der sexuellen Orientierung als in der gesellschaftstypischen Rollenverteilung zwischen Mann und Frau[77]. Eine solche an das Geschlecht geknüpfte Aufgabenverteilung kann bei gleichgeschlechtlichen Paaren logischerweise keine gesellschaftliche Vorgabe bilden, so dass die Aufteilung stattdessen in der Regel gleichberechtigt mit Rücksicht auf die individuellen Fähigkeiten und Interessen

---

[69] *Kentler*, 156 f.; *Fthenakis*, 351 (375).

[70] Vgl. *Fthenakis*, 351 (370 f.; 375); *Stacey/Biblarz*, American Sociological Review, 2001, Vol. 66, 159 (173); *Lähnemann*, 23 f.; *Dimski*, ZEuP 1995, 465 (472 f.).

[71] *Fthenakis*, 351 (374); *Rauchfleisch*, Alternative Familienformen, 45 ff.

[72] *Stacey/Biblarz*, American Sociological Review, 2001, Vol. 66, 159 (172 ff.); *Fthenakis*, 351 (372 ff.).

[73] *Fthenakis*, 351 (372).

[74] *Stacey/Biblarz*, American Sociological Review, 2001, Vol. 66, 159 (173 f.); *Fthenakis*, 351 (378).

[75] *Fthenakis*, 351 (379).

[76] *Fthenakis*, 351 (369).

[77] So auch *Stacey/Biblarz*, American Sociological Review, 2001, Vol. 66, 159 (175).

des jeweiligen Partners erfolgt[78]. Genau diese Abweichung von der gesellschaftstypischen Rollenverteilung ist überhaupt der Ursprung der seit Jahrhunderten bestehenden Vorurteile gegenüber Homosexuellen, da diese durch die so in Frage gestellten gesellschaftlichen Normen Verunsicherung, Ängste und Abneigung auslösen[79]. Für das Kind kann eine stärkere Beteiligung der zweiten Bezugsperson aber nur vorteilhaft sein. Es sind daher insgesamt keine für das Kind nachteiligen Abweichungen gegenüber dem Erziehungsverhalten Heterosexueller feststellbar[80].

b) Psychische Erkrankung

Die Vorstellung, Homosexualität sei eine psychische Krankheit, hat bereits eine lange Geschichte[81]. In den Jahren 1952 und 1968 erhielt sie durch die Nennung im Diagnostischen und Statistischen Manual psychischer Störungen der American Psychiatric Association auch den offiziellen Status einer mentalen Krankheit[82]. Obwohl sie aber 1973 aus dem Manual wieder entfernt und 1993 durch die Weltgesundheitsorganisation WHO von der Liste der Krankheiten gestrichen wurde[83], hält sich diese Vorstellung als Vorurteil weiterhin in vielen Köpfen[84]. Gerade bei dem Thema homosexuelle Elternschaft werden Gefahren für das Kindeswohl durch psychische Labilität, Krankheit und Persönlichkeitsstörung befürchtet[85]. Für derartige psychische Defizite bei homosexuellen Eltern liegen jedoch keine wissenschaftlichen Nachweise vor[86]. In den dazu durchgeführten Studien zeigte sich gegenüber der heterosexuellen Vergleichsgruppe stattdessen ein statistisch höheres Niveau an psychischer Gesundheit[87].

---

[78] *Buba/Vaskovics*, 80 ff.
[79] Vgl. 1. Kap. C. Historischer Überblick.
[80] *Stacey/Biblarz*, American Sociological Review, 2001, Vol. 66, 159 (172 ff.); *Fthenakis*, 351 (374); *Schomburg*, Kind-Prax 2001, 103 (104); *Dethloff*, NJW 2001, 2598 (2602).
[81] Vgl. 1. Kap. C. Historischen Überblick.
[82] *Fthenakis*, 351 (361).
[83] Vgl. *Bosinski*, 9 (13); *Fthenakis*, 351 (362); *Dannecker*, 335 (341).
[84] *Geis*, 27 (30); vgl. auch *Amendt*, FAZ v. 8.11.2002, 8.
[85] *Vonholt*, 117 (123); *Wardle*, University of Illinois Law Review, 1997, 833 ff.; *Amendt*, FAZ v. 8.11.2002, 8.
[86] *Stacey/Biblarz*, American Sociological Review, 2001, Vol. 66, 159 (174 f.); *Fthenakis*, 351 (375 f.).
[87] *Stacey/Biblarz*, American Sociological Review, 2001, Vol. 66, 159 (174 f.); *Fthenakis*, 351 (375).

c) Instabile Beziehungen

Während die Monogamie lesbischer Beziehungen grundsätzlich nicht angezweifelt wird, sind homosexuelle Männer dem weitverbreiteten Vorurteil der Promiskuität ausgesetzt[88]. Da die Beziehungen homosexueller Männer im Vergleich zu heterosexuellen deutlich weniger monogam geführt würden und von größerer Instabilität gekennzeichnet seien, wird vielfach eine Gefahr für dort aufwachsende Kinder befürchtet[89]. Die dazu veröffentlichten Zahlen zeigen zwar in der Tat ein erhöhtes Vorkommen an Sexualpartnerwechseln bei homosexuellen Männern im Vergleich zu verheirateten heterosexuellen Männern[90]. Die Gegenüberstellung der spezifizierten Gruppe verheirateter Heterosexueller einerseits und der Gruppe der Homosexuellen im Allgemeinen andererseits ohne Rücksicht auf deren jeweiliges Lebensalter und die jeweils unterschiedlichen Lebenssituationen ist jedoch für einen Vergleich untauglich. Für ein aussagekräftiges Ergebnis in der hier interessierenden Frage nach der Kindeswohlgefährdung hätte stattdessen die Gruppe der verheirateten Männer mit Kindern und die Gruppe der verpartnerten Männer mit Kindern verglichen werden müssen, da allgemein bekannt ist, dass gerade Faktoren wie eine verrechtlichte Beziehung und das Vorhandensein von Kindern wesentlich zum Zusammenhalt von Paaren beitragen[91]. So wie auf der einen Seite auch heterosexuelle Männer in anderen Lebenssituationen - besonders in jüngeren Jahren - erheblich weniger monogam leben und weniger stabile Beziehungen führen, sind auf der anderen Seite auch die Beziehungen von homosexuellen Männern, die in einer eingetragenen Lebenspartnerschaft mit Kind leben, durch die Verrechtlichung und die Verantwortung für das Kind deutlich stabiler, als es die Zahlen der undifferenzierten Untersuchungen nahe legen[92]. Daraus kann also keine zu befürchtende Gefahr für das Kindeswohl abgelesen werden.

Angesichts der enorm hohen Scheidungsrate von ca. 36 % stellt zudem auch eine Ehe schon lange keinen Garanten mehr für eine stabile und monogame Beziehung dar[93].

---

[88] *Rauchfleisch*, Alternative Familienformen, 55; *Dannecker*, 335 (343); *Muscheler*, Rn. 34. Vgl. dazu schon oben 3. Kap. B. III. 3. b) bb) (3) Polygame Lebensgemeinschaften.

[89] So *Vonholt*, 117 (122); *Holzhauer*, JZ 2000, 1076 (1083).

[90] Vgl. *Vonholt*, 117 (122); *Dannecker*, 335 (343 ff.); *Kentler*, 85 ff.

[91] *Kemper*, FPR 2001, 449 (454); MüKo/*Wolf*, Vor § 1564, Rn. 38.

[92] *Rauchfleisch*, Alternative Familienformen, 56; *Kentler*, 86 f.; *Bosinski*, 9 (14 f.).

[93] So auch *Kentler*, 87; *Gaaz*, FPR 2002, 125. Vgl. dazu Statistisches Jahrbuch 2001, 77: Im Jahr 1999 kamen auf 10.000 Ehen 3.621 Scheidungen.

d) Sexueller Missbrauch

Ein besonders schlagkräftiges, weil emotional hochbesetztes Vorurteil gegenüber homosexueller Elternschaft stellt die Befürchtung dar, Kinder in homosexuellen Partnerschaften seien einer erhöhten Gefahr des sexuellen Missbrauchs ausgesetzt[94]. Dieses Vorurteil wird durch eine häufige Verwechslung der beiden Begriffe „Pädophilie"[95] und „Homosexualität" begünstigt[96]. Zum Teil hat es den Anschein, als würde das Wort „Homophilie" von den Gegnern mit Vorliebe verwendet, um gerade eine derartige Assoziation auszulösen[97].

Die angeführten Untersuchungen[98] können jedoch, wie oben schon beschrieben[99], nicht als seriös bezeichnet werden. Tatsächlich entbehren derartige Behauptungen jeglicher wissenschaftlicher Grundlage[100]. Da sexueller Missbrauch in über 90 % der Fälle von heterosexuellen Männern an Mädchen begangen wird, stellen schwule Männer für ein Kind kein erhöhtes Risiko dar[101]. Fälle des sexuellen Missbrauchs durch Frauen an Kindern jeglichen Geschlechts kommen zudem nur äußerst selten vor[102], so dass die Gefahr für Kinder, von ihren Eltern sexuell missbraucht zu werden, bei lesbischen Paaren statistisch gesehen am geringsten ist.

3. Entwicklung des Kindes

Durch das Aufwachsen bei homosexuellen Eltern werden verbreitet auch Störungen in der psychischen Entwicklung der Kinder befürchtet. Es konnten jedoch keine signifikanten Unterschiede hinsichtlich der Intelligenz, der kognitiven Fähigkeiten, des Selbstkonzeptes, der emotionalen und sozialen Entwicklung, des psychischen Wohlbefindens sowie der Anfälligkeit für psychische Störungen bei den betroffenen Kindern gegenüber der von heterosexuellen Eltern

---

94 So z.B. *Braun*, JZ 2002, 23 (29); *Vonholt*, 117 (120 f.).

95 Pädophilie beschreibt den auf Kinder gerichteten Sexualtrieb Erwachsener, wobei die sexuelle Orientierung keine Rolle spielt.

96 *Fthenakis*, 351 (380).

97 So z.B. *Braun*, JZ 2002, 23 (29). Auch *Amendt* scheint es auf eine derartige Assoziation anzulegen, da er im Zusammenhang mit homosexueller Elternschaft wiederholt auf Pädophilie anspielt, FAZ v. 8.11.2002, 8.

98 *Cameron/Cameron*, Adolescence, 1996, Vol. 31, 757 ff.; *Vonholt*, 117 (120 f.).

99 Vgl. oben 4. Kap. C. II. 1. Vorbemerkungen zu den Forschungsergebnissen.

100 *Stacey/Biblarz*, American Sociological Review, 2001, Vol. 66, 159 (161).

101 *Fthenakis*, 351 (380); *Rauchfleisch*, Alternative Lebensformen, 54 f.

102 Nicht einmal ein einziger Fall ist in den Untersuchungen bekannt geworden, vgl. *Fthenakis*, 351 (380); *Rauchfleisch*, Alternative Familienformen, 54.

erzogenen Vergleichsgruppe festgestellt werden[103]. Die Studien zeigen außerdem bei Kindern homosexueller Eltern ein statistisch erhöhtes Maß an Einfühlungsvermögen, Toleranz und sozialer Kompetenz[104]. Dennoch wird in der homosexuellen Orientierung der Eltern eine Gefahr für die kindliche Entwicklung gesehen, da diese bei den Kindern insbesondere die normale Entwicklung ihrer sexuellen Identität, ihrer sexuellen Orientierung und ihres Geschlechtsrollenverhaltens verunsichern und stören würde[105].

a) Geschlechtsidentität

Es wird befürchtet, dass Kinder, die bei Homosexuellen aufwachsen, in der Entwicklung einer ihrem körperlichen Geschlecht entsprechenden Geschlechtsidentität gestört werden könnten. Da sich aber Homosexuelle anders als Transsexuelle mit ihrem körperlichen Geschlecht identifizieren, sich also Lesben als Frauen und Schwule als Männer fühlen, kann daraus keine Verunsicherung der Kinder bezüglich ihrer Geschlechtsidentität hervorgerufen werden[106]. Untersuchungen zufolge werden nicht einmal Kinder transsexueller Eltern, bei denen die Geschlechtsidentität vom körperlichen Geschlecht abweicht, in der Entwicklung ihrer eigenen Geschlechtsidentität verunsichert[107].

b) Sexuelle Orientierung

Vielfach wird die Befürchtung ausgesprochen, Kinder, die in homosexuellen Gemeinschaften aufwachsen, könnten selbst auch homosexuell werden[108]. Diese Befürchtung ist insofern schon bedenklich, als sie impliziert, dass Homosexualität ein zu vermeidendes Übel sei, und unterstellt, dass auch Homosexuelle selbst unter ihrer sexuellen Orientierung leiden würden. Wenn homosexuelle Men-

---

103 *Stacey/Biblarz*, American Sociological Review, 2001, Vol. 66, 159 (171 f.); *Fthenakis*, 351 (376); *Rauchfleisch*, Alternative Familienformen, 75 ff.; *Muscheler*, Rn 171; *Dethloff*, NJW 2001, 2598 (2602 f.); *Schomburg*, Kind-Prax 2001, 103 (104); *Schöttler*, 11 (13); *Burgert/Lähnemann*, 31 (33f.).

104 *Stacey/Biblarz*, American Sociological Review, 2001, Vol. 66, 159 (169, 171 f.); *Fthenakis*, 351 (375); *Rauchfleisch*, Alternative Familienformen, 79.

105 Vgl. beispielsweise *Vonholt*, 117 ff.

106 *Stacey/Biblarz*, American Sociological Review, 2001, Vol. 66, 159 (169); *Rauchfleisch*, Alternative Familienformen, 48 f.; *Lähnemann*, 25.

107 *Kentler*, 130 f., 159.

108 *Wacke*, FamRZ 1990, 347 (349): „Könnte die gleichgeschlechtliche Neigung nicht auf die Kinderseele abfärben?“.

schen mit Schwierigkeiten zu kämpfen haben, dann in der Regel nicht wegen ihrer sexuellen Orientierung, sondern wegen der damit verbundenen Reaktionen ihrer Umwelt, die sich auch besonders deutlich in solchen Meinungen widerspiegeln[109].

Was die Berechtigung der genannten Befürchtung anbelangt, so muss man zur Beurteilung dieser Frage zunächst die Ursachen von Homosexualität kennen. Der Annahme, es bestünde eine Gefahr für Kinder, durch die homosexuelle Orientierung ihrer Eltern in ihrer eigenen sexuellen Orientierung beeinflusst zu werden, liegt ein weit verbreiteter Glaube an die sogenannte Verführungstheorie[110] zugrunde. Danach würden Jugendliche, die sich in der sexuellen Orientierungsphase befänden, durch die homosexuelle Orientierung ihrer Eltern stark verunsichert und dem gesteigerten Risiko ausgesetzt, das vorgelebte homosexuelle Verhalten zu erlernen und schließlich zu übernehmen. Insbesondere eine homosexuelle Verführung, die durch homosexuelle Bekannte der Eltern oder durch die Eltern selbst leicht vorkommen könnte - eine eng mit dem Vorurteil des sexuellen Missbrauchs verknüpfte Behauptung[111] -, berge die Gefahr einer dauerhaften „Fehlprägung des sexuellen Empfindens" in sich[112].

Diese Theorie der Verführung zur Homosexualität ist wissenschaftlich jedoch längst nicht mehr haltbar[113]. Es ist zwar trotz vielfältiger Untersuchungen bisher nicht gelungen, die Ursachen von Homosexualität festzustellen. Rein biologische Ursachen wie Hormone, Gene oder Hirnstruktur konnten nicht überzeugend nachgewiesen werden[114]. Ebenso wenig konnte bisher aus psychoanalytischer Sicht ein Familienmuster ausgemacht werden, dass homosexuelle Kinder hervorbrächte[115]. Sicher ist jedoch, dass die Entwicklung der sexuellen Orientierung nicht durch Verführung geprägt werden kann und unabhängig von der Einstellung und dem Verhalten der Eltern des Kindes ist[116]. Ansonsten ließe sich auch nicht erklären, wieso das Phänomen der Homosexualität überhaupt existiert, da dieses von heterosexuellen Eltern, bei denen homosexuelle Menschen in der Regel aufgewachsen sind, nicht erlernt worden sein kann. Schon allein deshalb kann es keinen Zusammenhang zwischen der sexuellen Orientierung der Kinder und der Eltern geben. Unterschätzt wird zudem der Einfluss, welchen

---

109 So auch *Bosinski*, 9 (13).

110 *Braun*, JZ 2002, 23 (27); BVerfGE 6, 389 (427); *Wacke*, FamRZ 1990, 347 (349). Vgl. dazu schon oben 1. Kap. C. Historischer Überblick.

111 Vgl. oben 4. Kap. C. II. 2. d) Sexueller Missbrauch.

112 BVerfGE 6, 389 (427); *Braun*, JZ 2002, 23 (27).

113 *Bosinski*, 9 (12 f.); *Bell/Weinberg/Hammersmith*, 251; *Rauchfleisch*, Alternative Familienformen, 53 f.; *Kentler*, 95 ff.

114 *Dannecker*, 335 (339 f.); *Fthenakis*, 351 (381).

115 *Fthenakis*, 351 (384); *Kentler*, 93 f.; *Bell/Weinberg/Hammersmith*, 214 ff.

116 *Fthenakis*, 351 (381 f., 384); *Kentler*, 95 ff.

neben den Eltern auch Umwelt, Schule, Freunde, Lehrer und besonders die Medien auf das Kind ausüben[117].

Zu diesem Ergebnis gelangen auch die dazu zahlreich durchgeführten Studien, die keinen größeren Anteil an Homosexuellen bei den Kindern homosexueller Eltern feststellen konnten, als er auch dem Anteil an der Gesamtbevölkerung entspricht[118]. Einige Studien zeigen zwar, dass Kinder homosexueller Eltern in Bezug auf Homosexualität eine größere Offenheit haben und häufiger als Kinder aus der heterosexuellen Vergleichsgruppe homosexuelle Erfahrungen machen[119]. Diese größere Aufgeschlossenheit ist angesichts der Homosexualität der eigenen Eltern und einer daraus resultierenden größeren Unbefangenheit mit dem Thema nicht verwunderlich. Auf das Ergebnis hat dies letztlich jedoch keinen Einfluss, da später nicht mehr Kinder homosexuell werden als Kinder der heterosexuellen Vergleichsgruppe - ein erneuter Beweis dafür, dass ein tolerantes Umfeld bezüglich Homosexualität zwar mehr Raum für eine bewusste Orientierung bietet, nicht jedoch die Orientierung selbst bestimmen oder vorwegnehmen kann.

c) Geschlechtsrollenverhalten

Was das Geschlechtsrollenverhalten der Kinder homosexueller Eltern anbelangt, so sind in der Tat Unterschiede zu Kindern heterosexueller Eltern festzustellen. Den dazu durchgeführten Studien zufolge verhielten sich die Kinder zwar grundsätzlich ihrem Geschlecht entsprechend[120], zeigten dabei aber ein tendenziell weniger festgelegtes Rollenverhalten. So waren die Töchter homosexueller Mütter vergleichsweise seltener in traditionellen Frauenberufen anzutreffen als die Töchter heterosexueller Mütter[121]. Auch bezüglich ihrer Interessen an Spielen und Sportarten waren sie in ihrer Bevorzugung weniger auf die als typisch weiblich klassifizierten Aktivitäten festgelegt, sondern interessierten sich sowohl für typisch weibliche als auch für typisch männliche[122]. Zudem bevorzugten sie einen weniger traditionellen Kleidungsstil als die Töchter heterosexueller Eltern[123]. Söhne traten grundsätzlich traditionell männlich auf, zeigten aber ins-

---

[117] *Fthenakis*, 351 (384).

[118] *Stacey/Biblarz*, American Sociological Review, 2001, Vol. 66, 159 (171); *Fthenakis*, 351 (382; 384); *Rauchfleisch*, Alternative Familienformen, 78; *Berger/Reisbeck/Schwer*, 18; *Dethloff*, NJW 2001, 2598 (2602).

[119] *Stacey/Biblarz*, American Sociological Review, 2001, Vol. 66, 159 (170 f.).

[120] *Lähnemann*, 24 f.

[121] *Stacey/Biblarz*, American Sociological Review, 2001, Vol. 66, 159 (168).

[122] *Stacey/Biblarz*, American Sociological Review, 2001, Vol. 66, 159 (168); *Fthenakis*, 351 (384).

[123] *Fthenakis*, 351 (384).

gesamt ein geringeres Aggressionspotenzial als Söhne der heterosexuellen Vergleichsgruppe[124].

Diese Unterschiede, die in der weniger stereotypen Rollenverteilung zwischen den Eltern begründet sind, sollten - wie eingangs beschrieben - nicht um ihrer selbst wegen als Nachteile für die betroffenen Kinder betrachtet werden. In einer pluralistischen, individualistischen, freiheitlichen und durch Gleichberechtigung geprägten Gesellschaft kann ein von Rollenzuschreibungen freieres Aufwachsen und eine dadurch ermöglichte stärkere Ausrichtung an den individuellen Interessen und Fähigkeiten prinzipiell nur begrüßt werden[125]. Den Untersuchungen zufolge entwickelten die Kinder durch das Kennenlernen des partnerschaftlichen Beziehungsmodells ihrer Eltern ohne geschlechtsbezogen vorgegebene Rollenverteilung später außerdem eine statistisch größere Fähigkeit, gleichberechtigte Paarbindungen einzugehen[126].

4. Stigmatisierung im sozialen Umfeld

Die bisher erörterten Bedenken, die gegenüber einer Kindererziehung durch homosexuelle Paare vorgetragen werden, wurden zwar als unbegründete Vorurteile widerlegt. Die Gefahr einer Stigmatisierung und Diskriminierung im sozialen Umfeld kann jedoch nicht von der Hand gewiesen werden. In der Tat ist es in der heutigen Gesellschaft, in welcher Homosexualität immer noch mit Vorurteilen belastet ist, durchaus möglich, dass Kinder homosexueller Eltern ausgrenzendem Verhalten ihrer Mitschüler ausgesetzt sind[127]. Ein solches Verhalten trifft Kinder jedoch auch aus völlig anderen Gründen, so etwa wegen ihres Gewichts oder ihrer Größe, wegen ihrer Herkunft, wegen ihrer Brille oder ihrer unmodernen Kleidung oder aus reiner Willkür. Danach müssten nahezu alle Kinder als einer potenziellen Stigmatisierungsgefahr ausgesetzt betrachtet werden[128].

Die durchgeführten Studien zeigen außerdem, dass die von den Stigmatisierungen betroffenen Kinder häufig ein erstaunliches Selbstbewusstsein sowie psychologische Stärke aufweisen und die Fähigkeit zur Entwicklung von Bewälti-

---

[124] *Stacey/Biblarz*, American Sociological Review, 2001, Vol. 66, 159 (168); *Fthenakis*, 351 (383 f.).

[125] *Kämper*, 39 (40); *Stacey/Biblarz*, American Sociological Review, 2001, Vol. 66, 159 (168 f.).

[126] *Rauchfleisch*, Alternative Familienformen, 79.

[127] *Stacey/Biblarz*, American Sociological Review, 2001, Vol. 66, 159 (171 f.); *Fthenakis*, 351 (387).

[128] Vgl. auch *Fthenakis*, 351 (385); *Kentler*, 129.

gungsstrategien besitzen[129]. Auch ihre Freundschaftsbeziehungen werden durchweg als sehr gut und positiv beschrieben[130].

Aber ganz unabhängig davon, wie stark eine Stigmatisierung im Einzelfall vorkommen und wie sehr ein Kind unter ihr zu leiden haben mag, so stellt sie dennoch keinen Grund dar, weitergehende kindschaftsrechtliche Regelungen zu unterlassen und vorerst abzuwarten, bis die Akzeptanz für homosexuelle Elternschaft in der Gesellschaft gestiegen ist, wie es unter anderem auch in der Schlussempfehlung des von der Bundesregierung in Auftrag gegebenen Gutachtens des Max-Planck-Instituts vorgeschlagen wurde[131]. Wie eingangs beschrieben[132] verkennt diese Ansicht, dass weder homosexuelle Elternschaft noch die ihr gegenüber bestehenden Stigmatisierungen ihre Ursachen in einer weitergehenden Verrechtlichung finden[133]. Sie existieren bereits jetzt. Die Schaffung kindschaftsrechtlicher Regelungen kann daher nicht auf Bedenken bezüglich des Kindeswohls stoßen, sondern ist im Gegenteil gerade auch unter dem Aspekt der Stigmatisierungsgefahr angezeigt, da durch eine rechtliche Anerkennung Normalität vermittelt und zu einer größeren Akzeptanz in der Gesellschaft beigetragen werden kann[134]. Dieses Ergebnis wird auch Art. 6 V GG gerecht, der den Auftrag an den Gesetzgeber enthält, Diskriminierungen, denen nichteheliche Kinder ausgesetzt sind, entgegenzusteuern[135].

III. Ergebnis

Abgesehen davon, dass es - wie eingangs erwähnt - im Grunde ohnehin unerheblich ist, ob eine mögliche Gefährdung des Kindeswohls durch das Aufwachsen in gleichgeschlechtlichen Gemeinschaften besteht, lassen sich den sozialwissenschaftlichen und psychologischen Studien zufolge keine negativen Aus-

---

129 *Stacey/Biblarz*, American Sociological Review, 2001, Vol. 66, 159 (172); *Fthenakis*, 351 (387). Beispielsweise antwortete ein Junge auf die Hänselei: „Deine Mutter ist eine Lesbe" mit: „Na und?", vgl. *Lähnemann*, 29.

130 *Lähnemann*, 26; *Fthenakis*, 351 (386); *Rauchfleisch*, Alternative Familienformen, 78; *Berger/Reisbeck/Schwer*, 21. Einer Studie zufolge erzielten Töchter lesbischer Mütter sogar statistisch höhere Werte auf einer Beliebtheitsskala als die Töchter der heterosexuellen Vergleichsgruppe, vgl. *Fthenakis*, 351 (386); *Stacey/Biblarz*, American Sociological Review, 2001, Vol. 66, 159 (169).

131 *Dopffel/Kötz/Scherpe*, 393 (409 f., 423); *Holzhauer*, JZ 2000, 1076 (1083).

132 Siehe oben 4. Kap. C. II. Gefährdung durch Aufwachsen in gleichgeschlechtlicher Partnerschaft?

133 Ebenso *Dethloff*, NJW 2001, 2598 (2603).

134 So auch *Muscheler*, Rn. 172; *Stacey/Biblarz*, American Sociological Review, 2001, Vol. 66, 159 (178 f.); *v. Puttkamer*, Regenbogenfamilien, 75 (83); *Schomburg*, Kind-Prax 2001, 103 (106); *Eggen*, FPR 2001, 444 (449); *Kämper*, 39 (40 f.).

135 Vgl. *v.Münch/Kunig/Coester-Waltjen*, Art. 6, Rn. 118.

wirkungen durch homosexuelle Eltern auf die Kindesentwicklung feststellen. Zusammenfassend kann daher gesagt werden, dass das Wohl des Kindes nicht von der sexuellen Orientierung seiner Eltern abhängt, sondern von einer verständnisvollen und liebevollen Erziehung[136]. Da auch die bestehende Stigmatisierungsgefahr kein Argument gegen eine Einführung weitergehender kindschaftsrechtlicher Regelungen darstellt, sondern vielmehr wegen des dadurch möglichen Abbaus von Vorbehalten dafür spricht, steht das Kindeswohl einem solchen Vorhaben nicht entgegen.

D. Regelungsbedarf zum Schutz des Kindes

Da bisher nur sehr wenige Regelungen existieren, die sich mit der speziellen Situation von Kindern in gleichgeschlechtlichen Lebensgemeinschaften befassen, sind die betroffenen Kinder sowohl in emotionaler als auch in finanzieller Hinsicht rechtlich oft nicht ausreichend abgesichert. Wegen der fehlenden rechtlichen Anerkennung des Co-Elternteils bestehen insbesondere hinsichtlich Unterhalt und Erbrecht sowie im Falle des Todes des leiblichen Elternteils oder bei Trennung der gleichgeschlechtlichen Partner große Schutzlücken für das Kind. Es ist daher zu untersuchen, welche Regelungen de lege ferenda zum Schutz des Kindes erforderlich sind.

I. Grundsätzlicher Schutzanspruch aus Grundrechten

Ein Regelungsbedarf zum Schutz der betroffenen Kinder könnte auch aus grundrechtlicher Sicht angezeigt sein.

1. Art. 6 I GG

In Betracht kommt ein grundsätzlicher Schutzanspruch aus Art. 6 I GG. Danach steht die Familie unter dem besonderen Schutz der staatlichen Ordnung. Als wertentscheidende Grundsatznorm verpflichtet Art. 6 I GG den Staat zum Schutz von Familien einerseits durch Abwehr von Störungen und andererseits

[136] *Fthenakis*, 351 (388); *Muscheler*, Rn 171; *Schöttler*, 11 (12); *Ebel*, 17 (18).

durch positive, insbesondere finanzielle Förderung[137]. Zudem dürfen Familien gegenüber Kinderlosen nicht benachteiligt werden[138].

Unter Familie versteht das Gesetz zunächst die Gemeinschaft von Eltern mit ihren Kindern[139]. Aber nicht nur biologische oder rechtliche Eltern-Kind-Beziehungen werden davon erfasst, sondern auch solche, die nur auf Schwägerschaft oder tatsächlicher Pflege beruhen, so dass beispielsweise auch Stiefkinder mit ihren Eltern als Familie gelten[140]. Da eine Ehe zwischen den Erziehungspersonen nicht Voraussetzung ist, sondern auch nichteheliche Stieffamilien geschützt werden[141], können auch gleichgeschlechtliche Paare mit Kindern unter den Familienbegriff des Art. 6 I GG subsumiert werden, wenn sie das Kind des einen Partners gemeinsam betreuen. Erst recht gilt das, wenn sie eine Lebenspartnerschaft begründet haben, weil dann gem. § 11 II 1 LPartG eine Schwägerschaft zwischen dem Kind und dem Co-Elternteil besteht, wie das auch bei ehelichen Stieffamilien gem. § 1590 I 1 BGB der Fall ist. Somit haben auch gleichgeschlechtliche Familien grundsätzlich einen Anspruch auf Schutz aus Art. 6 I GG und dürfen gegenüber Kinderlosen nicht benachteiligt werden.

2. Art. 6 V GG

Ein Schutzanspruch speziell der betroffenen Kinder könnte sich aus dem Gleichheitsrecht des Art. 6 V GG ergeben. Dieses spezielle Gleichheitsrecht nichtehelicher Kinder ist gegenüber dem allgemeinen Gleichheitssatz vorrangig. Er stellt laut Bundesverfassungsgericht eine „besondere Ausprägung des allgemeinen Gleichheitssatzes und Schutznorm zugunsten nichtehelicher Kinder" dar und enthält für den Gesetzgeber eine verbindliche Zielvorgabe zur Schaffung

---

137 *Jarass/Pieroth/Pieroth*, Art. 6, Rn. 9 f.; *v.Münch/Kunig/Coester-Waltjen*, Art. 6, Rn. 35.

138 *Jarass/Pieroth/Pieroth*, Art. 6, Rn. 11 f.; BVerfG, NJW 2001, 1712 (1714) wonach es bei der Beitragsbemessung zur sozialen Pflegeversicherung als verfassungswidrig angesehen wurde, von Personen, die Kinder betreuen und erziehen, die gleichen Beiträge zu fordern wie von Kinderlosen: „Art. 3 Abs. 1 i.V.m. Art. 6 Abs. 1 GG ist jedoch dadurch verletzt, dass die Betreuung und Erziehung von Kindern bei der Bemessung von Beiträgen beitragspflichtiger Versicherter keine Berücksichtigung findet. Dadurch wird die Gruppe Versicherter mit Kindern gegenüber kinderlosen Mitgliedern der sozialen Pflegeversicherung, die aus dieser Betreuungs- und Erziehungsleistung im Falle ihrer Pflegebedürftigkeit Nutzen ziehen, in verfassungswidriger Weise benachteiligt."

139 Vgl. *v.Münch/Kunig/Coester-Waltjen*, Art. 6, Rn. 11; BVerfGE 48, 327 (339); BVerfGE 10, 59 (66); BVerfGE 80, 81 (90).

140 BVerfGE 18, 97 (106 f.); BVerfGE 79, 256 (267); *v.Münch/Kunig/Coester-Waltjen*, Art. 6, Rn. 11; *v.Mangoldt/Klein/Starck/Robbers*, Art. 6 Rn. 77; *Jarass/Pieroth/Pieroth*, Art. 6, Rn. 4; *Sachs/Schmitt-Kammler*, Art. 6, Rn. 16.

141 Vgl. *v.Puttkamer*, Stieffamilien, 31 f.

einer wirklichen Gleichstellung ehelicher und nichtehelicher Kinder[142]. Darin kommt der Gedanke zum Ausdruck, dass Kindern das Verhalten ihrer Eltern, auf welches sie keinen Einfluss nehmen können, nicht zum Nachteil gereichen darf[143]. Es muss allerdings keine formale Gleichheit erreicht werden[144]. Vielmehr ist es die Aufgabe des Gesetzgebers, die Entwicklungsbedingungen und die gesellschaftliche Stellung der Kinder anzugleichen[145]. Damit gewährt Art. 6 V GG jedem Kind, dessen Eltern nicht miteinander verheiratet sind, einen Anspruch auf Schaffung rechtlicher Regelungen, die seine Lebensbedingungen an diejenigen von ehelichen Kindern angleichen[146].

Also können sich auch Kinder gleichgeschlechtlicher Paare, für den Fall, dass sie nichteheliche Kinder sind, also nicht aus einer gescheiterten Ehe stammen, für Ungleichbehandlungen gegenüber ehelichen Kindern auf Art. 6 V GG berufen und daraus einen Rechtsanspruch herleiten.

3. Art. 3 I GG

Für alle sonstigen Ungleichbehandlungen ist der allgemeine Gleichheitssatz nach Art. 3 I GG einschlägig. Auf ihn können sich die Kinder gleichgeschlechtlicher Paare bei Benachteiligungen gegenüber Kindern in ehelichen Stieffamilien oder nichtehelichen heterosexuellen Stieffamilien berufen. Auch für mittelbare Ungleichbehandlungen, wie sie beispielsweise durch die ökonomische Benachteiligung homosexueller Eltern gegenüber verheirateten Eltern zwangsläufig auch zwischen den jeweiligen Kindern bestehen, ist ein Rückgriff auf Art. 3 I GG möglich[147].

4. Ergebnis

Aus Art. 6 I GG ergibt sich ein genereller Schutzanspruch der gleichgeschlechtlichen Familie. Die betroffenen Kinder haben bei Vorliegen einer verfassungsrechtlich nicht zu rechtfertigenden Ungleichbehandlung gegenüber Kindern, die in anderen Familienkonstellationen aufwachsen, einen Anspruch auf Gleichbehandlung aus Art. 6 V GG oder Art. 3 I GG. Es wird im Folgenden an jeweils

---

142 BVerfGE 85, 80 (87).
143 BVerfGE 25, 167 (196).
144 *Dreier/Gröschner*, Art. 6, Rn. 119.
145 *Dreier/Gröschner*, Art. 6, Rn. 114.
146 BVerfGE 25, 167 (190 f.); *v.Münch/Kunig/Coester-Waltjen*, Art. 6, Rn. 114.
147 Vgl. *Sachs/Osterloh*, Art. 3, Rn. 256.

geeigneter Stelle darauf eingegangen, wann ein solcher Anspruch auf Gleichbehandlung konkret besteht.

II. Kindeswohldienlichkeit der Regelungen im Einzelnen

Bis auf die Bereiche von Stiefkindadoption, Einbenennung und Steuerrecht werden Lebenspartnerschaften mit Kindern bislang wie eheliche Stieffamilien behandelt. Die vorhandenen Regelungen gelten unterschiedslos für alle lebenspartnerschaftlichen Familien, obwohl es aus ganz unterschiedlichen Gründen möglich ist, dass Kinder in homosexuellen Gemeinschaften aufwachsen[148]. So ist auch die Interessenlage der beteiligten Personen und das Schutzbedürfnis der Kinder jeweils völlig anders. Wenn das betreffende Kind aus einer früheren Beziehung stammt, liegt damit eine Abwandlung des klassischen Falls einer Stieffamilie vor. Es ist aber auch möglich, dass sich die gleichgeschlechtlichen Partner ihren Kinderwunsch aufgrund gemeinsamen Entschlusses erfüllt haben - auf welche Weise spielt dabei keine Rolle - und das in der Partnerschaft lebende Kind als ihr gemeinsames betrachten, ohne dass von einer dritten Person eine Elternrolle im Leben des Kindes eingenommen wird. Letzteres ist mit der Situation einer Stieffamilie nicht vergleichbar, sondern gleicht eher der Situation von heterosexuellen Paaren mit gemeinsamen Kindern[149]. Diese Unterschiede müssen auch bei einer gesetzlichen Regelung Berücksichtigung finden, um für das betreffende Kind je nach Fallgestaltung die jeweils beste Lösung treffen zu können. Für die folgende Untersuchung ist es deshalb erforderlich, eine Einteilung nach den verschiedenen Familienkonstellationen vorzunehmen.

Da eine Lebenspartnerschaft im Gegensatz zu rein faktischen Lebensgemeinschaften bereits jetzt kindschaftsrechtliche Regelungen beinhaltet und die Anknüpfung weiterer Vorschriften erleichtert, soll zunächst der Regelungsbedarf für Lebenspartnerschaften mit Kindern untersucht werden. Dabei ist zwischen zwei Konstellationen homosexueller Elternschaft zu unterscheiden, nämlich zwischen lebenspartnerschaftlichen Stiefkindern und quasi[150]-gemeinschaftlichen Kindern von Lebenspartnern. Mit dem ersten Begriff werden im Folgenden Kinder bezeichnet, die aus einer früheren Beziehung stammen, mit dem zweiten hingegen solche, die aufgrund eines gemeinsamen Entschlusses der Lebenspartner gezeugt oder adoptiert wurden und wie deren gemeinsames Kind aufwach-

---

[148] Siehe oben 2. Kap. B. Mögliche Konstellationen homosexueller Elternschaft.

[149] *Rauchfleisch*, Alternative Familienformen, 74 f.; *Buba/Vaskovics*, 224, 229 ff.; *Dethloff*, NJW 2001, 2598 (2602). *Muscheler* unterscheidet auch zwischen „abgeleiteter" und „originärer" Elternschaft, Rn. 173 ff.

[150] Vgl. zur Begrifflichkeit auch *Oberloskamp*, Praxis der Rechtspsychologie 13 (1), März 2003, 17.

sen. Im Anschluss daran soll untersucht werden, inwieweit ein Regelungsbedarf bezüglich der Situation von Lebenspartnern mit Kinderwunsch besteht, bevor abschließend noch ein Blick auf die faktischen Lebensgemeinschaften geworfen wird.

1. Lebenspartnerschaftliche Stiefkinder

Unter einem Stiefkind wird im juristischen Kontext in der Regel ein Kind verstanden, das mit seinem leiblichen Elternteil und dessen neuem Ehegatten zusammenlebt, welcher nicht leiblicher Elternteil des Kindes ist[151]. Das Bürgerliche Gesetzbuch kennt den Begriff der Stiefverwandtschaft jedoch nicht[152], so dass unter familienrechtlichem Gesichtspunkt kein gesetzestechnischer Begriff vorliegt, der zwangsläufig andere Familienkonstellationen ausschlösse[153]. Auch in der sozialwissenschaftlichen Literatur wird eine Stieffamilie weitergehend definiert als neue Lebensgemeinschaft eines Elternteils und seines Kindes mit dem neuen Partner des Elternteils; eine Ehe ist danach keine Voraussetzung[154]. Auch gleichgeschlechtliche Paare, die mit dem leiblichen Kind eines der Partner zusammenleben, das aus einer früheren Beziehung stammt, fallen daher unter die Definition einer Stieffamilie. Diese Einordnung ist auch insofern angebracht, als die Geschlechtszugehörigkeit des Stiefelternteils nichts an dem Vorliegen der spezifischen Probleme von Stieffamilien ändert[155]. Zu diesen Problemen zählen insbesondere die Konflikte aufgrund der Tatsache, dass ein außerhalb der neuen Familie stehender Elternteil existiert, dessen Bedeutung für das Kind je nach Lebensalter und Intensität des früheren Eltern-Kind-Verhältnisses sehr groß sein kann[156]. Auch das Erlebnis des Scheiterns der früheren Beziehung kann sich belastend auf die Stieffamilie auswirken, wobei insbesondere das Kind unter einer solchen Verlusterfahrung oft sehr leidet[157]. Der Stiefelternteil hat daher häufig Schwierigkeiten, neben dem außerhalb der Familie stehenden

---

[151] Vgl. nur MüKo/*Seidel*, § 1590, Rn. 2; *Staudinger/Rauscher*, § 1590, Rn. 2.

[152] Es handelt sich dabei vielmehr um einen steuerrechtlichen Begriff, vgl. *v.Dickhuth-Harrach*, FamRZ 2001, 1660 (1669).

[153] AK/*Teubner*, vor §§ 1589 ff., Rn. 11; *Carré-Jersch*, 11 ff.; *v.Dickhuth-Harrach*, FamRZ 2001, 1660 (1669).

[154] *Schneider/Rosenkranz/Limmer*, 135 ff.; *Visher/Visher*, 31; *v.Puttkamer*, Stieffamilien, 21 f.; *Krähenbühl/Jellouschek/Kohaus-Jellouschek/Weber*, 14 ff.; *v.Puttkamer/Radziwill*, Kind-Prax 2000, 19 (22, Fn. 2).

[155] Vgl. auch *Motzer*, FamRZ 2001, 1034 (1044).

[156] Vgl. *v.Puttkamer*, Stieffamilien, 27 f.; *Friedl/Maier-Aichen*, 29 ff.; *Visher/Visher*, 48 f.; *Krähenbühl/Jellouschek/Kohaus-Jellouschek/Weber*, 23.

[157] *Friedl/Maier-Aichen*, 29 ff.; *Visher/Visher*, 49 f.; *Krähenbühl/Jellouschek/Kohaus-Jellouschek/Weber*, 24.

Elternteil vom Kind akzeptiert zu werden[158]. Diese typische Problematik ist bei gleichgeschlechtlichen Stieffamilien genauso gegeben. Die folgende Untersuchung des Regelungsbedarfs für lebenspartnerschaftliche Stieffamilien hat sich daher an der Rechtslage von Stieffamilien im Allgemeinen zu orientieren, auch deshalb, weil Lebenspartnerschaften mit Kindern bis auf die fehlende Möglichkeit von Stiefkindadoption und Einbenennung sowie mit Ausnahme einer Gleichstellung im Steuerrecht bisher ohnehin schon wie eheliche Stieffamilien behandelt werden.

a) Stiefkindadoption

Es soll zunächst untersucht werden, inwieweit eine Ausdehnung der Stiefkindadoption auf lebenspartnerschaftliche Stieffamilien sinnvoll ist.

Stiefkindadoptionen in ehelichen Stieffamilien machen in der Bundesrepublik ungefähr die Hälfte aller ausgesprochenen Adoptionen aus[159]. Dabei adoptiert der Stiefelternteil gem. § 1741 II 3 BGB das Kind seines Ehegatten, ohne dass dieser dabei die Verwandtschaftsbeziehung zu seinem Kind verliert. Gem. § 1755 II BGB erlischt lediglich das Verwandtschaftsverhältnis zum anderen leiblichen Elternteil und dessen Verwandten, so dass das Kind rechtlich gemeinschaftliches Kind der Ehegatten wird gem. § 1754 I BGB. Dazu ist gem. § 1747 BGB eine Einwilligung des anderen Elternteils erforderlich, die in eng umgrenzten Ausnahmefällen ersetzt werden kann.

Der Vorteil für das Kind besteht im Idealfall darin, dass eine bereits bestehende faktische Eltern-Kind-Beziehung zum Stiefelternteil rechtlich bestätigt wird. Das Kind erwirbt dadurch Unterhalts- und Erbrechtsansprüche, der Stiefelternteil erhält das volle elterliche Sorgerecht[160].

Stiefkindadoptionen stoßen jedoch vielfach auf Bedenken, da sie auch mit erheblichen Nachteilen für das Kind verbunden sein können[161]. Häufig liegt der Grund für eine Stiefkindadoption darin, dass die nach Scheitern der ersten Beziehung gegründete neue Familie durch Ausschluss des oft als störend empfun-

---

[158] Vgl. *v.Puttkamer*, Stieffamilien, 25 ff.; *Friedl/Maier-Aichen*, 29 ff.; *Visher/Visher*, 50. *Krähenbühl/Jellouschek/Kohaus-Jellouschek/Weber*, 24.

[159] *Paulitz*, ZfJ 1997, 311 f.; *Carré-Jersch*, 21 f.; vgl. dazu Statistik bei *Staudinger/Frank*, Vorbem. zu §§ 1741 ff., Rn. 28: 1998: 7119 Adoptionen insgesamt, davon 3433 durch Stiefeltern; 1999: 6399 Adoptionen insgesamt, davon 2916 durch Stiefeltern.

[160] MüKo/*Maurer*, § 1741, Rn. 31.

[161] Vgl. *Coester*, JZ 1992, 809 (816); *Staudinger/Frank*, § 1741, Rn. 42 ff.; *Carré-Jersch*, 93 ff.; *v.Puttkamer/Radziwill*, Kind-Prax 2000, 19; *Dethloff*, NJW 1992, 2200 (2202); *Erman/Holzhauer*, § 1741, Rn. 23; *Paulitz*, ZfJ 1997, 311 (312).

denen Umgangsrechts des anderen Elternteils stabilisiert werden soll[162]. Da aber ein solcher Kontaktabbruch zum anderen Elternteil in der Regel nicht im Interesse des Kindes liegt, wenn eine gute Eltern-Kind-Beziehung zwischen ihnen bestanden hat, widerspricht diese Praxis dem Grundsatz des § 1741 I 1 BGB, wonach eine Adoption zuallererst das Wohl des Kindes, nicht hingegen die Interessen der Eltern im Auge haben soll[163]. Für das Wohl des Kindes ist es aber oft sehr wichtig, die Beziehung zu seinem anderen Elternteil aufrechtzuerhalten.

Ein weiterer gravierender Nachteil der Stiefkindadoption liegt darin, dass das Risiko des Scheiterns der Stiefehe als Zweit- oder Drittehe wesentlich höher ist als bei einer Erstehe[164]. Für das adoptierte Kind besteht somit die Gefahr, wieder eine Trennung von seinem neuen Elternteil erleben zu müssen und anschließend eventuell von einem dritten Partner des leiblichen Elternteils nochmals adoptiert zu werden[165]. Für den annehmenden Stiefelternteil besteht die Gefahr, dass er für das Kind auch im Falle des Scheiterns der Ehe lebenslang die elterliche Verantwortung tragen muss, selbst wenn gar kein Eltern-Kind-Verhältnis zwischen dem Stiefelternteil und dem Kind entstanden ist[166].

Wegen dieser erheblichen Bedenken gegen Stiefkindadoptionen in ehelichen Stieffamilien wird eine Ausdehnung auf lebenspartnerschaftliche Stieffamilien zum Teil abgelehnt[167]. Sicherlich gilt für lebenspartnerschaftliche Stieffamilien genauso wie für eheliche, dass eine Stiefkindadoption nicht immer die beste Lösung für das Kind darstellt, insbesondere dann nicht, wenn eine gute Beziehung zu dem außerhalb der Stieffamilie stehenden Elternteil vorhanden ist.

Wenn das Verhältnis zum anderen Elternteil jedoch schlecht oder gar abgebrochen ist, während sich zum Stiefelternteil eine Eltern-Kind-Beziehung entwickelt hat, kann durch eine Stiefkindadoption das entstandene soziale Verhältnis im Interesse des Kindes rechtlich abgesichert und somit Kontinuität gewährleistet werden[168]. Die Kindeswohldienlichkeit der Stiefkindadoption ist daher stark von den Gegebenheiten des Einzelfalls abhängig und kann nicht grundsätzlich verneint werden. Da das Problem der Stiefkindadoption vielmehr in der Überprüfung der jeweiligen Kindeswohldienlichkeit liegt und es zudem entgegen vielfältigen Forderungen bislang noch keine Alternativen zur Absicherung eines

---

[162] *Staudinger/Frank*, § 1741, Rn. 42; *Paulitz*, ZfJ 1997, 311 (312); MüKo/*Maurer*, § 1741, Rn. 32; *Coester*, JZ 1992, 809 (816).

[163] *Coester*, JZ 1992, 809 (816); *v.Puttkamer/Radziwill*, Kind-Prax 2000, 19.

[164] MüKo/*Maurer*, § 1741, Rn. 32 ; *Coester*, JZ 1992, 809 (816).

[165] Paulitz, ZfJ 1997, 311 (312).

[166] *Staudinger/Frank*, § 1741, Rn. 44; *Coester*, JZ 1992, 809 (816); *v.Puttkamer/Radziwill*, Kind-Prax 2000, 19; *Holzhauer*, JZ 2000, 1076 (1082).

[167] *Muscheler*, Rn. 181; *Holzhauer*, JZ 2000, 1076 (1082).

[168] *Paulitz*, ZfJ 1997, 311 (313 f.).

Stiefeltern-Kind-Verhältnisses gibt[169], ist es nicht einzusehen, warum Kindern in lebenspartnerschaftlichen Stieffamilien der Schutz durch die Möglichkeit einer am Kindeswohl orientierten Stiefkindadoption vorenthalten bleiben soll. Vielmehr liegt wegen der identischen Interessenlage zwischen ehelichen und lebenspartnerschaftlichen Stiefkindern bzw. Stiefeltern eine gem. Art. 3 I GG verfassungsrechtlich nicht zu rechtfertigende Ungleichbehandlung vor. Damit ist eine Ausdehnung der Stiefkindadoption auf lebenspartnerschaftliche Stieffamilien de lege ferenda zum Schutz der betroffenen Kinder geboten[170].

b) Einbenennung

Entsprechendes gilt für § 1618 BGB. Diese Vorschrift gewährt ehelichen Stieffamilien für den Fall der Alleinsorge des Elternteils und neuerdings[171] sogar bei bestehender gemeinsamer Sorge die Möglichkeit, das Kind nach Eheschließung einzubenennen. Da bei der Begründung von Lebenspartnerschaften genau wie bei Eheschließungen ein gemeinsamer Name der Lebenspartner gewählt werden kann, haben Kinder in lebenspartnerschaftlichen Stieffamilien wegen der allgemein großen Bedeutung des Familiennamens durch dessen Identitätsfunktion und die dadurch symbolisierte Zugehörigkeit zur Familie[172] das gleiche schützenswerte Interesse an einer Einbenennungsmöglichkeit wie Kinder in ehelichen Stieffamilien[173].

Aufgrund dieser nach Art. 3 I GG verfassungsrechtlich nicht zu rechtfertigenden Ungleichbehandlung muss der Gesetzgeber § 1618 BGB zum Schutz der Kinder auch auf lebenspartnerschaftliche Stieffamilien ausweiten.

c) Steuerrecht

Die steuerrechtlichen Ungleichbehandlungen gegenüber ehelichen Stieffamilien sind, wie bereits beschrieben[174], ebenso wenig verfassungsrechtlich zu rechtfertigen. Da insbesondere die Kinder von ökonomischen Benachteiligungen ihrer

---

[169] Siehe unten 4. Kap. D. II. 1. d) Verbesserungsvorschläge für das Stiefkindverhältnis im Allgemeinen.

[170] Vgl. auch *Dethloff*, NJW 2001, 2598 (2602); *Niemeyer*, FuR 1997, 141 (142).

[171] Vgl. § 1618 BGB n.F., eingeführt durch das Kinderrechteverbesserungsgesetz v. 9.4.2002, BGBl I, 1239, am 12.4.2002 in Kraft getreten, BT-Drs. 14/8131, BT-Drs. 14/2096.

[172] *Frank*, 26 f.; *v.Puttkamer*, Stieffamilien, 28 f.; *Conradi*, FamRZ 1980, 103 (105).

[173] Dazu oben 3. Kap. C. VIII. Namensrecht.

[174] Vgl. oben 3. Kap. C. IX. Steuer- und Sozialrecht.

Familien betroffen werden, ist es zum Schutz lebenspartnerschaftlicher Stiefkinder geboten, eine Gleichstellung mit ehelichen Stieffamilien im Steuerrecht vorzunehmen.

d) Verbesserungsvorschläge für das Stiefkindverhältnis im Allgemeinen

Durch die Möglichkeit von Stiefkindadoption und Einbenennung sowie einer Gleichbehandlung im Steuerrecht würde die Situation von lebenspartnerschaftlichen Stieffamilien zwar wesentlich verbessert und mit der von ehelichen Stieffamilien gleichgestellt. Diese Regelungen sind jedoch nicht ausreichend angesichts der beschriebenen speziellen Problematik von Stieffamilien. So werden schon seit langem auch für eheliche Stiefkinder Verbesserungen angestrebt durch eine Ausweitung der rechtlichen Bindung zwischen Stiefkindern und Stiefeltern[175]. Insbesondere wegen der schon angesprochenen Bedenken gegen die Stiefkindadoption wird vielerorts gefordert, alternativ eine Verrechtlichung des Stiefeltern-Kind-Verhältnisses zu schaffen, die unterhalb der schwerwiegenden Folgen der Stiefkindadoption angesiedelt ist[176]. Dabei werden verschiedene Vorschläge gemacht, die von einzelnen Verbesserungen der Rechtslage in Teilbereichen bis hin zur Schaffung eines völlig neuen Rechtsinstituts einer formellen „Stiefkindschaft" reichen, welches durch einen statusbegründenden Akt zustande kommen soll[177]. Der Sache nach geht es dabei um folgende Änderungen:

aa) Gesetzlicher Unterhaltsanspruch

Wegen der oft nur unzureichenden finanziellen Absicherung des Stiefkindes wird vielfach das Fehlen eines gesetzlichen Unterhaltsanspruchs gegen den ehe-

---

[175] *Coester*, JZ 1992, 809 (816); *v.Puttkamer/Radziwill*, Kind-Prax 2000, 19 ff ; *Dethloff*, NJW 1992, 2200 (2202 f.); *Conradi*, FamRZ 1980, 103 ff.; *v.Puttkamer*, Stieffamilien, passim; *Finger*, MDR 2001, 199 (201); *Gernhuber/Coester-Waltjen*, 34 f; vgl. auch bei *Carré-Jersch*, 40 ff.

[176] MüKo/*Maurer*, § 1741, Rn. 32; *Coester*, JZ 1992, 809 (816); *v.Puttkamer/Radziwill*, Kind-Prax 2000, 19 (20 f.); *Dethloff*, NJW 1992, 2200 (2202 f.).

[177] Vgl. *v.Puttkamer/Radziwill*, Kind-Prax 2000, 19 (20 f.). Voraussetzung dafür soll ein Antrag beider Ehegatten, die Einwilligung beider leiblicher Elternteile und ein vom Gericht festzustellendes faktisches Eltern-Kind-Verhältnis sein. Die gerichtliche Aufhebung ist auf Antrag des Stiefelternteils oder des Stiefkindes möglich, wenn kein Eltern-Kind-Verhältnis mehr zwischen ihnen vorliegt und die Entscheidung im Einklang mit dem Kindeswohl steht.

lichen[178] bzw. lebenspartnerschaftlichen[179] Stiefelternteil kritisiert[180]. Es wird jedoch allgemein abgelehnt, einen uneingeschränkten Unterhaltsanspruch des im gemeinsamen Haushalt lebenden Stiefkindes automatisch mit Eheschließung bzw. Lebenspartnerschaftsbegründung entstehen zu lassen, weil anderenfalls eine Beeinträchtigung der Eingehungsbereitschaft zu erwarten sei[181]. Stattdessen wird vorgeschlagen, den Unterhaltsanspruch subsidiär[182] oder als mittelbaren Anspruch des leiblichen Elternteils auf Unterhaltung seines Kindes in der Stieffamilie auszugestalten[183]. Unmittelbar solle er nur bei einem formell begründeten Status eines Stiefeltern-Kind-Verhältnisses entstehen[184]. Andere wollen ihn mit einem Sorgerecht des Stiefelternteils verbinden, damit der finanziellen Verantwortung auch eine rechtlich anerkannte Beteiligung an der Erziehung gegenüber steht[185].

bb) Sorgerecht

Für den Bereich der elterlichen Sorge wird vielerorts eine weiterreichende Beteiligung am Sorgerecht gefordert, da der eheliche[186] bzw. lebenspartnerschaftliche[187] Stiefelternteil in der sozialen Wirklichkeit häufig eine Elternstellung übernehme. Diese Forderung fand zum Teil in der im Rahmen des Lebenspartnerschaftsgesetzes eingeführten Regelung des kleinen Sorgerechts Gehör, das gem. § 1687 b BGB für eheliche und gem. § 9 LPartG für lebenspartnerschaftliche Stieffamilien gilt. Dadurch hat sich die schwierige Erziehungssituation insofern verbessert, als Stiefkinder nun nicht mehr, wie in Konfliktfällen üblich, dem Stiefelternteil vorhalten können, er habe ihnen ohnehin „nichts zu sagen"[188]. Die Beschränkung auf Fälle der Alleinsorge des leiblichen Elternteils wird allerdings kritisch gesehen wegen des so erzeugten Druckes, anstatt einer Beibehaltung des

---

[178] *Conradi*, FamRZ 1980, 103 (105 f.); *Staudinger/Frank*, § 1741, Rn. 46; *v.Puttkamer/Radziwill*, Kind-Prax 2000, 19 (20); *Dethloff*, NJW 1992, 2200 (2204); MüKo/*Seidel*, § 1590, Rn. 7 ff.

[179] *Muscheler*, Rn. 102.

[180] Vgl. oben 3. Kap. C. VI. Unterhaltsrecht.

[181] *Conradi*, FamRZ 1980, 103 (106); MüKo/*Seidel*, § 1590, Rn. 9; *Dethloff*, NJW 1992, 2200 (2204).

[182] MüKo/*Seidel*, § 1590, Rn. 9.

[183] *Conradi*, FamRZ 1980, 103 (106); *v.Puttkamer/Radziwill*, Kind-Prax 2000, 19 (20).

[184] Vgl. *v.Puttkamer/Radziwill*, Kind-Prax 2000, 19 (20).

[185] *Dethloff*, NJW 1992, 2200 (2204); MüKo/*Seidel*, § 1590, Rn. 10.

[186] *Staudinger/Frank*, § 1741, Rn. 46 f.; *Staudinger/Rauscher*, § 1590, Rn. 18; MüKo/*Seidel*, § 1590, Rn. 10; *Conradi*, FamRZ 1980, 103 (104 f.).

[187] *Dethloff*, NJW 2001, 2598 (2602).

[188] Vgl. *Conradi*, FamRZ 1980, 103 (104).

gemeinsamen Sorgerechts nach Trennung der Eltern eine Übertragung der Alleinsorge zu beantragen[189].

Zum Teil gehen die Forderungen - angelehnt an das englische System der „parental responsibility" - aber noch weit darüber hinaus[190]. So soll es beispielsweise möglich sein, den Stiefelternteil entsprechend seiner sozialen Rolle in vollem Umfang an der elterlichen Sorge gemeinsam mit dem leiblichen Elternteil teilhaben zu lassen[191]. Wenn zuvor ein gemeinsames Sorgerecht beider leiblicher Elternteile bestanden hat, soll der Stiefelternteil als dritter Sorgeberechtigter neben diese treten können, wobei ein Letztentscheidungsrecht bei den leiblichen Eltern verbleiben soll[192]. Bei Zerbrechen der Stieffamilie soll es zum Schutz des Kindes auch möglich sein, dem Stiefelternteil das Sorgerecht allein zu übertragen[193].

cc) Erbrecht

Kritisiert wird auch das Fehlen eines gesetzlichen Erb- und Pflichtteilsrechts zwischen ehelichem[194] bzw. lebenspartnerschaftlichem[195] Stiefelternteil und Stiefkind, wodurch das Stiefkind bei Vorversterben des leiblichen Elternteils durch das Erbrecht des Stiefelternteils gem. § 10 LPartG, § 1931 BGB benachteiligt wird. Es wird daher vorgeschlagen, dem Stiefkind wegen dieser Nachteile einen erbrechtlichen Ausgleich für den Fall des Vorversterbens seines Elternteils zu verschaffen[196]. Zudem sollen Stiefkinder, wenn sie testamentarisch bedacht werden, bei der Berechnung von Pflichtteilen als fiktive leibliche Abkömmlinge behandelt werden, um eine gewünschte testamentarische Gleichstellung von

---

[189] *Palandt/Brudermüller*, § 9 LPartG, Rn. 1; *Motzer*, FamRZ 2001, 1034 (1040). Vgl. dazu oben 3. Kap. C. II. 1. a) aa) (1) (b) Möglichkeit der Ausdehnung auf Fälle der gemeinsamen Sorge.

[190] *Dethloff*, NJW 1992, 2200 (2202); *Staudinger/Frank*, § 1741, Rn. 47; *v.Puttkamer*, Stieffamilien, 106 ff.; vgl. oben 4. Kap. B. Rechtsvergleichende Umschau.

[191] *Dethloff*, NJW 1992, 2200 (2202); *Staudinger/Frank*, § 1741, Rn. 47; *v.Puttkamer/Radziwill*, Kind-Prax 2000, 19 (20); *v.Puttkamer*, Stieffamilien, 106 ff.

[192] Vgl. *v.Puttkamer/Radziwill*, Kind-Prax 2000, 19 (20).

[193] *Dethloff*, NJW 1992, 2200 (2203); Vorschlag des Deutschen Juristinnenbundes, des 59. Deutschen Juristentages sowie des Deutschen Vereins für öffentliche und private Fürsorge, zit. nach BT-Drs. 13/4899, 66; v.Puttkamer/Radziwill, Kind-Prax 2000, 19 (20); *Dethloff*, NJW 2001, 2598 (2602).

[194] *Conradi*, FamRZ 1980, 103 (104, 106 f.); *Frank*, 52 ff.; *v.Puttkamer/Radziwill*, Kind-Prax 2000, 19 ff; MüKo/*Seidel*, § 1590, Rn. 7.

[195] Vgl. *v.Puttkamer*, Regenbogenfamilien, 75 (80 f.); *Siegfried*, 79 (87).

[196] *Conradi*, FamRZ 1980, 103 (104, 106 f.); *Frank*, 52 ff.

Stiefkindern mit leiblichen Kindern nicht durch den Zusatzpflichtteil der leiblichen Kinder gem. § 2305 BGB zu gefährden[197].

dd) Sonstige Regelungen

Auch die Regelung des Umgangsrechts wird für unzureichend gehalten, da § 1685 II BGB anders als § 1684 BGB neben dem Umgangsrecht der Bezugsperson kein Umgangsrecht des Kindes enthält[198].

Die bislang kritisierte Einschränkung der Einbenennungsmöglichkeit gem. § 1618 BGB auf Fälle der Alleinsorge ist vom Gesetzgeber durch eine Ausdehnung auf Fälle der gemeinsamen Sorge im Rahmen des Kinderrechteverbesserungsgesetzes mittlerweile beseitigt worden.[199].

ee) Ergebnis

Die Diskussion um Verbesserungen für lebenspartnerschaftliche Stieffamilien, die über eine Gleichstellung mit ehelichen Stieffamilien hinausgehen, unterscheidet sich wegen der identischen Sachlage nicht von der Diskussion um Verbesserungen für das Stiefkindverhältnis im Allgemeinen.

Anstelle einer vertiefenden Erörterung der einzelnen Vorschläge kann daher auf die zu dieser Problematik zahlreich erschienene, weiterführende Literatur verwiesen werden[200].

---

197 Vgl. *v.Puttkamer/Radziwill*, Kind-Prax 2000, 19 f.

198 *Lipp*, FamRZ 1998, 65 (75); *v.Puttkamer/Radziwill*, Kind-Prax 2000, 19 (20); *Büttner*, FamRZ 1997, 464 (470); anders der Entwurf des Bundesrates zum Kinderrechteverbesserungsgesetz, der das Umgangsrecht nach § 1685 II BGB auch als ein Recht des Kindes ausgestalten wollte, vgl. BR-Drs. 369/99, 2, 5.

199 Vgl. § 1618 BGB n.F., eingeführt durch das Kinderrechteverbesserungsgesetz v. 9.4.2002, BGBl I, 1239, am 12.4.2002 in Kraft getreten, BT-Drs. 14/8131, BT-Drs. 14/2096; BayOLG, FamRZ 2001, 857 f.; OLG Hamm, FamRZ 2001, 568 f.; *Motzer*, FamRZ 2001, 1034 (1040); *Gaaz*, FPR 2002, 125 (130 f.); *Janzen*, FamRZ 2002, 785 (787).

200 Siehe nur *Frank*, passim; *Conradi*, FamRZ 1980, 103 ff.; *v.Puttkamer/Radziwill*, Kind-Prax 2000, 19 ff; *Dethloff*, NJW 1992, 2200 ff.; *v.Puttkamer*, Stieffamilien, passim; MüKo/*Seidel*, § 1590, Rn. 7 ff.

e) Zusammenfassung

Zusammenfassend kann gesagt werden, dass de lege ferenda zunächst eine Gleichstellung von lebenspartnerschaftlichen mit ehelichen Stieffamilien geboten ist. Es muss eine Zulassung zur Stiefkindadoption und Einbenennung erfolgen sowie eine Gleichbehandlung im Steuerrecht. Darüber hinaus sind wegen der speziellen Probleme von Stiefkindverhältnissen sowohl für lebenspartnerschaftliche als auch für eheliche Stieffamilien weitere Verbesserungen erforderlich, die insbesondere in einer Verrechtlichung des Stiefeltern-Kind-Verhältnisses unterhalb der schwerwiegenden Folgen einer Stiefkindadoption zu suchen sind.

2. Quasi-gemeinschaftliche Kinder von Lebenspartnern

Von der lebenspartnerschaftlichen Stieffamilie ist die Situation der quasi-gemeinschaftlichen Kinder von Lebenspartnern zu unterscheiden. Diese werden in Abgrenzung zu einseitigen Kindern aus früheren Beziehungen aufgrund eines gemeinsamen Entschlusses der Lebenspartner gezeugt oder adoptiert. Da es gleichgeschlechtlichen Paaren biologisch nicht möglich ist, ein gemeinsames leibliches Kind zu zeugen, nimmt für sie mangels Alternative die gemeinsame Erfüllung des Kinderwunsches mit dem geliebten Partner den gleichen Stellenwert ein wie für heterosexuelle Paare eine gemeinsame biologische Elternschaft[201]. Charakteristisch[202] für diese Konstellationen ist es daher, dass die Entscheidung für das Kind aufgrund eines gemeinsamen Lebensplans getroffen wird, wobei es oft nur vom Zufall abhängt, welcher der beiden Lebenspartner das Kind adoptiert, bzw. zeugt oder gebiert. Auch die Betreuung und Versorgung des Kindes sowie seine finanzielle Unterhaltung erfolgen gemeinsam bzw. in geteilter Verantwortung. Bei lesbischen Paaren werden in der Regel auch Schwangerschaft und Geburt gemeinsam erlebt, zum Teil auch die Zeugung durch Insemination. Das in der Lebenspartnerschaft lebende Kind wird daher nach der Vorstellung der Partner in jeder Hinsicht als ein gemeinsames Kind betrachtet, und auch das Kind sieht beide Lebenspartner als seine gleichwertigen Eltern an. Zudem existiert zwar ein außerhalb der Familie stehender Erzeuger, bzw. bei einer Adoption die leiblichen Eltern des Kindes. Diese nehmen jedoch in aller Regel keine weitere Elternrolle im Leben des Kindes ein.

---

[201] *Buba/Vaskovics*, 224.

[202] Vgl. die Porträts gleichgeschlechtlicher Familien, *v.Zglinicki*, 25 ff.; 41 ff.; 49 ff.; 75 ff.; 91 ff.; 97 ff.

Die Situation von Lebenspartnern, die sich gemeinsam zur Adoption oder Zeugung eines Kindes entschließen, unterscheidet sich damit in ihren speziellen Bedürfnissen ganz wesentlich von einer typischen Stieffamiliensituation[203]. Vielmehr liegt wegen der ähnlichen Interessenlage eine Vergleichbarkeit mit der Situation von Ehepaaren mit gemeinsamen Kindern vor[204]. Einziger Unterschied dazu ist die fehlende genetische Abstammung von einem, bzw. bei Adoption von beiden Elternteilen. Aber gerade mit Blick auf den Fall der Eispende zwischen zwei lesbischen Partnerinnen, bei denen sogar diejenige als rechtliche Mutter anerkannt wird, welche gerade nicht die genetische ist[205], kann die genetische Abstammung angesichts der Schutzwürdigkeit des Kindes nicht entscheidend sein. Zudem fehlt es bei zeugungsunfähigen Ehepaaren, die sich ihren Kinderwunsch durch heterologe Insemination oder Adoption erfüllen, auch an der genetischen Abstammung von einem bzw. beiden Ehegatten. In diesen Fällen kann sogar von einer absolut identischen Sach- und Interessenlage gesprochen werden.

Für die folgende Untersuchung des Regelungsbedarfs der quasi-gemeinschaftlichen Kinder von Lebenspartnern ist daher nicht die Problematik von Stieffamilien relevant, sondern eine Orientierung an der Rechtsstellung gemeinsamer Kinder von Ehegatten, insbesondere bei Adoption und heterologer Insemination, erforderlich.

a) Besondere Schutzbedürftigkeit

Die ohnehin schon reformbedürftigen[206] stiefkindschaftlichen Regelungen sind für quasi-gemeinschaftliche Kinder von Lebenspartnern angesichts ihrer speziellen Situation völlig unzureichend. Im Gegensatz zu Stiefkindern aus früheren Beziehungen haben sie in der Regel keinen weiteren rechtlich verantwortlichen Elternteil als den Lebenspartner, von dem sie rechtlich adoptiert wurden oder leiblich abstammen, da bei einer Adoption die leiblichen Eltern ihre Elternstellung verlieren und bei einer Insemination zumeist keine Rechtsbeziehung zum Samenspender besteht, der häufig entweder unbekannt ist, keinen Kontakt zum Kind wünscht oder zumindest keine Elternverantwortung für das Kind über-

---

[203] Vgl. zur speziellen Problematik von Stieffamilien oben 4. Kap. D. II. 1. Lebenspartnerschaftliche Stiefkinder.

[204] *Rauchfleisch*, Alternative Familienformen, 74 f.; auch *Dethloff*, NJW 2001, 2598 (2602) trifft diese Unterscheidung.

[205] Siehe oben 3. Kap. C. I. 1. Abstammung sowie unten 4. Kap. D. II. 2. b) bb) (1) (a) (bb) Mutterschaftszuordnung.

[206] Vgl. oben 4. Kap. D. II. 1. Lebenspartnerschaftliche Stiefkinder.

nimmt und auch keinen Unterhalt zahlt[207]. Sie sind damit ohne Rechtsbeziehung zu einem zweiten Elternteil sowohl in finanzieller als auch emotionaler Hinsicht wesentlich schlechter abgesichert. Die für Stiefkinder geforderten Verbesserungen im Bereich der elterlichen Sorge, der Einbenennung sowie des Umgangs-, Unterhalts-, Steuer- und Erbrechts sind deshalb für quasi-gemeinschaftliche Kinder von Lebenspartnern erst recht von Nöten, da ohne Konkurrenz zu einem außenstehenden Elternteil ein noch gesteigertes Interesse an einer Verrechtlichung der sozialen Elternschaft des Co-Elternteils vorliegt.

Die besondere Schutzbedürftigkeit der betroffenen Kinder wird insbesondere an folgenden Missständen deutlich:

aa) In finanzieller Hinsicht

Ihre finanzielle Situation ist durch das Fehlen eines zweiten gesetzlichen Unterhaltsschuldners stark beeinträchtigt. Die Begründung einer vertraglichen Unterhaltsverpflichtung des Co-Elternteils bietet dafür keinen ausreichenden Ersatz, da insbesondere bei Tötung des Co-Elternteils nur ein gesetzlicher Unterhaltsanspruch zu einem Anspruch aus § 844 II BGB führen und damit eine Existenzgefährdung des betroffenen Kindes verhindern könnte. Dies ist für quasi-gemeinschaftliche Kinder von Lebenspartnern besonders fatal, weil bei lesbischen Paaren häufig gerade die Lebenspartnerin für den Lebensunterhalt aufkommt, welche das Kind nicht geboren hat, während die leibliche Mutter geburtsbedingt das Kind betreut[208].

Auch das fehlende gesetzliche Erb- und Pflichtteilsrecht gegenüber einem zweiten Elternteil sowie die hohe Erbschaftssteuer begründen weitere finanzielle Nachteile, zusätzlich zu der auch für Stiefkinder bestehenden Benachteiligung durch das Erbrecht des Lebenspartners gem. § 10 LPartG, § 1931 BGB bei Vorversterben des leiblichen Elternteils[209].

Zudem haben die Kinder auch unter den ökonomischen Benachteiligungen zu leiden, die ihrer Familie mangels Anerkennung einer rechtlichen Elternbeziehung zum Co-Elternteil aus der fehlenden Berücksichtigung im Steuerrecht erwachsen. Dabei kommen diese Benachteiligungen bei lesbischen Paaren mit Inseminationskindern besonders häufig zum Tragen, wenn die Co-Mutter - wie erwähnt - durch ihre Berufstätigkeit die Familie ernährt[210].

---

[207] So auch *Dethloff*, NJW 2001, 2598 (2602).

[208] *Fthenakis*, 351 (379); vgl. auch die Porträts gleichgeschlechtlicher Familien, *v.Zglinicki*, 25 ff.; 75 ff.; 91 ff.; 97 ff.

[209] Dazu schon oben 4. Kap. D. II. 1. d) cc) Erbrecht.

[210] Vgl. die Porträts gleichgeschlechtlicher Familien, *v.Zglinicki*, 25 ff.; 75 ff.; 91 ff.; 97 ff.

bb) In emotionaler Hinsicht

In emotionaler Hinsicht ist die Absicherung der Kinder ohne Rechtsbeziehung zu einem zweiten Elternteil ebenfalls unzureichend. So steht der vollen sozialen Elternrolle, die der Co-Elternteil übernimmt, kein gemeinsames Sorgerecht gegenüber, obwohl dieser vom Kind als gleichwertiger zweiter Elternteil neben dem leiblichen (bzw. bei Adoption rechtlichen) Elternteil angesehen wird und anders als bei Stiefkindern keine Konkurrenz zu einem außerhalb der Lebenspartnerschaft stehenden Elternteil vorliegt.

Emotional belastend kann sich auch die fehlende Einbenennungsmöglichkeit auswirken, die insbesondere in der Konstellation problematisch ist, wenn vor Partnerschaftsbegründung beide späteren Lebenspartner aufgrund eines gemeinsamen Entschlusses je ein Kind adoptiert oder geboren haben, was angesichts der Tatsache, dass das Lebenspartnerschaftsgesetz erst im August 2001 in Kraft getreten ist, nicht selten der Fall sein dürfte. Bei dieser Konstellation besteht keinerlei Möglichkeit, eine Namensgleichheit aller Familienmitglieder herzustellen, unabhängig davon, ob gem. § 3 LPartG ein Lebenspartnerschaftsname mit oder ohne Doppelnamen gewählt wird oder beide Lebenspartner ihren Namen beibehalten[211]. Insbesondere ist es unmöglich, dass beide Kinder den gleichen Namen tragen, selbst wenn sie vom gleichen Samenspender stammen und demnach Halbgeschwister sind.

Wenn sie nicht vom gleichen Samenspender abstammen oder diese Tatsache rechtlich nicht bekannt ist - etwa weil die Mütter den Vater nicht genannt haben - gelten die Kinder untereinander, obwohl sie als Geschwister aufwachsen, weder als verwandt noch als verschwägert, da an eine Stiefgeschwisternschaft ohne einseitige gemeinsame Abstammung keine Rechtswirkungen geknüpft sind[212].

Für den Trennungsfall der Lebenspartner besteht ebenfalls keine ausreichende Absicherung der betroffenen Kinder. Ohne ein gemeinsames Sorgerecht ist es nicht möglich, entsprechend einer Regelung des § 1671 BGB statt eines alleinigen Sorgerechts des rechtlich anerkannten Elternteils eine flexible Lösung bezüglich der Sorgerechtsverteilung zu treffen. Da bei quasi-gemeinschaftlichen Kindern aber beide Lebenspartner soziale Eltern sind, und die rechtliche Beziehung durch Geburt oder Adoption zu dem einen oft nur vom Zufall abhängt[213], kann es im Interesse des Kindeswohls angezeigt sein, ein gemeinsames Sorgerecht trotz Trennung beizubehalten oder das Sorgerecht ganz auf den Co-Elternteil zu übertragen, wenn dieser hauptsächlich die Erziehungsaufgaben ü-

[211] Dazu oben 3. Kap. C. VIII. Namensrecht.
[212] *Staudinger/Rauscher*, § 1590, Rn. 3.
[213] Vgl. oben 4. Kap. D. II. 2. Quasi-gemeinsame Kinder von Lebenspartnern.

bernommen hatte und dadurch eine intensivere Beziehung zu dem Kind besteht[214].

Auch beim Umgangsrecht sind quasi-gemeinschaftliche Kinder von Lebenspartnern benachteiligt und einer erhöhten emotionalen Unsicherheit ausgesetzt. Obwohl die fehlende Rechtsbeziehung zum Co-Elternteil aus ihrer Sicht keinen Unterschied macht, ist das Umgangsrecht gem. § 1685 II BGB anders als bei leiblichen Kindern gem. § 1684 I BGB nur als Recht der Bezugsperson, nicht hingegen als Recht des Kindes ausgestaltet und zudem wesentlich strengeren Anforderungen unterlegen[215]. Während das Umgangsrecht eines leiblichen Elternteils gem. § 1684 I BGB schon direkt besteht und nur gem. § 1684 IV BGB eingeschränkt werden kann, wenn es zum Wohl des Kindes erforderlich ist, entsteht das Umgangsrecht des Co-Elternteils erst, wenn es dem Wohl des Kindes dient gem. § 1685 I BGB.

Besonders große Schutzlücken aber bestehen im Todesfall des leiblichen Elternteils. Die Absicherung der betroffenen Kinder ist hierbei völlig unzureichend, da eine Vormundschaftserteilung an den Co-Elternteil ungewiss ist und das Kind daher dem Risiko ausgesetzt wird, auch von diesem getrennt zu werden[216].

b) Gemeinsame rechtliche Elternschaft

Die genannten Missstände haben sämtlich ihre Ursache darin, dass die Beziehung zwischen Kind und Co-Elternteil trotz eines in der sozialen Realität gelebten Eltern-Kind-Verhältnisses rechtlich nicht abgesichert ist. Da dem Kindeswohl immer besser gedient ist, wenn ein Kind zwei Eltern anstatt nur einen rechtlich verantwortlichen Elternteil besitzt, ist es zum Schutz der quasi-gemeinschaftlichen Kinder geboten, den Lebenspartner als zweiten verantwortlichen Elternteil rechtlich anzuerkennen[217]. Dadurch würde das Kind entsprechend der sozialen Wirklichkeit den rechtlichen Status eines gemeinschaftlichen Kindes der Lebenspartner erhalten und wäre damit durch ein gesetzliches Unterhalts- und Erbrecht, eine Berücksichtigung im Steuerrecht, ein gemeinsames Sorgerecht sowie ein Umgangsrecht nach § 1684 BGB umfassend geschützt, insbesondere im Trennungsfall der Lebenspartner und im Todesfall seines leiblichen Elternteils. Eine gemeinsame rechtliche Elternschaft der Lebenspartner hätte als rechtliche Absicherung der sozial gelebten Realität zudem den Vorteil, die Beziehung zwischen allen Beteiligten durch die gewährleistete Kontinuität

---

[214] *Dethloff*, NJW 2001, 2598 (2602).

[215] *Palandt/Diederichsen*, § 1685, Rn. 4.

[216] *Niemeyer*, FuR 1997, 141 f.

[217] *Burgert/Lähnemann*, 31 (36); *Dethloff*, NJW 2001, 2598 (2602).

zu entlasten und zu stabilisieren. Außerdem könnte so dem Recht des Kindes auf Kenntnis seiner Abstammung zu einer größeren Realisierbarkeit verholfen werden, da es bei Samenspenden angesichts der geklärten Verhältnisse nicht mehr nötig wäre, aus Angst vor eventuell geltend gemachten Ansprüchen die Anonymität des Spenders zu wahren.

Für die Begründung einer gemeinsamen rechtlichen Elternschaft der Lebenspartner wäre es zum einen möglich, die Zulässigkeit der Stiefkindadoption auf Lebenspartner auszudehnen. Zum anderen muss in der weiteren Untersuchung überlegt werden, ob zum Schutz der betroffenen Kinder nicht sogar eine schon früher einsetzende rechtliche Verantwortlichkeit des Co-Elternteils zu begründen ist.

aa) Stiefkindadoption

Durch die Zulassung von Lebenspartnern zur Stiefkindadoption gem. § 1741 II 3 BGB könnte eine gemeinsame rechtliche Elternschaft der Lebenspartner für das von ihnen aufgrund gemeinsamen Entschlusses gezeugte oder adoptierte Kind begründet werden. Die oben gegen Stiefkindadoptionen vorgebrachten Bedenken[218] greifen für diese Fälle gerade nicht ein[219], da eine faktisch bestehende Situation, in der das Kind von den Lebenspartnern bereits als ein gemeinsames betrachtet wird, lediglich rechtlich abgesichert würde. Mangels Konkurrenz zu einem außerhalb der Lebenspartnerschaft stehenden Elternteil bedeutete eine Stiefkindadoption daher keinen Verlust für das Kind, sondern es gewönne im Gegenteil seinen sozialen Co-Elternteil als zweiten rechtlich verantwortlichen Elternteil hinzu. Zudem kann auch die Gefahr des Scheiterns der Beziehung nicht als Gegenargument verwendet werden, da es sich bei der Lebenspartnerschaft bezogen auf das Kind um eine Erstbeziehung ohne erhöhtes Trennungsrisiko handelt. Vielmehr trüge eine Stiefkindadoption durch Klärung der Verhältnisse zu einer weiteren Stabilisierung der Beziehung bei. Außerdem ist eine rechtliche Absicherung der sozialen Eltern-Kind-Beziehung gerade für den Fall der Trennung besonders wichtig.

In den Fällen quasi-gemeinschaftlicher Kinder von Lebenspartnern dient eine Stiefkindadoption durch die Schaffung einer rechtlichen Verantwortlichkeit des zweiten Elternteils damit regelmäßig dem Kindeswohl[220].

---

[218] Vgl. oben 4. Kap. D. II. 1. a) Stiefkindadoption.

[219] So auch *Muscheler*, Rn. 181.

[220] Ebenso *Dethloff*, NJW 2001, 2598 (2602); *Burgert/Lähnemann*, 31 (36); *Muscheler*, Rn. 181. Auch in den Niederlanden wurde die Adoptionsmöglichkeit für gleichgeschlechtliche Paare im Interesse des Kindes geschaffen. Nach dem Bericht der niederländischen Regierung habe ein Kind, das in einer gleichgeschlechtlichen Beziehung aufwachse, das Recht

Der bislang bestehende Ausschluss von der Stiefkindadoption, der schon bei lebenspartnerschaftlichen Stiefkindern mangels sachlichen Grundes eine verfassungswidrige Ungleichbehandlung gem. Art. 3 I GG gegenüber ehelichen Stieffamilien darstellt[221], ist somit bei quasi-gemeinschaftlichen Kindern erst recht nicht verfassungsrechtlich zu rechtfertigen. Zu ihrem Schutz ist die Zulassung von Lebenspartnern zur Stiefkindadoption daher dringend geboten.

bb) Elternschaftszuordnung aufgrund übernommener Verantwortung

Es stellt sich die Frage, ob die geforderte Zulassung zur Stiefkindadoption für die Bedürfnisse der quasi-gemeinschaftlichen Kinder von Lebenspartnern ausreichend ist. Anders als bei einer Stiefkindkonstellation, bei der eine Stiefkindadoption nur in Einzelfällen in Betracht kommt, ist die rechtliche Absicherung des Verhältnisses zum Co-Elternteil eines quasi-gemeinschaftlichen Kindes immer angezeigt. Eine Stiefkindadoption ist in ihrer Durchführung jedoch vom Verhalten der Lebenspartner abhängig, auf welches das Kind keinen Einfluss hat, so dass es - anders als ein Stiefkind - dem Risiko ausgesetzt wird, für den Fall des Unterbleibens anstatt zweier nur einen rechtlich verantwortlichen Elternteil zu haben.

Bei einer Adoption ließe sich dieses Risiko durch eine dem § 1741 II 2 BGB entsprechende Regelung für Lebenspartner, wonach diese ein Kind nur gemeinschaftlich annehmen dürften, leicht beseitigen[222].

Problematisch hingegen sind die Konstellationen, in denen das leibliche Kind des einen Lebenspartners auf Wunsch und Veranlassung beider Lebenspartner gezeugt wurde. Unabhängig von der rechtlichen Zulässigkeit der Zeugungsmethode und ihrer ethischen Beurteilung, die zum Schutz des betroffenen Kindes hier keine Rolle spielen darf[223], stellt sich in diesen Fällen die Frage, ob eine Elternschaftszuordnung zum Co-Elternteil unabhängig von einer Adoption begründet werden sollte. So könnte der durch die mitveranlasste Zeugung übernommenen Verantwortung durch ein rechtliches Einstehenmüssen für das Kind Ausdruck verliehen werden. Ob eine solche Elternschaftszuordnung zum Schutz

---

auf gesetzlichen Schutz der Eltern-Kind-Beziehung zu beiden Erwachsenen, welche die Verantwortung und Erziehung übernehmen; dieser Rechtsschutz könne insbesondere durch die Stiefkindadoption gewährt werden, vgl. Erläuternder Bericht, 1. Einführung, Parlamentsakte 26673, Nr. 3 (8. Juli 1999), zit. nach *Baur/Mattijssen*, AJP/PJA 2001, 292 (297).

[221] Siehe oben 4. Kap. D. II. 1. a) Stiefkindadoption.

[222] Vgl. dazu näher unten 4. Kap. D. II. 3. a) Gemeinschaftliche Adoption.

[223] MüKo/*Seidel*, § 1591, Rn. 18; *Quantius*, FamRZ 1998, 1145 (1146); *Schwab*, FamR, Rn. 487; BT-Drs. 14/2096, 7; *Coester-Waltjen*, FamRZ 1992, 369 (370); BR-Drs. 369/99, 8 f.

des Kindeswohls grundsätzlich möglich wäre und wie sie ausgestaltet sein müsste, wird im Folgenden untersucht.

(1) Grundsätzliche Möglichkeit der Abweichung vom Abstammungsprinzip zugunsten sozialer Elternschaft?

Die rechtliche Zuordnung eines Kindes zu seinen Eltern ist grundsätzlich an der genetischen Abstammung orientiert[224]. Da die Lebenspartner als zwei Personen des gleichen Geschlechts niemals beide genetisch Eltern eines Kindes sein können, müsste für die Begründung einer Elternstellung desjenigen Lebenspartners, welcher nicht leiblicher Elternteil des Kindes ist, an eine rein soziale Komponente angeknüpft werden[225].

(a) System des Verwandtschaftsrechts

Einem solchen Vorgehen könnte das System des Verwandtschaftsrechts entgegenstehen. Das Abstammungsprinzip bildet zwar den Grundsatz für das Verwandtschaftsrecht, da gem. § 1589 S. 1 BGB Personen miteinander verwandt sind, deren eine von der anderen abstammt. Dieser Grundsatz ist jedoch nicht zwingend, da er vom Gesetz selber an zahlreichen Stellen durchbrochen wird. Insbesondere die Adoption stellt gem. § 1754 BGB ein rechtliches Eltern-Kind-Verhältnis zwischen Kind und Annehmendem her, das gerade nicht auf leiblicher Abstammung beruht[226]. Aber auch im Abstammungsrecht selbst wird in den §§ 1591 ff. BGB vom Grundsatz der leiblichen Abstammung abgewichen, da sie teils nur auf Vermutungen basiert oder sogar eine bloße Fiktion darstellt[227]. Besonders deutlich zeigt sich die Problematik des Abstammungsrechts auch bei den mit Hilfe der Reproduktionsmedizin gezeugten Kindern.

---

224 MüKo/*Seidel*, § 1589; Rn. 7; *Coester*, JZ 1992, 809 (810).

225 Vgl. zu den folgenden Ausführungen auch die Überlegungen der niederländischen Gesetzgebung zur Anerkennung der sozialen Elternschaft bei Homosexuellen: *Boele-Woelki/Schrama*, 51 (92 ff.).

226 *Carré-Jersch*, 55.

227 MüKo/*Seidel*, Vor § 1591, Rn. 17.

(aa) Vaterschaftszuordnung

Die Regelungen der Vaterschaftszuordnung in den §§ 1592 ff. BGB basieren mit Ausnahme der gerichtlichen Vaterschaftsfeststellung nach § 1592 Nr. 3 BGB lediglich auf Abstammungsvermutungen. Vater ist danach der Mann, der entweder zum Zeitpunkt der Geburt mit der Mutter verheiratet ist oder die Vaterschaft anerkannt hat.

Um die daraus als möglich erkannten Abweichungen der genetischen von der rechtlichen Vaterschaft nachträglich korrigieren zu können, wurden die bestehenden Anfechtungstatbestände zwar durch das Kindschaftsrechtsreformgesetz noch weiter ausgedehnt[228]. Aus vielfältigen Untersuchungen weiß man jedoch, dass dennoch viele der ehelichen Kinder, die rechtlich dem Ehemann der Mutter zugeordnet werden, genetisch von einem anderen Mann abstammen[229]. Zudem ist bekannt, dass eine wahrheitswidrige Vaterschaftsanerkennung in der Praxis oft bewusst dazu eingesetzt wird, die Formalitäten einer Stiefkindadoption zu umgehen[230]. Diese Abweichungen von der genetischen zugunsten der sozialen Elternschaft werden aber trotzdem im Interesse einer schnellen Rechtsklarheit und Rechtssicherheit in Kauf genommen, obwohl heute im Gegensatz zu früher keine Notwendigkeit mehr für eine auf Vermutung beruhende Vaterschaftszuordnung besteht, da es inzwischen ohne großen Aufwand möglich ist, die Vaterschaft mittels eines Gentests genau zu bestimmen[231].

Auch der komplette Ausschluss des wahren genetischen Erzeugers von der Vaterschaftsanfechtung des Scheinvaters zeigt, dass der Gesetzgeber Durchbrechungen des Abstammungsprinzips zum Schutze der sozialen Familie zulässt[232].

Neuerdings hat sich der Gesetzgeber auch im Falle der heterologen Insemination zu einer bewussten Durchbrechung des Abstammungsprinzips entschlossen. Im Rahmen des Kinderrechteverbesserungsgesetzes[233] ist die Regelung des neuen § 1600 II BGB eingeführt worden, nachdem diese schon 1997 vom Bundesrat im Rahmen der Kindschaftsrechtsreform vorgeschlagen[234], aber zunächst nicht umgesetzt worden war. Begründet wurde dies damit, einer geplanten umfassenden Regelung des Fortpflanzungsrechts nicht durch eine zivilrechtliche Teilrege-

---

228 MüKo/*Seidel*, Vor § 1591, Rn. 22.

229 *Baur/Mattijssen* sprechen von Zahlen bis zu einem Viertel aller ehelichen Kinder: AJP/PJA 2001, 292 (296).

230 *Frank*, FamRZ 1988, 113 (115).

231 *Baur/Mattijssen*, AJP/PJA 2001, 292 (296).

232 *Frank*, FamRZ 1988, 113 (114).

233 Vom 9.4.2002, BGBl I, 1239, am 12.4.2002 in Kraft getreten, BT-Drs. 14/8131, BT-Drs. 14/2096, BR-Drs. 369/99.

234 Vgl. BT-Drs. 13/4899, 148.

lung vorgreifen zu wollen[235]. Seit April 2002 ist jetzt die Anfechtung der Vaterschaft durch den Mann oder die Mutter ausgeschlossen, wenn das Kind mit Einwilligung des Mannes und der Mutter durch künstliche Befruchtung mittels Samenspende eines Dritten gezeugt worden ist[236]. Eine Anfechtung durch das Kind bleibt weiterhin möglich. Bislang konnte die Vaterschaft durch den Mann auch dann angefochten werden, wenn er zuvor der heterologen Insemination zugestimmt hatte, da nach Auffassung des BGH auf das Recht der Vaterschaftsanfechtung nicht wirksam verzichtet werden konnte und ein vertraglicher Ausschluss des Anfechtungsrechts damit unwirksam war[237]. Diese Rechtsprechung ist als eine für unbillig gehaltene Überbetonung der genetischen Vaterschaft auf vielfältige Kritik gestoßen[238], da sie die Schutzinteressen des Kindes am Erhalt der Rechtsstellung zu dem als Vater geltenden Mann nicht berücksichtigte. Um den Verlust von Unterhalts- und Erbrechtsansprüchen zu verhindern, wurde daher von großen Teilen der Literatur sowie teilweise auch von der Rechtsprechung angenommen, dass das Anfechtungsrecht nach § 242 BGB als Verbot des venire contra factum proprium ausgeschlossen sein müsse, da der Mann durch seine Zustimmung zur heterologen Insemination die Zeugung mitveranlasst habe und daher die Verantwortung für das Kind trage[239]. Durch die Einführung des neuen § 1600 II BGB hat sich der Gesetzgeber nun dieser Meinung angeschlossen und zum Ausdruck gebracht, dass er die Schutzinteressen des Kindes gegenüber einer an der genetischen Wahrheit orientierten Elternzuordnung als gewichtiger ansieht[240].

(bb) Mutterschaftszuordnung

Bei der Reglung der Mutterschaftszuordnung gem. § 1591 BGB ist ebenfalls vom Abstammungsprinzip abgewichen worden[241]. Nachdem bis zur Kindschaftsrechtsreform der nicht für regelungsbedürftig gehaltene Grundsatz „mater

---

235 BT-Drs. 13/4899, 52; *Quantius*, FamRZ 1998, 1145 (1147); *Mutschler*, FamRZ 1996, 1381 (1385).

236 *Janzen*, FamRZ 2002, 785 (786); *Peschel-Gutzeit*, FPR 2002, 285 (286 f.).

237 BGHZ 87, 169 f.; BGH, FamRZ 1995, 1272 f.; BGHZ 129, 297 (301).

238 *Kollhosser*, JA 1985, 553 (555); *Deutsch*, MDR 1985, 177 (180); *Harder*, JuS 1986, 505 (507); *Roth*, FamRZ 1996, 769 ff.; *Schlüter*, FamR, Rn. 293; *Schwab*, FamR, Rn. 490; *Peschel-Gutzeit*, FPR 2002, 285 (287); OLG Düsseldorf, FamRZ 1988, 762 f.; AG Dieburg, FamRZ 1987, 516 f.

239 *Kollhosser*, JA 1985, 553 (555); *Deutsch*, MDR 1985, 177 (180); *Harder*, JuS 1986, 505 (507); *Roth*, FamRZ 1996, 769 ff.; *Schlüter*, FamR, Rn. 293; *Schwab*, FamR, Rn. 490; *Peschel-Gutzeit*, FPR 2002, 285 (287); OLG Düsseldorf, FamRZ 1988, 762 f.; AG Dieburg, FamRZ 1987, 516 f.

240 Vgl. BT-Drs. 14/2096, 7, 10.

241 MüKo/*Seidel*, § 1589, Rn. 13; *Roth*, FamRZ 1996, 769 (771).

semper certa est“ galt, ist wegen der durch die Fortpflanzungsmedizin entstandenen Möglichkeit einer sogenannten gespaltenen Mutterschaft, also des Auseinanderfallens von genetischer und gebärender Mutter, mit der Regelung des § 1591 BGB eine gesetzgeberische Entscheidung zugunsten der Geburtsmutter getroffen worden[242]. Diese wird als rechtliche Mutter des Kindes anerkannt, unabhängig davon, ob sie auch die genetische Mutter ist oder nicht. Weder die Geburtsmutter noch die genetische Mutter noch das Kind können die Mutterschaft anfechten, so dass die dem Abstammungsprinzip zuwiderlaufende Zuordnung zur gebärenden Mutter unabänderbar ist.

Zum einen wurde diese Entscheidung von der größeren Offenkundigkeit des Geburtsereignisses bestimmt, womit sich allerdings nicht der Ausschluss der Anfechtbarkeit begründen lässt. Des Weiteren soll durch die Regelung des § 1591 BGB der Existenz von Ersatzmutterschaften entgegengewirkt werden, so dass man aus ordnungspolitischen Gründen von der genetischen Wirklichkeit abgesehen hat[243]. Zudem wird die Beziehung der Geburtsmutter zum Kind wegen der gemeinsamen Zeit der Schwangerschaft und des Geburtserlebnisses gemeinhin für intensiver gehalten als die der rein genetischen Mutter[244]. Auch hier durchbricht der Gesetzgeber daher zugunsten einer sozialen Elternstellung den Grundsatz des Abstammungsprinzips.

Angesichts dieser vielfältigen Durchbrechungen steht das System des Verwandtschaftsrechts einer Elternschaftszuordnung zum Co-Elternteil daher nicht grundsätzlich entgegen.

(b) Recht auf Kenntnis der eigenen Abstammung

Es stellt sich weiterhin die Frage, inwieweit das Recht des Kindes auf Kenntnis seiner genetischen Abstammung einer Regelung entgegensteht, die für den Lebenspartner, der nicht leiblicher Elternteil des Kindes ist, eine Elternschaftszuordnung abweichend von der genetischen Wahrheit begründet.

Das vom Bundesverfassungsgericht hervorgehobene Recht auf Kenntnis der eigenen Abstammung[245] ist von Art. 2 I i.V.m. Art. 1 I GG im Rahmen des allgemeinen Persönlichkeitsrechts geschützt[246] und hat besonders in der letzten Zeit das Bestreben verstärkt, der Elternschaftszuordnung die genetische Wahrheit zu

---

242 BT-Drs. 13/4899, 82; *Gaul*, FamRZ 1997, 1442 (1463).

243 *Gaul*, FamRZ 2000, 1461 (1473); MüKo/*Seidel*, Vor § 1591, Rn. 21 ff.

244 BT-Drs. 13/4899, 82; *Quantius*, FamRZ 1998, 1145 (1150); *Gaul*, FamRZ 2000, 1461 (1473).

245 BVerfG, JZ 1989, 335, FamRZ 1989, 255.

246 *Schmidt-Didczuhn*, JR 1989, 228 ff.; *Coester-Waltjen*, FamRZ 1992, 369 (372); *Giesen*, JZ 1989, 364 (367); *Gaul*, FamRZ 2000, 1461 (1469).

Grunde zu legen. Infolgedessen sind die Vaterschaftsanfechtungsmöglichkeiten für das Kind, die zuvor zum Schutz des Familienfriedens beschränkt waren, durch das Kindschaftsrechtsreformgesetz ausgeweitet worden, um dem Recht des Kindes Geltung zu verschaffen[247]. Dabei ist es allerdings nur schwer einzusehen, warum das Kind die Kenntnis seines genetischen Vaters mit dem Verlust seines Scheinvaters zu bezahlen hat[248], obwohl es sich nur um ein Recht auf Kenntnis, nicht um eines auf entsprechende rechtliche Zuordnung handelt und dem Kind sicherlich mehr gedient wäre, wenn es die Kenntnis unabhängig davon erlangen könnte.

Das Recht auf Kenntnis der eigenen Abstammung wird zudem nicht schrankenlos gewährt[249], was sich insbesondere an der Neuregelung der Mutterschaftszuordnung zeigt. Dort hat das Kind, das im Falle einer Eispende seiner nicht genetischen Geburtsmutter zugeordnet wird, anders als bei der heterologen Insemination keinerlei Möglichkeit, die Zuordnung durch Anfechtung zu korrigieren, so dass die genetische „Unwahrheit" unabänderlich bestehen bleibt. Es ist für diesen Fall trotz vielfacher Forderungen im Hinblick auf die Wahrung des Rechts auf Kenntnis der eigenen Abstammung nicht einmal die Möglichkeit einer isolierten Abstammungsfeststellungsklage vorgesehen, mit der die genetische Abstammung im Amtsermittlungsverfahren geklärt werden könnte, ohne dabei statusändernd zu wirken[250]. Der Gesetzgeber hat das Kind stattdessen lediglich auf die normale Feststellungsklage gem. § 256 ZPO verwiesen[251], bei der zum einen das Feststellungsinteresse insofern problematisch ist, als es kein zu klärendes Rechtsverhältnis gibt, da dieses ja bereits unabänderbar feststeht[252]. Zum anderen liefert die Feststellungsklage ohne den Amtsermittlungsgrundsatz keine gesicherte Kenntnis über die Abstammung[253]. Das Gleiche gilt für die dem Kind ebenfalls mögliche Auskunftsklage, da auch hier die Richtigkeit der Angaben nicht überprüft wird[254]. Da in diesem Fall also selbst der Gesetzgeber durch die unabänderliche Zuordnung entgegen der genetischen Wahrheit eine mangelnde Realisierbarkeit des Rechts auf Kenntnis der eigenen Abstammung in Kauf genommen hat, kann aus diesem Recht kein zwingender Grund abgeleitet werden, die Elternschaftszuordnung an der genetischen Wahrheit zu orientieren.

---

247 MüKo/*Seidel*, Vor § 1591, Rn. 21 f.
248 *Schwab*, FamR, Rn. 493.
249 BVerfGE 96, 56 (63); *Rüsken*, NJW 1998, 1745 (1748); *Schmidt-Didczuhn*, JR 1989, 228 (232); *Giesen*, JZ 1989, 364 (369).
250 *Roth*, FamRZ 1996, 769 (771); MüKo/*Seidel*, § 1589, Rn. 47, § 1591, Rn. 24 ff.
251 BT-Drs. 13/4899, 83; MüKo/*Seidel*, § 1591, Rn. 25 ff.; *Quantius*, FamRZ 1998, 1145 (1150).
252 *Gaul*, FamRZ 2000, 1461 (1474).
253 MüKo/*Seidel*, § 1591, Rn. 27.
254 MüKo/*Seidel*, § 1591, Rn. 27; *Gaul*, FamRZ 2000, 1461 (1476).

Abgesehen davon ist fragwürdig, ob die Relevanz der Kenntnis der eigenen Abstammung nicht ohnehin überbewertet wird[255]. Für Kinder, deren soziale Eltern nicht gleichzeitig auch ihre genetischen sind, ist der so oft implizierte Zusammenhang von Elternschaft und Blutsverwandtschaft fremd. Für sie entsteht die Eltern-Kind-Beziehung durch das soziale Verhältnis, so dass sie, wenn sie sich in ihrer Familie wohl fühlen, in der Regel kein besonders großes Interesse an ihren genetischen Erzeugern haben[256]. Bei Problemen mit der Identitätssuche kann ein kurzfristiges Interesse an der genetischen Abstammung aufkommen, das dann aber bei Kenntnis in der Regel schnell wieder abflaut, da die sozialen Eltern für das Kind eine viel gewichtigere Rolle spielen[257]. Zudem hat selbst bei großem Interesse an der eigenen Abstammung diese wegen der mangelnden Durchschaubarkeit bei der Vererbung bestimmter Eigenschaften für das Kind aus biologischer Sicht nur einen sehr geringen Aussagewert über seine eigene Identität[258]. Zur jugendlichen Suche nach der eigenen Identität kann das Kennenlernen der genetischen Eltern daher ohnehin nicht viel beitragen[259].

Aber selbst wenn man die Kenntnis der eigenen Abstammung für unentbehrlich halten will, so muss die Erlangung derselben nicht zwangsläufig mit der rechtlichen Zuordnung verknüpft werden, da dem Recht des Kindes auf Kenntnis seiner genetischen Abstammung auch anders genüge getan werden kann, insbesondere durch die Einführung einer isolierten Abstammungsfeststellungsklage. Jedenfalls steht das Recht auf Kenntnis der eigenen Abstammung dem eingangs genannten Vorhaben nicht grundsätzlich entgegen.

---

255 So wird der Stellenwert dieser Kenntnis im Ausland zum Teil ganz anders beurteilt. In Großbritannien beispielsweise wird seit der umfassenden Reform des englischen Kindschaftsrechts durch den Children Act von 1989 weniger Wert auf die genetische „Wahrheit“ gelegt, als vielmehr darauf, wer die Geburt des Kindes tatsächlich wünschte. Dies hat bei den dort zulässigen Leih-, bzw. Ersatzmutterschaften die Folge, dass das Gericht die Wunscheltern unter gewissen Voraussetzungen durch ein „parental order“ zu den rechtlichen Eltern erklären kann. Bei einer heterologen Insemination gilt zudem nicht der Samenspender, sondern der Ehemann oder bei einer unverheirateten Frau der zustimmende Mann als der rechtliche Vater, ohne dass eine Möglichkeit zur Anfechtung dieser Vaterschaftszuordnung besteht. Bei einer alleinstehenden Frau ist es daher auch möglich, dass das Kind keinen rechtlichen Vater hat. Das Recht auf Kenntnis der eigenen Abstammung findet nur insoweit Ausdruck, als das Kind bei Volljährigkeit erfahren kann, dass es künstlich gezeugt wurde, nicht jedoch die Identität des Samenspenders, vgl. dazu *Büttner*, FamRZ 1997, 464 (466 f.).

256 *Frank*, FamRZ 1988, 113 (120).

257 *Coester*, JZ 1992, 809 (811); *Frank*, FamRZ 1988, 113 (120).

258 *Hassenstein*, FamRZ 1988, 120 (121): sowohl die Erbanlagenauswahl für die Erbgutweitergabe bei den jeweiligen Elternteilen als auch die Dominanzverhältnisse sind unklar; zudem entstehen durch die Kombinationswirkung der zusammentreffenden Erbanlagen ganz neue erbgutbedingte Eigenschaften.

259 *Hassenstein*, FamRZ 1988, 120 (123).

(c) Bedeutung der sozialen Elternschaft

Zu untersuchen ist weiterhin, inwieweit eine rein soziale Elternschaft Durchbrechungen des Abstammungsprinzips gerechtfertigt erscheinen lässt. Grundsätzlich soll das Abstammungsrecht im Ergebnis dem Kindeswohl und seiner Familie dienen[260]. Abweichungen vom Abstammungsprinzip werden immer dann toleriert, wenn sie zum Schutz dieser Interessen erforderlich sind[261].

Vielfach wird unreflektiert davon ausgegangen, dass die Natürlichkeit der genetischen Elternschaft die beste Gewähr für das Kindeswohl leiste, wohingegen eine bloß soziale Elternschaft für das Kind weniger wünschenswert sei[262]. Diese Überbetonung der Blutsverwandtschaft lässt jedoch außer Acht, dass über das Entstehen einer guten Eltern-Kind-Beziehung nicht die Tatsache der gemeinsamen Gene entscheidet, die keinerlei Garantie für die Erziehungsfähigkeit der Eltern bietet, sondern dass vielmehr auch bei der genetischen Elternschaft die soziale Komponente für das Kindeswohl ausschlaggebend ist. Die durch Zuwendung und liebevollen Umgang bestimmte, tatsächlich gelebte Beziehung kann aber auch bei einer rein sozialen Elternschaft die gleiche Qualität aufweisen[263].

Angesichts der veränderten gesellschaftlichen Bedingungen wachsen immer mehr Kinder nicht mehr mit ihren beiden leiblichen Elternteilen auf und nehmen immer mehr Personen elterliche Aufgaben wahr, ohne eine genetische Elternstellung gegenüber dem betreuten Kind innezuhaben. Diese soziale, das heißt ausschließlich auf emotionaler Beziehung beruhende Elternschaft ist daher ein wichtiges gesellschaftliches Faktum geworden, auf welches das Recht zum Schutz des Kindeswohls zu reagieren hat, unabhängig davon, ob diese Situation grundsätzlich für wünschenswert erachtet wird[264]. Im Interesse der betroffenen Kinder ist es daher angezeigt, soziale Elternschaft auch dann zu schützen, wenn sie nicht auf einer genetischen Abstammung beruht[265].

Die Kindschaftsrechtsreform hatte bereits damit begonnen, den Blickwinkel des Kindes stärker zu berücksichtigen. So wird grundsätzlich nicht mehr danach unterschieden, ob die Eltern verheiratet sind oder nicht, da dieser Umstand aus der

---

260 MüKo/*Seidel*, § 1591, Rn. 10, 25; *Mutschler*, FamRZ 1996, 1381 (1382).

261 *Schwab*, FamR, Rn. 450.

262 *Staudinger/Rauscher*, Einl zu §§ 1589 ff., 21 f.

263 So auch AK/*Teubner*, vor §§ 1589 ff., Rn. 13; *Carré-Jersch*, 39 f., 71 ff.; *Hassenstein*, FamRZ 1988, 120 ff.; *Frank*, FamRZ 1988, 113 (120) ; *v.Puttkamer*, Stieffamilien, 19; *Dethloff*, NJW 1992, 2200 (2208); *Coester*, JZ 1992, 809 ff.

264 MüKo/*Seidel*, § 1591, Rn. 18; *Quantius*, FamRZ 1998, 1145 (1146); *Schwab*, FamR, Rn. 487; BT-Drs. 14/2096, 7; *Coester-Waltjen*, FamRZ 1992, 369 (370).

265 *Hassenstein*, FamRZ 1988, 120 (122); *Coester*, JZ 1992, 809 (810); *Roth*, FamRZ 1996, 769 (771); *Muscheler*, Rn. 213.

Sicht des Kindes nicht entscheidend ist. Diese Tendenz sollte auch bei der aus Kindessicht gleichwertigen sozialen Elternschaft fortgeführt werden[266].

(d) Zwischenergebnis

Zum Schutz der Kindesinteressen ist eine Abweichung vom Abstammungsprinzip zugunsten sozialer Elternschaft grundsätzlich möglich.

(2) Die Vorschläge im Einzelnen

Für die Art und Weise der Begründung einer rechtlichen Elternstellung des Co-Elternteils sind verschiedene Möglichkeiten denkbar.

(a) Änderung des Abstammungsrechts

Es könnte eine Regelung in Betracht kommen, die parallel zur Vaterschaftsregelung eine Elternschaftsvermutung bzw. -fiktion für denjenigen eintreten ließe, der zum Zeitpunkt der Geburt mit der Mutter des Kindes in einer Lebenspartnerschaft lebt (entsprechend § 1592 Nr. 1 BGB) oder die Elternschaft anerkannt hat (entsprechend § 1592 Nr. 2 BGB).

(aa) Elternschaftszuordnung kraft Lebenspartnerschaft

Eine Elternschaftszuordnung kraft Lebenspartnerschaft könnte gerade im Hinblick auf Art. 6 V GG angezeigt sein, um Kinder, die in eine Lebenspartnerschaft hineingeboren werden, mit Kindern, die in eine Ehe hineingeboren werden, gleichzustellen.

Einem ehelichen Kind wird gem. § 1592 Nr. 1 BGB auch ein bekanntermaßen nicht genetischer, sondern rein sozialer Vater rechtlich als Elternteil zugeordnet, wenn dieser mit der Mutter bei der Geburt verheiratet ist. Bei einer heterologen Insemination von Ehegatten ist es dadurch möglich, die rechtliche Elternschaft demjenigen zuzuordnen, der dem Kind näher steht, nämlich dem Ehemann als

---

[266] So auch *Muscheler*, Rn. 213.

sozialem Vater, nicht hingegen dem Samenspender, welcher sich in der Regel nicht für das Kind interessiert. Diese Regelung dient insbesondere deshalb dem Kindeswohl, weil dem Kind auf diese Weise unabhängig von einer möglichen Anonymität des Samenspenders dennoch zwei rechtlich verantwortliche Elternteile zugeordnet werden, die gleichzeitig auch seine soziale Familie bilden.

Im Gegensatz dazu erkennt das Gesetz bei einem nichtehelichen Kind, das aufgrund heterologer Insemination in eine lesbische Lebenspartnerschaft hineingeboren wird, lediglich einen der beiden sozialen Elternteile, nämlich den leiblichen, rechtlich als Elternteil an, den anderen, rein sozialen Elternteil hingegen nicht, obwohl es sich genau wie bei Ehegatten um die soziale Familie des Kindes handelt. Dem Kind wird damit bei Anonymität des Samenspenders nur ein rechtlich verantwortlicher Elternteil zugebilligt, einem ehelichen Kind trotz heterologer Insemination dagegen zwei, so dass letzteres wesentlich besser abgesichert ist[267].

Durch die vorgeschlagene Elternschaftszuordnung kraft Lebenspartnerschaft könnte diese Ungleichbehandlung im Sinne des Art. 6 V GG zwischen ehelichen und nichtehelichen Kindern beseitigt werden.

Für schwule Lebenspartnerschaften, bei denen beide Partner das durch eine Ersatzmutter ausgetragene leibliche Kind des einen Partners gemeinsam aufziehen, hätte eine solche Regelung allerdings keinerlei Relevanz, da es an der Möglichkeit fehlt, das Kind in die Lebenspartnerschaft hineinzugebären.

(bb) Elternschaftszuordnung kraft Anerkennung

Durch eine Elternschaftszuordnung kraft Anerkennung würde zwar - ähnlich einer Adoption - ein vom Kind nicht zu beeinflussendes Verhalten der Lebenspartner vorausgesetzt. So könnte aber die Elternschaftszuordnung wesentlich erleichtert und die gem. Art. 3 I GG bestehende Ungleichbehandlung beseitigt werden, die bei einer heterologen Insemination zwischen den Kindern von nichtehelichen heterosexuellen Paaren und denen lesbischer Paare wegen der Möglichkeit einer wahrheitswidrigen Vaterschaftsanerkennung gem. § 1592 Nr. 2 BGB vorliegt.

Außerdem könnte durch diese Regelung für den Fall, dass gem. § 1594 II BGB bisher keine Vaterschaft für das Kind besteht, allen Personen, die soziale Elternschaft wahrnehmen, durch Anerkennung eine rechtliche Elternstellung zugeordnet werden, so dass sie im vollen Umfang für das Kind verantwortlich wären.

---

[267] Vgl. oben 4. Kap. D. II. 2. a) Besondere Schutzbedürftigkeit.

Für schwule Paare hingegen, die das von einer Ersatzmutter ausgetragene Kind eines Partners gemeinsam aufziehen, bietet auch dieser Vorschlag keine Möglichkeit, die Elternschaft des nicht leiblichen Vaters zu begründen, da für ihn gem. § 1594 II BGB die Anerkennung der Vaterschaft ausscheidet, wenn sein Partner, der leibliche Elternteil, bereits als Vater feststeht.

(cc) Bewertung

Beide Vorschläge führten im Ergebnis dazu, dass das Kind aus rechtlicher Perspektive von zwei Personen des gleichen Geschlechts abstammen würden. Bei dem nötigen Abstraktionsvermögen stellt dies zwar grundsätzlich keine größere biologische Fiktion dar als die Vaterschaft eines zeugungsunfähigen Mannes. Letztere steht aber als eine potentielle Vermutung mit dem Abstammungsprinzip im Einklang, während eine Abstammung von zwei Vätern oder zwei Müttern nicht vermutet werden kann, da sie unmöglich ist. Aus diesem Grunde ist auch in den Niederlanden die Ehe gleichgeschlechtlicher Paare der heterosexuellen Ehe nicht in Bezug auf eine gesetzliche Vermutung der Nachkommenschaft entsprechend einer Vaterschaftsvermutung für einen heterosexuellen verheirateten Mann gleichgestellt worden[268].

Die Ungleichbehandlung rechtfertigt sich also damit, dass die Fiktion einer gleichgeschlechtlichen Elternschaft zu weit von der biologischen Realität entfernt liegt und daher nicht mehr mit dem Grundsatz des Abstammungsprinzips vereinbar ist.

Damit sind die Vorschläge, ganz abgesehen von der Tatsache, dass sie ohnehin nur für Kinder lesbischer, nicht hingegen schwuler Paare relevant wären, abzulehnen.

(b) Gesetzliche Verwandtschaft

Um eine Abstammungsfiktion zu vermeiden, könnte bei einer übernommenen Verantwortung durch mitveranlasste Zeugung eine aufgrund gesetzlicher Verwandtschaft begründete Elternschaftszuordnung anzunehmen sein, deren Rechtsfolgen mit denen einer Adoption vergleichbar wären.

Wegen der schon erwähnten Unstimmigkeiten im Abstammungsrecht angesichts der neuen reproduktionstechnischen Möglichkeiten[269] ist sowohl für die Fälle

[268] *Baur/Mattijssen*, AJP/PJA 2001, 292 (294, 296).
[269] Siehe oben 4. Kap. D. II. 2. b) bb) (1) (a) System des Verwandtschaftsrechts.

der heterologen Insemination als auch für die der gespaltenen Mutterschaft aufgrund von Eispende bereits die Begründung einer gesetzlichen Verwandtschaft vorgeschlagen worden[270]. Verwirklicht werden könnte dies durch eine Ergänzung in § 1589 BGB, wonach dann auch als verwandt gelten soll, wer zwar nicht genetisch von einem Elternteil abstammt, aber von diesem geboren wurde gem. § 1591 BGB oder dessen Vaterschaft durch Vertrag mit der Mutter unwiderruflich übernommen wurde[271].

Durch die Gewährleistung einer isolierten Abstammungsfeststellungsklage könnte zugleich das Recht des Kindes auf Kenntnis der eigenen Abstammung gewahrt werden[272].

Es stellt sich damit die Frage, inwieweit diese Überlegungen auf die Situation von Kindern, die auf Wunsch und Veranlassung zweier gleichgeschlechtlicher Partner gezeugt wurden, zu übertragen sind.

(aa) Heterologe Insemination

Bei heterosexuellen Paaren konnte bislang die Vaterschaft des der künstlichen Befruchtung zustimmenden Mannes, welcher kraft Ehe mit der Mutter oder kraft Anerkennung als Vater des Kindes galt, durch Anfechtung wieder beseitigt werden. Dies wurde vielerorts als unbillig und dem Wohl des Kindes zuwiderlaufend empfunden, da die Anfechtung der Vaterschaft für das Kind einen Verlust von Unterhaltsansprüchen und Erbrecht sowie der persönlichen Bindung zum nicht leiblichen Elternteil bedeutete[273]. Es wurde daher gefordert, parallel zur Regelung der Ersatzmutterschaft nach § 1591 BGB auch den der Fremdinsemination zustimmenden Ehemann als unanfechtbaren Vater des so gezeugten Kindes anzusehen[274]. Dieser Forderung ist der Gesetzgeber zwar nicht, wie vorge-

---

[270] MüKo/*Seidel*, § 1589, Rn. 14.

[271] MüKo/*Seidel*, § 1589, Rn. 14. Als eine andere Möglichkeit wird die Zulassung einer pränatalen Adoption vorgeschlagen, die ehrlicher als eine unwiderlegbare wissentlich falsche Vermutung wäre, vgl. *Coester*, JZ 1992, 809 (812). Diese Lösung hätte allerdings den Nachteil, dass sie - wie auch die Stiefkindadoption - in ihrer Durchführung von einem Verhalten des sozialen Elternteils abhängig wäre, auf welches das Kind keinen Einfluss hätte. Zu einem umfassenden Schutz des Kindes ist sie daher nicht ausreichend.

[272] *Coester-Waltjen*, FamRZ 1992, 369 (373); *Dethloff*, NJW 1992, 2200 (2208); *Coester*, JZ 1992, 809 (811); MüKo/*Seidel*, § 1589, Rn. 47.

[273] *Kollhosser*, JA 1985, 553 (555); *Deutsch*, MDR 1985, 177 (180); *Harder*, JuS 1986, 505 (507); *Roth*, FamRZ 1996, 769 ff.; *Schlüter*, FamR, Rn. 293; *Schwab*, FamR, Rn. 490; *Peschel-Gutzeit*, FPR 2002, 285 (287); OLG Düsseldorf, FamRZ 1988, 762 f.; AG Dieburg, FamRZ 1987, 516 f.; MüKo/*Seidel*, § 1589, Rn. 12 ff.

[274] Vgl. dazu schon oben 4. Kap. D. II. 2. b) bb) (1) (a) (aa) Vaterschaftszuordnung.

schlagen[275], dadurch nachgekommen, dass er die Vaterschaft zur Vermeidung von Widersprüchen zum Abstammungsrecht als eine gesetzliche Verwandtschaft konstruiert hat. Durch die Schaffung des § 1600 II BGB im Rahmen des Kinderrechteverbesserungsgesetzes hat er aber das Anfechtungsrecht der Mutter sowie des der heterologen Insemination zustimmenden Mannes ausgeschlossen[276].

Die Verantwortlichkeit des als Vater geltenden Mannes wird dabei mit der Tatsache begründet, dass er durch seine Zustimmung die Zeugung des Kindes entscheidend mitveranlasst, also eine wesentliche Ursache zur Existenz des Kindes gesetzt habe und deshalb der so bewusst übernommenen Elternverantwortung näher stehe als der Samenspender[277]. Diese übernommene Verantwortung kommt insbesondere auch in den üblicherweise mit den Inseminationskliniken geschlossenen Verträgen zum Ausdruck. Danach verpflichten sich der Ehemann und die zukünftige Mutter gegenseitig dazu, das „Kind in jeder Beziehung [...] als ihr eheliches Kind anzusehen und zu erziehen, weil es aus ihrem gemeinsamen Wunsch und auch ihrer übereinstimmenden Entscheidung entstanden ist; [...] die Frage, aus welchem Erbstrom die Leben weckende Samenzelle stammt, [trete] dahinter an zweiter Stelle zurück [...]“[278].

Diese Argumentation lässt sich genauso auch auf die Situation von gleichgeschlechtlichen Paaren übertragen, die auf gemeinsamen Wunsch hin ein Kind in die Welt setzen und es als gemeinsames Kind aufziehen wollen. Genau wie bei einem zeugungsunfähigen heterosexuellen Paar, das sich Kinder wünscht, wird nur einer der Partner leiblicher, der andere sozialer Elternteil des Kindes. Für den der Zeugung zustimmenden Partner muss daher parallel zur heterologen Insemination bei heterosexuellen Paaren ebenfalls seine gegenüber dem Kind übernommene Verantwortung rechtlich zum Ausdruck kommen.

Da homosexuellen Paaren trotz gleicher Sachlage jedoch rechtlich die Möglichkeit fehlt, eine Elternstellung durch eine entsprechende Regelung zur Vaterschaftsvermutung kraft Ehe oder Anerkennung herbeizuführen, geht es hier nicht um den Ausschluss eines Anfechtungsrechts, sondern vielmehr überhaupt erst um die Begründung einer Elternverantwortung. Hinsichtlich Art. 6 V GG muss das Gesetz zum Schutz des betroffenen Kindes daher auch hier gewährleisten, dass dem Kind anstelle von nur einem Elternteil zwei rechtlich verantwortliche Elternteile zur Verfügung gestellt werden, nämlich diejenigen, die seine Zeugung beschlossen haben und es als gemeinsames Kind aufziehen wollten.

---

275 MüKo/*Seidel*, § 1589, Rn. 14.

276 Kinderrechteverbesserungsgesetz v. 9.4.2002, BGBl I, 1239, am 12.4.2002 in Kraft getreten, BT-Drs. 14/8131, BT-Drs. 14/2096, BR-Drs. 369/99.

277 BT-Drs. 14/2096, 7, 10; MüKo/*Seidel*, § 1589, Rn. 12 ff.; BGHZ 129, 297 (305); *Roth*, FamRZ 1996, 769 ff.; *Peschel-Gutzeit*, FPR 2002, 285 (287).

278 Vgl. Formulartext, abgedruckt in BGHZ 129, 297 (298).

Für die Situation der gleichgeschlechtlichen Familie bietet sich anders als die Elternschaftsvermutung, bzw. -anerkennung gerade die vorgeschlagene Schaffung einer gesetzlichen Verwandtschaft an, da auf diesem Wege eine Elternstellung des der Zeugung zustimmenden Partners begründet werden kann, ohne - wie beschrieben - gegen die Grundsätze des Abstammungsrechts zu verstoßen.

Es müsste dann in § 1589 BGB erweitert heißen, dass - geschlechtsneutral formuliert - auch als verwandt gelten soll, wer zwar nicht genetisch von einem Elternteil abstammt, aber dessen Elternschaft durch Vertrag mit der Mutter unwiderruflich übernommen wurde. Der Schutz des Kindes sollte wie auch bei der die Vaterschaftsanfechtung ausschließenden Zustimmung zur heterologen Insemination gem. § 1600 II BGB[279] nicht von der Einhaltung besonderer Formvorschriften abhängig gemacht werden, so dass sich bei Fehlen einer ausdrücklichen Vereinbarung ein konkludenter Vertragsschluss aus den Umständen ergeben kann.

(bb) Gespaltene Mutterschaft

Auch bei der zur Vermeidung einer gespaltenen Mutterschaft getroffenen Entscheidung zugunsten der durch Eispende schwanger gewordenen Geburtsmutter gem. § 1591 BGB ist bereits vorgeschlagen worden, die Unstimmigkeiten bezüglich des Abstammungsprinzips durch eine gesetzliche Verwandtschaft der Geburtsmutter zu beseitigen[280].

Im Gegensatz zur heterologen Insemination lässt sich dieser Vorschlag allerdings nicht auf die Situation von lesbischen Paaren übertragen, die aufgrund des Wunsches nach einem gemeinsamen Kind eine Eispende von einer Partnerin auf die andere vornehmen lassen, da ein solcher Fall eine Ausnahme zur allgemeinen Annahme bildet, dass reproduktionstechnische Verfahren in aller Regel zu einem Auseinanderfallen von genetischer und sozialer Elternschaft führten[281]. Anders als bei einer Eispende im heterosexuellen Kontext haben hier die beiden Frauen keine gegenläufigen Interessen, sondern wollen das Kind gemeinsam aufziehen. Da beide ohnehin als faktische Mütter des Kindes betrachtet werden, die eine als genetische, die andere wegen Schwangerschaft und Geburt als biologische[282], erscheint es angebrachter, nicht von einer gespaltenen, sondern einer gemeinsamen Mutterschaft zu sprechen.

---

[279] *Janzen*, FamRZ 2002, 785 (786).
[280] MüKo/*Seidel*, § 1589, Rn. 14.
[281] Irrig insoweit MüKo/*Seidel*, § 1589, Rn. 11.
[282] MüKo/*Seidel*, § 1591, Rn. 8; BT-Drs. 13/4899, 82; *Quantius*, FamRZ 1998, 1145 (1150).

Es besteht daher auch kein Bedarf, die Mutterschaft zum Schutz des Kindeswohls zwingend nur einer der beiden Mütter zuzuordnen. Es muss im Gegenteil dafür gesorgt werden, dass im Interesse des Kindes beide Elternteile auch rechtlich verantwortlich sind, da hier beide Mütter mehr noch als der einer heterologen Insemination zustimmende Partner ganz entscheidend an der Zeugung und Geburt des Kindes beteiligt waren.

Für diese Konstellation muss daher im Erst-Recht-Schluss das zur heterologen Insemination Gesagte gelten. Durch die oben vorgeschlagene Ergänzung des § 1589 BGB, dass auch als verwandt gelten soll, wer zwar nicht genetisch von einem Elternteil abstammt, aber dessen Elternschaft durch Vertrag mit der Mutter unwiderruflich übernommen wurde, wird der Fall der Eispenderin vom Wortlaut her nicht erfasst, da diese die genetische Mutter des Kindes ist. Zur Rechtsklarheit sollte die Ergänzung des § 1589 BGB daher erweitert lauten, dass auch derjenige als verwandt gelten soll, der unabhängig von einer genetischen Abstammung die Elternschaft durch Vertrag mit der Mutter unwiderruflich übernommen hat.

Für schwule Paare, die das von einer Ersatzmutter ausgetragene Kind eines Partners gemeinsam aufziehen, böte aber auch dieser Vorschlag keine Möglichkeit, die Elternschaft des nicht leiblichen Vaters zu begründen, da es auch hier bei einer primären Anknüpfung an die Mutterschaft bliebe.

(c) Rechtsinstitut der sozialen Elternschaft

Anstatt wie versucht eine abstammungsrechtlich oder verwandtschaftsrechtlich begründete Elternstellung zu konstruieren, wäre es auch denkbar, die zwangsläufige Verkopplung von Verwandtschaft und rechtlicher Elternstellung zu beseitigen und stattdessen ein Rechtsinstitut der sozialen Elternschaft außerhalb der Adoption einzuführen, welches unter gewissen Voraussetzungen elterliche Rechte und Pflichten eines nicht genetischen Elternteils entstehen ließe[283]. Dazu könnte neben der leiblichen Elternschaft als eine Tatsache auch die soziale Elternschaft als eine Rechtsposition in die Geburtsurkunde des Kindes eingetragen werden.

---

[283] So auch ein im niederländischen Regierungsmemorandum vom 7.9.1995 diskutierter und favorisierter Vorschlag, vgl. *Meixner*, DEuFamR 1999, 162 (163); *Boele-Woelki/Schrama*, 51 (94, Fn. 200); ähnlich auch *Dethloff*, NJW 1992, 2200 (2208). Für den Bereich des Sorgerechts wird eine Lösung - angelehnt an das englische Modell der „parental responsibility" - vorgeschlagen, wonach die elterliche Sorge nicht an die Paarbeziehung oder die biologische Abstammung geknüpft ist, sondern an die tatsächliche Bindung des Kindes zur betreuenden Person, vgl. *v.Puttkamer*, Regenbogenfamilien, 75 (83); ausführlich *v.Puttkamer*, Stieffamilien, passim.

Ein solches Rechtsinstitut hätte insbesondere den Vorteil, dass ein einfacherer und ehrlicherer Umgang mit den aufgrund der Verschiebung in der sozialen Wirklichkeit immer häufiger anzutreffenden Fällen ermöglicht würde, in denen soziale und genetische Elternschaft auseinanderfallen. Da es nicht mehr erforderlich wäre, ein zwangsläufiges Zusammenfallen zu fingieren, könnte ein Großteil der Ungereimtheiten im System der Abstammung beseitigt werden. Durch die rechtliche Anerkennung eines Auseinanderfallens von genetischer Elternschaft und sozialer elternrechtlicher Stellung könnte insbesondere den Problemen der Reproduktionsmedizin angemessen begegnet werden, die infolge des Spagates zwischen Schutz der sozialen Familie und Recht des Kindes auf Kenntnis seiner genetischen Abstammung entstehen. Wegen der geklärten, offengelegten Verhältnisse wäre es dann nämlich unnötig, die Anonymität des Samenspenders zu wahren[284].

Zudem wäre es bei einem Rechtsinstitut der sozialen Elternschaft anders als bei den bisher vorgeschlagenen Änderungen möglich, dass auch dem schwulen Partner eines leiblichen Vaters eine rechtliche Elternverantwortung für das gemeinsam aufgezogene Kind auferlegt werden könnte.

Die Ausgestaltung eines solchen Rechtsinstituts der sozialen Elternschaft bedarf im Einzelnen noch einer eingehenden Untersuchung, die im Rahmen dieser Arbeit nicht geleistet werden kann. Erfasst werden sollten aber zumindest die Fälle, in denen ein Kind auf gemeinsamen Wunsch eines Paares - ob heterosexuell oder homosexuell - unter Zuhilfenahme von Ei- oder Samenspende eines Dritten gezeugt wird und als ihr gemeinsames Kind aufwachsen soll, ohne dass die spendende Person, also der andere leibliche Elternteil, eine soziale Elternrolle für das Kind spielt, etwa weil sie unbekannt ist oder sich nicht für das Kind interessiert. Zur Gewährleistung des Schutzzweckes gegenüber dem betroffenen Kind sollte das Rechtsverhältnis der sozialen Elternschaft in diesen Fällen aufgrund der bewusst übernommenen Verantwortung im Unterschied zur Adoption unabhängig von einem Verhalten der Eltern entstehen.

Ob das Rechtsinstitut der sozialen Elternschaft zudem auch zu einer Elternschaft von mehr als zwei Personen führen können sollte, kann hier nicht abschließend beantwortet werden, da bei einer Beteiligung von weiteren Personen umfassendere Regelungen zur Vermeidung von Interessenkollisionen benötigt würden. Grundsätzlich kann es aber für ein Kind nur wünschenswert sein, wenn die sozial bestehenden Verhältnisse auch rechtlich abgesichert werden und das Kind dadurch einen weiteren unterhaltsverpflichteten Elternteil hinzugewinnt.

---

[284] Es ist bereits vorgeschlagen worden, zur Konkretisierung des Rechts auf Kenntnis der eigenen Abstammung jeden genetischen Elternteil, der nicht zugleich auch rechtlicher ist, dennoch im Geburtenbuch in einem nicht öffentlichen Randvermerk einzutragen entsprechend der Regelung für adoptierte Kinder gem. §§ 61 II, 30 PStG, die von den Kindern auf Wunsch ab dem 16. Lebensjahr eingesehen werden können, vgl. MüKo/*Seidel*, § 1589, Rn. 45; *Giesen*, JZ 1989, 364 (368, 376).

c) Zusammenfassung

Zusammenfassend kann gesagt werden, dass Kinder, die aufgrund gemeinsamen Wunsches der Lebenspartner gezeugt oder adoptiert wurden, bislang durch das Fehlen einer Rechtsbeziehung zu einem zweiten Elternteil erheblichen Nachteilen ausgesetzt sind. Es ist daher im Interesse des Kindeswohls geboten, de lege ferenda eine gemeinsame rechtliche Elternschaft der Lebenspartner für diese quasi-gemeinschaftlichen Kinder zu begründen. Dazu ist wie schon für lebenspartnerschaftliche Stieffamilien eine Zulassung zur Stiefkindadoption erforderlich. Zudem muss im Fall der mitveranlassten Zeugung die für das Kind übernommene Verantwortung des Co-Elternteils auch durch eine rechtliche Elternschaftszuordnung zum Ausdruck kommen, die durch die Konstruktion einer gesetzlichen Verwandtschaft oder eines Rechtsinstituts der sozialen Elternschaft begründet werden könnte.

3. Lebenspartner mit Kinderwunsch

Für die Beurteilung des Regelungsbedarfs zugunsten von Lebenspartnern mit Kinderwunsch ist die Frage nach einer Zulassung zur gemeinschaftlichen Adoption sowie nach der Zulässigkeit reproduktionstechnischer Verfahren relevant.

a) Gemeinschaftliche Adoption

Da eine Adoption nicht im Interesse des oder der Annehmenden erfolgt, sondern gem. § 1741 I 1 BGB dem Wohl des Kindes dienen muss, kann die Zulassung von Lebenspartnern zur gemeinschaftlichen Adoption entsprechend einer für Ehegatten geltenden Vorschrift des § 1741 II 2 BGB weder mit ihrem Recht auf freie Entfaltung der Persönlichkeit durch Nachkommen[285] noch mit dem Gleichheitssatz begründet werden[286]. Für die Frage nach einer de lege ferenda auf Lebenspartnerschaften auszudehnenden gemeinschaftlichen Adoption ist vielmehr das Recht der betroffenen Kinder entscheidend.

Indem für Lebenspartner die gemeinschaftliche Adoption zwar ausgeschlossen, die Einzeladoption aber zulässig ist, erhält das von einem Lebenspartner gem. § 1741 II 1 BGB adoptierte Kind unter Verlust der Rechtsbeziehungen zu seinen leiblichen Eltern zwangsläufig nur einen rechtlichen Elternteil. Bei Ehegatten

[285] BFH, NJW 1998, 854 (855).

[286] So auch *Schlüter/Heckes/Stommel*, DEuFamR 2000, 1 (11); *Muscheler*, Rn. 180.

hingegen hat eine Adoption gem. § 1741 II 2 BGB zwingend gemeinschaftlich zu erfolgen, so dass das Kind gem. § 1754 I BGB die Rechtsstellung eines ehelichen Kindes mit zwei rechtlich verantwortlichen Elternteilen erlangt. Mit dieser Regelung wollte der Gesetzgeber die als nachteilig erkannten Einzeladoptionen ausschließen, um die Entstehung von rechtlich unzureichend abgesicherten Stiefkindverhältnissen zu vermeiden[287]. Von Lebenspartnern adoptierte Kinder bleiben dagegen den gravierenden Nachteilen ausgesetzt, die ihnen - wie schon ausführlich beschrieben[288] - durch die fehlende Rechtsbeziehung zu einem zweiten Elternteil entstehen. Es ist daher zu ihrem Schutz geboten, diese verfassungsrechtlich nicht zu rechtfertigende Ungleichbehandlung gegenüber den von Ehegatten adoptierten Kindern durch eine Ausdehnung des § 1741 II 2 BGB auf Lebenspartnerschaften de lege ferenda zu beseitigen[289].

b) Reproduktionstechnische Verfahren

Von den reproduktionstechnischen Verfahren sind besonders die heterologe Insemination, die Ersatzmutterschaft und die Eispende geeignet, einen Kinderwunsch von gleichgeschlechtlichen Partnern zu realisieren. Ersatzmutterschaft und Eispende sind in der Bundesrepublik bislang gesetzlich verboten, eine Insemination ist dagegen unter Arztvorbehalt erlaubt, wenngleich lesbische Frauen davon durch ärztliches Standesrecht ausgeschlossen werden[290]. Insgesamt ist die rechtliche Problematik der Reproduktionsmedizin vielfältig und die Rechtslage weitestgehend ungeklärt[291], so dass eine umfassende Neuregelung des Fortpflanzungsrechts in naher Zukunft ansteht[292].

Bei dieser Neuregelung ist es im Sinne der Rechtsklarheit erforderlich, auch die Zulassungsvoraussetzungen zur heterologen Insemination gesetzlich zu regeln[293]. Ob und unter welchen Voraussetzungen dann eine Insemination im Einzelnen möglich sein soll, kann hier aufgrund der Komplexität des Themas nicht abschließend beantwortet werden. Es stellt sich lediglich unter dem Gesichtspunkt des Gleichbehandlungsgrundsatzes die Frage, inwiefern es - unabhängig

---

[287] BT-Drs. 7/3061, 28 ff.; MüKo/*Maurer*, § 1741, Rn. 25, 29.

[288] Vgl. oben 4. Kap. D. II. 2. a) Besondere Schutzbedürftigkeit.

[289] Vgl. auch *Muscheler*, Rn. 180; *Dethloff*, NJW 2001, 2598 (2602); *Niemeyer*, FuR 1997, 141 (142); *Burgert/Lähnemann*, 31 (36); *Schmitt*, STREIT 1999, 51 (55).

[290] Siehe oben 3. Kap. C. XI. Reproduktionstechnische Verfahren. Die von Interessenverbänden formulierte Forderung nach einem Inseminations*recht* für lesbische Frauen ist insofern unpräzise.

[291] Zum Teil wird gar nicht an eine dogmatisch unanfechtbare Lösung geglaubt, sondern lediglich ein Konsens angestrebt, vgl. *Rüsken*, NJW 1998, 1745 (1747).

[292] *Quantius*, FamRZ 1998, 1145 (1147); *Mutschler*, FamRZ 1996, 1381 (1385).

[293] So auch *Muscheler*, Rn. 188.

von den einzelnen Voraussetzungen - gerechtfertigt wäre, lesbische Frauen dabei anders zu behandeln als heterosexuelle.

Ein sachlicher Grund könnte vordergründig darin zu suchen sein, dass bei einer Insemination von lesbischen Frauen im Gegensatz zu einer Insemination von heterosexuellen Frauen eine abstrakte Kindeswohlgefährdung befürchtet werden müsste. Nach den oben gemachten Ausführungen[294] sind gleichgeschlechtlich orientierte Eltern jedoch genauso zur Erziehung von Kindern geeignet wie heterosexuelle. Auch die psychische Entwicklung der Kinder und ihr emotionales Wohlergehen unterscheidet sich nicht von Kindern heterosexueller Eltern. Bezüglich der rechtlichen Absicherung der Kinder könnte auch bei lesbischen Paaren das Bestehen einer verrechtlichten Paarbeziehung - in diesem Falle eine Lebenspartnerschaft - zur Voraussetzung für eine Zulassung zur Insemination gemacht werden. Die bislang fehlende rechtliche Absicherung der Beziehung des Kindes zum Co-Elternteil stellt zudem einen Missstand dar, den es - unabhängig von einer Zulassung zur Insemination - ohnehin zu beseitigen gilt[295]. Es kann daher, ganz abgesehen davon, dass der Vergleich an sich schon bedenklich ist[296], in der anderen sexuellen Orientierung der inseminierenden lesbischen Frauen keine Gefährdung für das Kindeswohl gesehen werden.

Vielmehr würde durch eine rechtliche Zulassung lesbischer Frauen zur heterologen Insemination eine ärztliche Unterstützung gewährleistet, durch die das Gesundheitsrisiko - insbesondere bezüglich Aids - gegenüber einer sonst im Bekanntenkreis privat durchgeführten Insemination gesenkt werden könnte[297]. Zudem könnte durch eine etwaige gleichzeitige Normierung des Verbots anonymer Samenspenden[298] den Verletzungen des Rechts auf Kenntnis der eigenen Abstammung entgegengewirkt werden, die bislang dadurch entstehen, dass lesbische Frauen zur Insemination ins liberalere Ausland wie die Niederlande ausweichen, in denen auch anonyme Samenspenden erlaubt sind.

Abgesehen davon haben auch lesbische Frauen, für die ein unerfüllter Kinderwunsch eine genauso starke psychische Belastung wie für heterosexuelle Frauen bedeutet[299], ein Recht auf Nachkommen, welches als Recht auf freie Entfaltung

---

[294] Vgl. 4. Kap. C. II. Gefährdung durch Aufwachsen in gleichgeschlechtlicher Partnerschaft?

[295] Siehe oben 4. Kap. D. II. 2. b) Gemeinsame rechtliche Elternschaft.

[296] Selbst wenn man zu dem Ergebnis gelangt wäre, dass für ein Kind heterosexueller Eltern eine bessere Lebensqualität zu erwarten sei, hätte das (hypothetische) Kind homosexueller Eltern keinerlei Möglichkeit, stattdessen von heterosexuellen Eltern geboren zu werden, da es in seiner Existenz gerade an seine spezifische Elternkonstellation gebunden bleibt. Als Alternative bliebe dem (hypothetischen) Kind nur seine Nichtexistenz, eine wenig nachvollziehbare Konsequenz.

[297] *Burgert/Lähnemann*, 31 (33).

[298] So gefordert von *Muscheler*, Rn. 188; *Giesen*, JZ 1989, 364 (369).

[299] *Burgert/Lähnemann*, 31 (33); *Rüsken*, NJW 1998, 1745 (1749).

der Persönlichkeit gem. Art. 2 I GG verfassungsrechtlich geschützt ist[300]. Eine Versagung des Inseminationsrechtes würde daher einen schwerwiegenden Eingriff in das Selbstbestimmungsrecht der betroffenen Frauen darstellen[301].

Es lässt sich demnach kein sachlicher Grund für eine Andersbehandlung homosexueller Frauen gegenüber heterosexuellen Frauen konstatieren. Wenn letzteren daher im Rahmen einer Neuregelung des Fortpflanzungsrechts ein Zugang zur heterologen Insemination gewährt wird, kann ein Ausschluss lesbischer Frauen gem. Art. 3 I GG nicht gerechtfertigt werden[302].

Die Frage nach der allgemeinen Zulässigkeit der bislang verbotenen reproduktionstechnischen Verfahren von Ersatzmutterschaft und Eispende müssen als eine Frage der Ethik im Rahmen dieser Arbeit unbeantwortet bleiben.

c) Zusammenfassung

Zusammenfassend kann festgehalten werden, dass die Regelung des § 1741 II 2 BGB de lege ferenda zum Schutz adoptierter Kinder bezüglich der gemeinschaftlichen Adoption durch Ehegatten auf Lebenspartner erweitert werden muss. Wird im Rahmen einer Neuregelung des Fortpflanzungsrechts die heterologe Insemination für heterosexuelle Frauen zugelassen, so muss auch lesbischen Frauen der Zugang gewährt werden.

4. Faktische Lebensgemeinschaften

Für faktische homosexuelle Lebensgemeinschaften mit Kindern ist es - wie auch für heterosexuelle nichteheliche Stieffamilien - wegen der insgesamt ungeregelten Situation sehr schwierig, Regelungen zu finden, die allen Interessen gerecht werden[303]. Aus der Sicht der betroffenen Kinder, für die das Vorliegen einer Ehe oder Lebenspartnerschaft zwischen ihren Eltern keine Rolle spielt, müssten die geforderten kindschaftsrechtlichen Verbesserungen konsequenterweise genauso gelten[304]. Ein Problem stellt sich jedoch insbesondere deshalb, weil ein klarer und eindeutiger Anknüpfungspunkt für weitergehende Regelungen fehlt und der in Betracht kommende Personenkreis damit nicht klar umgrenzt werden kann[305].

---

[300] BFH, NJW 1998, 854 (855).
[301] *Rüsken*, NJW 1998, 1745 (1749).
[302] So auch *Muscheler*, Rn. 188.
[303] Vgl. *v.Puttkamer/Radziwill*, Kind-Prax 2000, 19.
[304] *Dethloff*, NJW 1992, 2200 (2203); *v.Puttkamer*, Stieffamilien, 150.
[305] So auch schon BT-Drs. 13/4899, 66; *v.Puttkamer*, Stieffamilien, 147 ff.

Ob daher auf die Begründung von Ehe oder Lebenspartnerschaft verwiesen werden muss, oder ob bei einem an bestimmte Voraussetzungen geknüpften Nachweis des Bestehens eines Eltern-Kind-Verhältnisses zwischen dem Kind und dem nichtehelichen bzw. nichtlebenspartnerschaftlichen Stiefelternteil dieses rechtlich abgesichert werden sollte, kann im Rahmen dieser Arbeit nicht im Einzelnen ausgeführt werden. Der zweite Vorschlag erscheint jedoch insofern vorzugswürdig, als das Kind, um dessen Schutz es ja vor allen Dingen gehen soll, auf eine Eheschließung bzw. Lebenspartnerschaftsbegründung seiner Eltern keinen Einfluss hat.

E. Zusammenfassung

Zusammenfassend lässt sich festhalten, dass die rechtliche Situation von gleichgeschlechtlichen Paaren mit Kindern dringend regelungsbedürftig ist. Entgegen vielfachen Behauptungen ist durch eine Gleichstellung im Kindschaftsrecht keine Gefährdung des Kindeswohls zu befürchten. Wie die Untersuchung gezeigt hat, erleiden Kinder durch das Aufwachsen bei gleichgeschlechtlichen Eltern keinerlei Entwicklungsstörungen. Unabhängig davon dient eine Verbesserung des gesetzlichen Schutzes grundsätzlich immer dem Wohl der betroffenen Kinder, deren Absicherung durch die derzeitige Rechtslage völlig unzureichend ist. So bestehen ohne eine Rechtsbeziehung zwischen Kind und Co-Elternteil große Schutzlücken hinsichtlich des Unterhalts- und Erbrechts sowie im Falle des Todes des leiblichen Elternteils oder bei Trennung der gleichgeschlechtlichen Partner. Diese Nachteile wirken sich insbesondere bei den Kindern am gravierendsten aus, die aufgrund gemeinsamen Wunsches der Lebenspartner gezeugt oder adoptiert wurden, da sie im Gegensatz zu Stiefkindern in der Regel keinen außerhalb der Partnerschaft stehenden zweiten, sondern nur einen rechtlichen Elternteil haben.

Es ist daher zunächst erforderlich, angesichts der verfassungsrechtlich nicht zu rechtfertigenden Ungleichbehandlung gegenüber ehelichen Stieffamilien auch Lebenspartner zur Stiefkindadoption zuzulassen, um eine rechtliche Elternstellung des Co-Elternteils begründen zu können. Darüber hinaus muss die besondere Schutzbedürftigkeit von Kindern, die aufgrund eines gemeinsamen Entschlusses der Lebenspartner gezeugt wurden, beachtet werden. Es ist daher notwendig, die Verantwortung des Co-Elternteils, die er durch Mitveranlassung der Zeugung für das Kind übernommen hat, durch eine rechtliche Elternschaftszuordnung zum Ausdruck zu bringen. Eine solche könnte durch die Konstruktion einer gesetzlichen Verwandtschaft oder eines Rechtsinstituts der sozialen Elternschaft begründet werden.

Des Weiteren muss sich die Gleichbehandlung gegenüber ehelichen Stieffamilien gem. Art. 3 I GG auch auf die Einbenennung sowie das Steuerrecht erstrecken. Darüber hinaus ist - wie auch für eheliche Stieffamilien - angesichts der speziellen Probleme von Stiefkindverhältnissen eine zusätzliche Verrechtlichung des Stiefeltern-Kind-Verhältnisses unterhalb der schwerwiegenden Folgen einer Stiefkindadoption sinnvoll.

Zum Schutz von fremdadoptierten Kindern ist es weiterhin gem. Art. 3 I GG erforderlich, auch die gemeinschaftliche Adoption durch Ehegatten auf Lebenspartner zu erweitern. Außerdem müsste, wenn im Rahmen einer Neureglung des Fortpflanzungsrechts heterosexuelle Frauen zur heterologen Insemination zugelassen werden, dem Gleichheitssatz zufolge auch lesbischen Frauen der Zugang gewährt werden.

5. Kapitel
Schlussbetrachtung

Die bisherigen rechtlichen Veränderungen zugunsten homosexueller Lebensgemeinschaften im In- und Ausland hängen stark mit der jeweiligen gesellschaftlichen Einstellung gegenüber Homosexualität zusammen. Mit gestiegener gesellschaftlicher Toleranz in der Bundesrepublik ist daher auch das Lebenspartnerschaftsgesetz in Kraft getreten. Während sich aber mittlerweile mehrere ausländische Staaten dazu entschlossen haben, im Interesse des Kindeswohls auch die homosexuelle Elternschaft rechtlich abzusichern, konnten solche kindschaftsrechtlichen Regelungen in der Bundesrepublik bislang keine Mehrheit finden.

Den Grund dafür stellen die verbreiteten gesellschaftlichen Vorbehalte gegenüber homosexueller Elternschaft dar, welche im Verlaufe dieser Untersuchung immer wieder deutlich wurden. Einen vernünftigen und sachlichen Grund, gleichgeschlechtliche Paare nicht auch bezüglich des Kindschaftsrechts gleich zu behandeln, gibt es dagegen nicht. Die vorliegende Arbeit hat vielmehr gezeigt, dass die Schwierigkeiten, mit denen Kinder in homosexuellen Gemeinschaften zu kämpfen haben, nicht auf der Homosexualität ihrer Eltern, sondern gerade auf gesellschaftlichen Vorbehalten und der unzureichenden rechtlichen Absicherung beruhen.

Da hier vor allem die Interessen der Kinder betroffen sind, ist es nicht vertretbar, für eine rechtliche Gleichbehandlung erst einen entsprechenden gesellschaftlichen Konsens abzuwarten. Dies gilt umso mehr, als eine Verrechtlichung gerade zum Abbau von Vorbehalten beitragen kann. Entgegen allen Einwänden kann schlicht nicht geleugnet werden, dass Kinder bereits jetzt in gleichgeschlechtlichen Gemeinschaften aufwachsen und des rechtlichen Schutzes bedürfen. Dieses gesellschaftliche Faktum kann nicht einfach zum Nachteil der betroffenen Kinder ignoriert werden. Hier geht es um Minderheitenschutz und das Grundrecht auf Gleichbehandlung. Für persönliche Abneigungen und Moralvorstellungen ist daher kein Raum, selbst dann nicht, wenn diese (noch) einer gesellschaftlichen Mehrheit entsprechen sollten.

Literaturverzeichnis

Allen, Katherine R. / Demo, David H.: The Families of Lesbians and Gay Men: A New Frontier in Family Research, Journal of Marriage and the Family 1995, S. 111 ff.

Alternativer Kommentar: Kommentar zum Bürgerlichen Gesetzbuch, Band 5: Familienrecht §§ 1297-1921, Neuwied, Darmstadt 1981; zit.: AK/Bearbeiter.

Amendt, Gerhard: Aggressive Persiflage - Kultur, Kindeswohl und homosexuelle Fortpflanzung, FAZ v. 8.11.2002, S. 8.

Baur, Francois E. / Mattijssen, Astrid: Ehe- und Adoptionsrecht für Lesben und Schwule in den Niederlanden, AJP / PJA 2001, S. 292 ff.

Beck, Volker: Die verfassungsrechtliche Begründung der Eingetragenen Lebenspartnerschaft, NJW 2001, S. 1894 ff.

Bell, Alan P. / Weinberg, Martin S.: Der Kinsey-Institut-Report über weibliche und männliche Homosexualität, München 1978.

Bell, Alan P. / Weinberg, Martin S. / Hammersmith, S. K.: Der Kinsey-Institut-Report über sexuelle Orientierung und Partnerwahl, München 1980.

Bell, Mark: We are Family? Same-sex Partners and EU Migration Law, MJ 2002, S. 335 ff.

Bell, Mark: Familien, PartnerInnenschaften, Kinder und die Europäische Union, Hrsg.: ILGA-Europe, Brüssel 2003; zit.: Bell, ILGA.

Berger, Walter / Reisbeck, Günter / Schwer, Petra: Lesben-Schwule-Kinder - Eine Analyse zum Forschungsstand, Hrsg.: Ministerium für Frauen, Jugend, Familie und Gesundheit des Landes NRW, Düsseldorf 2000.

Bleibtreu-Ehrenberg, Gisela: Sexuelle Abartigkeit im Urteil der abendländischen Religions-, Geistes- und Rechtsgeschichte im Zusammenhang mit der Gesellschaftsentwicklung, Bonn 1970; zit.: Bleibtreu-Ehrenberg (1970).

Bleibtreu-Ehrenberg, Gisela: Tabu Homosexualität - Die Geschichte eines Vorurteils, Frankfurt a.M. 1978; zit.: Bleibtreu-Ehrenberg (1978).

Boele-Woelki, Katharina / Schrama, Wendy: Die Rechtsstellung von Menschen mit homosexueller Veranlagung im niederländischen Recht, in: Die Rechtsstellung gleichgeschlechtlicher Lebensgemeinschaften, Hrsg.: Max-Planck-Institut für ausländisches und internationales Privatrecht, Tübingen 2000, S. 51 ff.

Bogdan, Michael: Internationale Aspekte der schwedischen Gesetzesnovelle über die Adoption von Kindern durch eingetragene Lebenspartner, IPRax 2002, S. 534 f.

Bosinski, Hartmut A. G.: Probleme der sexuellen Orientierung aus sexualmedizinischer Sicht, in: Eingetragene Lebenspartnerschaft - Rechtssicherheit für homosexuelle Paare - Angriff auf Ehe und Familie?, Themen der katholischen Akademie in Bayern, Regensburg 2001, S. 9 ff.

Braun, Johann: Gleichgeschlechtliche Partnerschaft und Ehe - Reflexionen über den Sinn einer überkommenen Institution, ZRP 2001, S. 14 ff.

Braun, Johann: Ein neues familienrechtliches Institut - Zum Inkrafttreten des Lebenspartnerschaftsgesetz, JZ 2002, S. 23 ff.

Breiholz, Holger / Duschek, Klaus-Jürgen / Nöthen, Manuela: Leben und Arbeiten in Deutschland - Ergebnisse des Mikrozensus 2001, Hrsg.: Statistisches Bundesamt, Wiesbaden 2002.

Bruns, Manfred: Homosexuelle im Recht: Toleriert, aber nicht akzeptiert, Betrifft JUSTIZ 1993, S. 82 ff.

Bruns, Manfred: Art. 6 I GG und gesetzliche Regelungen für gleichgeschlechtliche Lebensgemeinschaften, ZRP 1996, S. 6 ff.

Bruns, Manfred / Beck, Volker: Das Eheverbot der Gleichgeschlechtlichkeit, MDR 1991, S. 832 ff.

Buba, H. P. / Vaskovics, L. A.: Benachteiligung gleichgeschlechtlich orientierter Personen und Paare - Studie im Auftrag des Bundesministeriums der Justiz, Köln 2001.

Buckley, Michael J.: Homosexualität und Moral, Düsseldorf 1964.

Burgert, Cornelia / Lähnemann, Lela: Kinderwunsch - Wunschkinder, in: Regenbogenfamilien - Wenn Eltern lesbisch, schwul, bi- oder transsexuell sind, Hrsg.: Berliner Senatsverwaltung für Schule, Jugend und Sport und für Arbeit, Soziales und Frauen, Berlin 2001, S. 31 ff.

Burgi, Martin: Schützt das Grundgesetz die Ehe vor der Konkurrenz anderer Lebensgemeinschaften?, Der Staat 2000, S. 487 ff.

Büttner, Eva Annette: Kindschaftsrechtsreform in England, FamRZ 1997, S. 464 ff.

Büttner, Helmut: Unterhaltsrecht der eingetragenen Lebenspartnerschaft, FamRZ 2001, S. 1105 ff.

Cameron, Paul / Cameron, Kirk: Homosexual Parents, Adolescence, 1996, Vol. 31, S. 757 ff.

Cameron, Paul / Cameron, Kirk / Landess, Thomas: Errors by the American Psychiatric Association, the American Psychological Association, and the National Educational Association in Representing Homosexuality in Amicus Briefs about Amendment 2 to the U.S. Supreme Court, Psychological Reports 1996, Vol. 79, S. 383 ff.

Carré-Jersch, Andrea: Das Stiefkindverhältnis im Sorge- und Unterhaltsrecht, Baden-Baden 1995.

Coester, Michael: Das Kindeswohl als Rechtsbegriff, Frankfurt a.M. 1983.

Coester, Michael: Probleme des Eheschließungsrechts in rechtsvergleichender Sicht, StAZ 1988, S. 122 ff.

Coester, Michael: Reform des Kindschaftsrechts, JZ 1992, S. 809 ff.

Coester-Waltjen, Dagmar: Die künstliche Befruchtung beim Menschen - Zulässigkeit und zivilrechtliche Folgen - 2. Teilgutachten: zivilrechtliche Probleme, Gutachten B für den 56. Deutschen Juristentag, München 1986; zit.: Coester-Waltjen, Gutachten.

Coester-Waltjen, Dagmar: Künstliche Fortpflanzung und Zivilrecht, FamRZ 1992, S. 369 ff.

Conradi, Margret: Zivilrechtliche Regelung des Stiefkindverhältnisses - Alternative zur Adoption des Stiefkindes?, FamRZ 1980, S. 103 ff.

Dannecker, Martin: Sexualwissenschaftliches Gutachten zur Homosexualität, in: Die Rechtsstellung gleichgeschlechtlicher Lebensgemeinschaften, Hrsg.: Max-Planck-Institut für ausländisches und internationales Privatrecht, Tübingen 2000, S. 335 ff.

Dannecker, Martin / Reiche, Reimut: Der gewöhnliche Homosexuelle: eine soziologische Untersuchung über männliche Homosexuelle in der BRD, Frankfurt a.M. 1974.

Delerue, Karin Susanne: Eingetragene Lebenspartnerschaft - Unterhalt - Finanzen - Erbrecht, Regensburg, Berlin 2001.

Deter, Gerhard: Frauenrechte in den Verfassungsentwürfen der neuen Länder, ZRP 1993, S. 22 ff.

Dethloff, Nina: Reform des Kindschaftsrechts, in: NJW 1992, S. 2200 ff.

Dethloff, Nina: Die Eingetragene Lebenspartnerschaft - Ein neues familienrechtliches Institut, NJW 2001, S. 2598 ff.

Deutsch, Erwin: Artifizielle Wege menschlicher Reproduktion: Rechtsgrundsätze - Konservierung von Sperma, Eiern und Embryonen; künstliche Insemination und außerkörperliche Fertilisation; Embryotransfer, MDR 1985, S. 177 ff.

Dickhuth-Harrach, Hans-Jürgen von: Erbrecht und Erbrechtsgestaltung eingetragener Lebenspartner, FamRZ 2001, S. 1660 ff.

Diederichsen, Uwe: Die Reform des Kindschafts- und Beistandsrechts, NJW 1998, S. 1977 ff.

Diederichsen, Uwe: Homosexuelle - von Gesetzes wegen?, NJW 2000, S. 1841 ff.

Dimski, Andrea: Gleichberechtigung für homosexuelle Eltern?, ZEuP 1995, S. 465 ff.

Dopffel, Peter / Kötz, Hein / Scherpe, Jens M.: Rechtsvergleichende Gesamtwürdigung und Empfehlungen, in: Die Rechtsstellung gleichgeschlechtlicher Lebensgemeinschaften, Hrsg.: Max-Planck-Institut für ausländisches und internationales Privatrecht, Tübingen 2000, S. 391 ff.

Dopffel, Peter / Scherpe, Jens M.: Gleichgeschlechtliche Lebensgemeinschaften im Recht der nordischen Länder, in: Die Rechtsstellung gleichgeschlechtlicher Lebensgemeinschaften, Hrsg.: Max-Planck-Institut für ausländisches und internationales Privatrecht, Tübingen 2000, S. 7 ff.

Dorsel, Christoph: Grundzüge des neuen Lebenspartnerschaftsgesetzes, RNotZ 2001, S. 151 ff.

Dover, Kenneth J.: Greek Homosexuality, London 1978.

Dreier, Horst: Grundgesetz - Kommentar, Band I, Artikel 1 - 19, Tübingen 1996; zit.: Dreier/Bearbeiter.

Duss-von Werdt, Josef: Überlegungen zur gemeinsamen Typologie von Ehe, Scheidung und Elternschaft, ZfJ 1984, S. 17 ff.

Ebel, Frank: Kein Kind darf diskriminiert werden, in: Regenbogenfamilien - Wenn Eltern lesbisch, schwul, bi- oder transsexuell sind, Hrsg.: Berliner Senatsverwaltung für Schule, Jugend und Sport und für Arbeit, Soziales und Frauen, Berlin 2001, S. 17 ff.

Eggen, Bernd: Gleichgeschlechtliche Lebensgemeinschaften - Kontinuität im Wandel intimer und familialer Lebensformen, FPR 2001, S. 444 ff.

Eggen, Bernd: Gleichgeschlechtliche Lebensgemeinschaften - Teil 1: Methodische Aspekte und empirische Ergebnisse zur Verbreitung gleichgeschlechtlicher Lebensgemeinschaften ohne und mit Kindern, in: Baden-Württemberg in Wort und Zahl, 2001, S. 347 ff.

Eggen, Bernd: Papa und Mama sind zwei Männer - Eine wissenschaftliche Erhebung über Kinder in gleichgeschlechtlichen Lebensgemeinschaften, FR v. 6.3.2002.

Eggen, Bernd: Gleichgeschlechtliche Lebensgemeinschaften - Gegenwart und künftige Entwicklungen, Praxis der Rechtspsychologie 13 (1), März 2003, S. 25 ff.

Emmes, Manfred P.: Neueste Entwicklungen im Familien- und Personenstandsrecht der Niederlande - Auf dem Weg zur Öffnung der Zivilehe für gleichgeschlechtliche Paare, ZfSH/SGB 1998, S. 330 ff.

Epple, Dieter: Lebenspartnerschaft gleichgeschlechtlicher Paare - Stand der gesetzlichen Regelungen und rechtsgeschäftliche Regelungen, BWNotZ 2001, S. 44 ff.

Erman, Walter: Bürgerliches Gesetzbuch, Band II, §§ 854-2385, 10. Aufl., Münster, Köln 2000; zit.: Erman/Bearbeiter.

Ferrand, Frédérique: Die Rechtsstellung gleichgeschlechtlicher Partnerschaften in Frankreich, in: Die Rechtsstellung gleichgeschlechtlicher Lebensgemeinschaften, Hrsg.: Max-Planck-Institut für ausländisches und internationales Privatrecht, Tübingen 2000, S. 113 ff.

Finger, Peter: Die registrierte Lebenspartnerschaft - Überblick über die Neuregelung und kritische Bestandsaufnahme, MDR 2001, S. 199 ff.

Flaks, David K. / Ficher, Ilda / Masterpasqua, Frank / Joseph, Gregory: Lesbians Choosing Motherhood: A Comparative Study of Lesbian and Heterosexual Parents and Their Children, Developmental Psychology 1995, Vol. 31, No. 1, S. 105 ff.

Fountoulakis, Christiana: Eingetragene Partnerschaften in Deutschland - ein Konflikt mit Art. 6 Abs. 1 des Grundgesetzes?, AJP / PJA 2001, S. 307 ff.

Fountoulakis, Christiana: Familienähnlichkeit als Ideal?, Neue Zürcher Zeitung v. 8.12.2001.

Frank, Rainer: Grenzen der Adoption - Eine rechtsvergleichende Untersuchung zur Schutzbedürftigkeit faktischer Eltern-Kind-Verhältnisse, Frankfurt a.M. 1978.

Frank, Rainer: Recht auf Kenntnis der genetischen Abstammung, FamRZ 1988, S. 113 ff.

Freeman, Michael: United Kingdom Law and the Gay with Special Reference to Gay Marriages, in: Die Rechtsstellung gleichgeschlechtlicher Lebensgemeinschaften, Hrsg.: Max-Planck-Institut für ausländisches und internationales Privatrecht, Tübingen 2000, S. 173 ff.

Frevert, Ute: Mann und Weib, und Weib und Mann - Geschlechter-Differenzen in der Moderne, München 1995.

Friedl, Ingrid / Maier-Aichen, Regine: Leben in Stieffamilien - Familiendynamik und Alltagsbewältigung in neuen Familienkonstellationen, Weinheim, München 1991.

Fthenakis, Wassilios E.: Gleichgeschlechtliche Lebensgemeinschaften und kindliche Entwicklung, in: Die Rechtsstellung gleichgeschlechtlicher Lebensgemeinschaften, Hrsg.: Max-Planck-Institut für ausländisches und internationales Privatrecht, Tübingen 2000, S. 351 ff.

Gaaz, Berthold: Probleme der Einbenennung nach § 1618 BGB, FPR 2002, S. 125 ff.

Gaul, Friedhelm: Die Neuregelung des Abstammungsrechts durch das Kindschaftsrechtsreformgesetz, FamRZ 1997, S. 1441 ff.

Gaul, Friedhelm: Ausgewählte Probleme des materiellen Rechts und des Verfahrensrechts im neuen Abstammungsrecht, FamRZ 2000, S. 1461 ff.

Geis, Norbert: Ehe und Familie müssen das Leitbild bleiben, in: Homo-Ehe - Nein zum Ja-Wort aus christlicher Sicht, Hrsg.: Geis, Norbert / Löhr, Mechthild, Langwaden 2001, S. 27 ff.

Gernhuber, Joachim / Coester-Waltjen, Dagmar: Lehrbuch des Familienrechts, 4. Auflage, München 1994.

Giesen, Dieter: Genetische Abstammung und Recht, JZ 1989, S. 364 ff.

Gollner, Günther: Homosexualität - Ideologiekritik und Entmythologisierung einer Gesetzgebung, Berlin 1974.

Grasnick, Walter: Das traurige Stück Zurück - Wider das Naturrecht: Die Partnerschaften zwischen Homosexuellen sind gleichwertige Ehen, FR v. 2.8.2000.

Grib, Susanne: Die gleichgeschlechtliche Partnerschaft im nordischen und deutschen Recht, Frankfurt a.M. 1996.

Grziwotz, Herbert: Möglichkeiten der Vertragsgestaltung nach dem LPartG, FPR 2001, S. 466 ff.

Grziwotz, Herbert: Die Lebenspartnerschaft zweier Personen gleichen Geschlechts, DNotZ 2001, S. 280 ff.

Handkommentar - BGB: Bürgerliches Gesetzbuch - Handkommentar, 3. Auflage, Baden-Baden 2003; zit.: Hk-BGB/Bearbeiter.

Handkommentar - LPartG: LPartG - Gesetz zur Beendigung der Diskriminierung gleichgeschlechtlicher Gemeinschaften: Lebenspartnerschaften - Handkommentar, Hrsg.: Bruns, Manfred / Kemper, Rainer, Baden-Baden 2001; zit.: Hk-LPartG/Bearbeiter.

Hänsch, Ulrike: Von der Strafe zum Schweigen: Aspekte lesbischer Geschichte, in: Beiträge zur feministischen Theorie und Praxis, Heft 25/26: Nirgendwo und überall - Lesben, Hrsg.: Sozialwissenschaftliche Forschung & Praxis für Frauen e.V., Köln 1989, S. 11 ff.

Harder, Manfred: Wer sind Vater und Mutter? - Familienrechtliche Probleme der Fortpflanzungsmedizin, JuS 1986, S. 505 ff.

Hark, Sabine: Welches Interesse hat die Frauenbewegung an der Lösung des homosexuellen Problems? - Zur Sexualpolitik der bürgerlichen Frauenbewegung im Deutschland des Kaiserreichs, in: Beiträge zur feministischen Theorie und Praxis, Heft 25/26: Nirgendwo und überall - Lesben, Hrsg.: Sozialwissenschaftliche Forschung & Praxis für Frauen e.V., Köln 1989, S. 19 ff.

Hassenstein, B.: Der Wert der Kenntnis der eigenen genetischen Abstammung, FamRZ 1988, S. 120 ff.

Hausmann, Rainer: Überlegungen zum Kollisionsrecht registrierter Partnerschaften, in: Festschrift für Dieter Henrich zum 70. Geburtstag, Hrsg.: Gottwald, Peter / Jayme, Erik / Schwab, Dieter, Bielefeld 2000, S. 241 ff.; zit.: Hausmann, FS Henrich.

Herpich-Behrens, Ulrike: Politische Statements, in: Regenbogenfamilien - Wenn Eltern lesbisch, schwul, bi- oder transsexuell sind, Hrsg.: Berliner Senatsverwaltung für Schule, Jugend und Sport und für Arbeit, Soziales und Frauen, Berlin 2001, S. 25 f.

Heun, Stefanie: Gleichgeschlechtliche Ehen in rechtsvergleichender Sicht: unter besonderer Berücksichtigung der Rechtslage in den USA, in Kanada und in Australien, Berlin 1999.

Hirschfeld, Magnus: Von einst bis jetzt - Geschichte einer homosexuellen Bewegung 1897-1922, Berlin 1986.

Hoffmann, Markus S.: Homosexualität - eine therapeutische Perspektive, in: Homo-Ehe - Nein zum Ja-Wort aus christlicher Sicht, Hrsg.: Geis, Norbert / Löhr, Mechthild, Langwaden 2001, S. 71 ff.

Hofsäss, Thomas: Homosexualität und Erziehung: pädagogische Betrachtung eines Spannungsfeldes in Familie, Schule und Gesellschaft, Berlin 1995; zit.: Hofsäss, Homosexualität und Erziehung.

Hofsäss, Thomas: Zur aktuellen Situation von Regenbogenfamilien - Ergebnisse einer Umfrage, in: Regenbogenfamilien - Wenn Eltern lesbisch, schwul, bi- oder transsexuell sind, Hrsg.: Berliner Senatsverwaltung für Schule, Jugend und Sport und für Arbeit, Soziales und Frauen, Berlin 2001, S. 51 ff.; zit.: Hofsäss, Regenbogenfamilien.

Holzhauer, Heinz: Aktuelles Familienrecht vor rechtsgeschichtlichem Hintergrund, JZ 2000, S. 1076 ff.

Hutter, Jörg: Die gesellschaftliche Kontrolle des homosexuellen Begehrens - Medizinische Definitionen und juristische Sanktionen im 19. Jahrhundert, Frankfurt a.M., New York, 1992.

Jakob, Dominique: Steht Kanada vor Öffnung der Ehe für gleichgeschlechtliche Paare?, StAZ 2003, S. 74 ff.

Janzen, Ulrike: Das Kinderrechteverbesserungsgesetz - Weiterentwicklung des Kindschaftsrechts und Schutz der Kinder vor Gewalt, FamRZ 2002, S. 785 ff.

Jarass, Hans D. / Pieroth, Bodo: Grundgesetz für die Bundesrepublik Deutschland, 6. Auflage, München 2002; zit.: Jarass/Pieroth/Bearbeiter.

Jellonnek, Burkhard: Homosexuelle unter dem Hakenkreuz - Die Verfolgung von Homosexuellen im Dritten Reich, Paderborn 1990.

Jessel-Holst, Christa: Ansätze für eine rechtliche Regelung der gleichgeschlechtlichen Lebensgemeinschaften in Ungarn, in: Die Rechtsstellung gleichgeschlechtlicher Lebensgemeinschaften, Hrsg.: Max-Planck-Institut für ausländisches und internationales Privatrecht, Tübingen 2000, S. 167 ff.

Kaiser, Dagmar: Das Lebenspartnerschaftsgesetz - Zur Gleichstellung homosexueller Partnerschaften aus familienrechtlicher Sicht, JZ 2001, S. 617 ff.

Kämper, Gabriele: Familien-Aufbruch mit Zukunft? - Erfinden gleichgeschlechtliche Paare die demokratische Familie?, in: Regenbogenfamilien - Wenn Eltern lesbisch, schwul, bi- oder transsexuell sind, Hrsg.: Berliner

Senatsverwaltung für Schule, Jugend und Sport und für Arbeit, Soziales und Frauen, Berlin 2001, S. 39 ff.

Kanther, Wilhelm: Die „neue soziale Familie“ oder zur Verfassungswidrigkeit von § 9 LPartG, NJW 2003, S. 797 f.

Kemper, Rainer: Ehe und Eingetragene Lebenspartnerschaft - Übereinstimmungen, Ähnlichkeiten und Abweichungen in den Regelungen der beiden für dauerhafte Lebensbeziehungen gedachte Rechtsinstitute, FPR 2001, S. 449 ff.

Kemper, Rainer: Rechtsanwendungsprobleme bei der Eingetragenen Lebenspartnerschaft, FF 2001, S. 156 ff.

Kempken, Annette / Mester, Kiki: Lesbische Mütter und Co-Mütter: Alternative Lebensformen von Frauen im Zusammenleben mit Kindern, im Selbstverlag veröffentlichte Diplomarbeit, FH Köln, 1995.

Kentler, Helmut: Leihväter - Kinder brauchen Väter, Reinbek 1989.

Kingreen, Thorsten: Die verfassungsrechtliche Stellung der nichtehelichen Lebensgemeinschaft im Spannungsfeld zwischen Freiheits- und Gleichheitsrechten, Berlin 1995.

Kinsey, Alfred C. / Pomeroy, Wardell B. / Martin, Clyde E.: Das sexuelle Verhalten des Mannes, Berlin, Frankfurt a.M. 1964; zit.: Kinsey (1964).

Kinsey, Alfred C. / Pomeroy, Wardell B. / Martin, Clyde E. / Gebhard, Paul H.: Das sexuelle Verhalten der Frau, Berlin, Frankfurt a.M. 1954; zit.: Kinsey (1954).

Kirchhof, Paul: Lebenspartnerschaftsgesetze und Grundgesetz, FPR 2001, S. 436 ff.

Kirchhof, Paul: Der Schutz von Ehe und Familie, die Pflege mitmenschlicher Beistandsgemeinschaften und die Gewähr sonstiger Freiheit, in: Eingetragene Lebenspartnerschaft - Rechtssicherheit für homosexuelle Paare - Angriff auf Ehe und Familie?, Themen der katholischen Akademie in Bayern, Regensburg 2001, S. 57 ff.; zit.: Kirchhof, Eingetragene Lebenspartnerschaft.

Kleffmann, Gunnar: Ehe und andere Lebensgemeinschaften nach Landes- und Bundesverfassungsrecht - Art. 26 Abs. 2 Brandenburgische Landesverfassung im Verhältnis zu Art. 6 Abs. 1 Grundgesetz, Frankfurt a.M. 2000.

Klein, Anne: Für die Verfassungskonformität des Lebenspartnerschaftsgesetzes, FPR 2001, S. 434 ff.

Kokula, Ilse: Zur Situation lesbischer Frauen während der NS-Zeit, in: Beiträge zur feministischen Theorie und Praxis, Heft 25/26: Nirgendwo und überall - Lesben, Hrsg.: Sozialwissenschaftliche Forschung & Praxis für Frauen e.V., Köln 1989, S. 29 ff.

Kollhosser, Helmut: Rechtsprobleme bei medizinischen Zeugungshilfen, JA 1985, S. 553 ff.

Krähenbühl, Verena / Jellouschek, Hans / Kohaus-Jellouschek, Margret / Weber, Roland: Stieffamilien: Struktur - Entwicklung - Therapie, Freiburg im Breisgau 1986.

Krause, Harry D.: Marriage for the New Millennium: heterosexual, same sex - or not at all?, DEuFamR 2000, S. 208 ff.

Krause, Harry D.: U.S. American Law on Same-Sex Marriage, Formal and Informal Same-Sex and Heterosexual Cohabitation Arrangements, and Same-Sex Relationships, in: Die Rechtsstellung gleichgeschlechtlicher Lebensgemeinschaften, Hrsg.: Max-Planck-Institut für ausländisches und internationales Privatrecht, Tübingen 2000, S. 187 ff.; zit.: Krause, MPI.

Krings, Günter: Die „eingetragene Lebenspartnerschaft" für gleichgeschlechtliche Paare - Der Gesetzgeber zwischen Schutzabstand und Gleichheitssatz, ZRP 2000, S. 409 ff.

Ladnar, Stephan / Bruns, Manfred: LSVD Rechtsratgeber - Eingetragene Lebenspartnerschaft, Hrsg.: LSVD sozial e.V., Berlin 2001.

Lähnemann, Lela: Lesben und Schwule mit Kindern - Kinder homosexueller Eltern, Dokumente Nr. 16 lesbisch-schwuler Emanzipation des Fachbereichs für gleichgeschlechtliche Lebensweisen, Hrsg.: Berliner Senatsverwaltung für Schule, Jugend und Sport, Berlin 1997.

Laun, Andreas: Zwanzig Thesen zur Homosexualität, in: Homo-Ehe - Nein zum Ja-Wort aus christlicher Sicht, Hrsg.: Geis, Norbert / Löhr, Mechthild, Langwaden 2001, S. 53 ff.

Lehmann, Carola: Lesben und Kinderwunsch, Hrsg.: Feministisches Frauengesundheitszentrum Köln, Köln 1999.

Leipold, Dieter: Die neue Lebenspartnerschaft aus erbrechtlicher Sicht, insbesondere bei zusätzlicher Eheschließung, ZEV 2001, S. 218 ff.

Limbach, Jutta: The Concept of the Supremacy of the Constitution, M.L.R. 64 (2001), S. 1 ff.

Lipp, Martin: Das elterliche Sorgerecht für das nichteheliche Kind nach dem Kindschaftsrechtsreformgesetz (KindRG), FamRZ 1998, S. 65 ff.

Loschelder, Wolfgang: Staatlicher Schutz für Ehe und Familie - Der Auftrag der Verfassung und die Krise der Institution, FamRZ 1988, S. 333 ff.

Louis, Chantal: Mutter Mutter Kind, EMMA Sept/Okt 1999, S. 40 ff.

Louven, Klaus: Eheverbot für gleichgeschlechtliche Paare, ZRP 1993, 12 ff.

Lundmark, Thomas: Homosexuelle Partnerschaften in den USA: Die Einführung der Civil Union für gleichgeschlechtliche Paare im U.S.-Bundesstaat Vermont und deren Bedeutung für das Bundesrecht, DEuFamR 2000, S. 236 ff.

Malt, Manuela: „...ist unstreitig homosexuell" - Diskriminierung von Lesben und Schwulen im Arbeits- und Zivilrecht, Kiel 1991.

Mangoldt, Hermann von / Klein, Friedrich / Starck, Christian: Das Bonner Grundgesetz - Kommentar, Band 1: Präambel, Artikel 1 bis 19, 4. Auflage, München 1999; zit.: v.Mangoldt/Klein/Starck/Bearbeiter.

Mayer, Norbert: Das Gesetz zur Beendigung der Diskriminierung gleichgeschlechtlicher Gemeinschaften: Lebenspartnerschaften, ZEV 2001, S. 169 ff.

Meixner, Frank: Entwicklungstendenzen im in- und ausländischen Familienrecht - zu drei Jahresberichten (Teil 2), DEuFamR 1999, S. 162 ff.

Merin, Yuval: Equality for Same-Sex Couples, Chicago, London 2002.

Meyer, Thomas / Mittelstädt, Andrea: Das Lebenspartnerschaftsgesetz - Kommentierende Darstellung anhand der Materialien, Köln 2001.

Motzer, Stefan: Die neuste Entwicklung von Gesetzgebung und Rechtsprechung auf dem Gebiet von Sorgerecht und Umgangsrecht, FamRZ 2001, S. 1034 ff.

Müller, Gabriele: Partnerschaftsverträge nach dem Lebenspartnerschaftsgesetz (LPartG) - Hinweise zur Vertragsgestaltung, DNotZ 2001, S. 581 ff.

Münch, Ingo von / Kunig, Philip: Grundgesetz-Kommentar, Band 1, Präambel bis Art. 19, 5. Auflage, München 2000; zit.: v.Münch/Kunig/Bearbeiter.

Münchener Kommentar: Kommentar zum Bürgerlichen Gesetzbuch, München; zit.: MüKo/Bearbeiter;
- Band 7: Familienrecht I, §§ 1297-1588, 4. Auflage, 2000;
- Band 8: Familienrecht II, §§ 1589-1921, 4. Auflage, 2002.

Muscheler, Karlheinz: Das Recht der Eingetragenen Lebenspartnerschaft: Begründung - Rechtsfolgen - Aufhebung - Faktische Partnerschaft, Berlin 2001.

Mutschler, Dietrich: Interessenausgleich im Abstammungsrecht - Teilaspekte der Kindschaftsrechtsreform, FamRZ 1996, S. 1381 ff.

Niemeyer, Gisela: Kinder homosexueller Eltern: Kein Ende der Diskussion über die Reform des Kindschaftsrechts?, FuR 1997, S. 141 ff.

Niepmann, Birgit: Aktuelle Entwicklungen im Familienrecht - im Anschluss an MDR 2000, 613 ff., MDR 2001, S. 601 ff.

Oberloskamp, Helga: Kinder in gleichgeschlechtlichen Lebensgemeinschaften, Praxis der Rechtspsychologie 13 (1), März 2003, S. 17 ff.

Oelkers, Harald: Das neue Sorge- und Umgangsrecht - Grundzüge und erste Erfahrungen, ZfJ 1999, S. 263 ff.

Oesterle-Schwerin, Jutta: Zwei Jahre Lesben-Politik im Bundestag - Wie alles anfing und wie es weitergehen könnte, in: Beiträge zur feministischen Theorie und Praxis, Heft 25/26: Nirgendwo und überall - Lesben, Hrsg.: Sozialwissenschaftliche Forschung & Praxis für Frauen e.V., Köln 1989, S. 201 ff.

Oppermann, Marlis: Gleichgeschlechtliche Lebensweisen in NRW: Wahrnehmungen, Erfahrungen, Werthaltungen - Eine repräsentative Bevölkerungsumfrage im Auftrag des Ministeriums für Frauen, Jugend, Familie und Gesundheit des Landes NRW, Düsseldorf 1999.

Ott, Sieghart: Die Begriffe „Ehe und Familie" in Art. 6 I GG, NJW 1998, S. 117 ff.

Otto, Günter: Anmerkung zu AG Frankfurt a.M., Beschlüsse vom 21. Dezember 1992 - 40 UR III E 166/92 und 40 UR III Ke 176/92 - abgedruckt in StAZ 1993, 48, StAZ 1993, S. 149 f.

Palandt, Otto: Bürgerliches Gesetzbuch, München; zit.: Palandt/Bearbeiter;
- 63. Auflage, 2004;
- 60. Auflage, 2001 (bei Verwendung gesondert gekennzeichnet).

Parks, Cheryl A.: Lesbian Parenthood: A Review of the Literature, American Journal of Orthopsychiatry, 68 (3), July 1998, S. 376 ff.

Patterson, Charlotte J.: Children of Lesbian and Gay Parents, Child Development, 1992, 63, S. 1025 ff.

Patterson, Charlotte J.: Children of the Lesbian Baby Boom: Behavioral Adjustment, Self-Concepts, and Sex Role Identity, in: Psychological Perspectives on Lesbian and Gay Issues, Vol. 1: Lesbian and Gay Psychology: Theory, Research, and Clinical Applications, Hrsg.: Greene, Beverly / Herek, Gregory M., Thousand Oaks 1994, S. 156 ff.; zit.: Patterson, Lesbian and Gay Psychology.

Paulitz, Harald: Wie sinnvoll sind Stiefkindadoptionen?, ZfJ 1997, S. 311 ff.

Pauly, Walter: Sperrwirkungen des verfassungsrechtlichen Ehebegriffs, NJW 1997, S. 1955 ff.

Pawlowski, Hans-Martin: Zur Einführung gesetzlicher Regelungen für eingetragene (gleichgeschlechtliche) Lebenspartnerschaften, JZ 2000, S. 765 f.

Pawlowski, Hans-Martin: Abschied von der „bürgerlichen Ehe"? - Ist der Schutz der Ehe durch den Staat noch zeitgemäß?, DEuFamR 2000, S. 19 ff.

Peschel-Gutzeit, Lore Maria: Das Kinderrechteverbesserungsgesetz - KindRVerbG - vom 9.4.2002 - Ein weiterer Schritt auf dem Weg zur Verwirklichung des Kindeswohls, FPR 2002, S. 285 ff.

Peschel-Gutzeit, Lore Maria: Welche rechtlichen Veränderungen hat das Lebenspartnerschaftsgesetz gleichgeschlechtlichen Partnern gebracht?, Praxis der Rechtspsychologie 13 (1), März 2003, S. 6 ff.

Pieroth, Bodo / Schlink, Bernhard: Grundrechte - Staatsrecht II, 18. Auflage, Heidelberg 2002.

Pintens, Walter: Partnerschaft im belgischen und niederländischen Recht, FamRZ 2000, S. 69 ff.

Post, Carel S.: Zu neueren Entwicklungen im niederländischen Eherecht: Registrierte Partnerschaft und Öffnung der Ehe für gleichgeschlechtliche Paare, StAZ 2002, S. 335 ff.

Probert, Rebecca / Barlow, Anne: Cohabitants and the law: recent European reforms, DEuFamR 2000, S. 76 ff.

Puttkamer, Susanne von: Stieffamilien und Sorgerecht in Deutschland und England - Zur Einführung eines stiefelterlichen Sorgerechts nach englischem Vorbild, Frankfurt a.M. 1994; zit.: v.Puttkamer, Stieffamilien.

Puttkamer, Susanne von: Was bringt das Lebenspartnerschaftsgesetz für Regenbogenfamilien?, in: Regenbogenfamilien - Wenn Eltern lesbisch, schwul, bi- oder transsexuell sind, Hrsg.: Berliner Senatsverwaltung für Schule, Jugend und Sport und für Arbeit, Soziales und Frauen, Berlin 2001, S. 75 ff.; zit.: v.Puttkamer, Regenbogenfamilien.

Puttkamer, Susanne von / Radziwill, Edgar: Das Stiefeltern-Kind-Verhältnis - Überlegungen zu einer rechtlichen Neuregelung, Kind-Prax 2000, S. 19 ff.

Quantius, Markus: Die Elternschaftsanfechtung durch das künstlich gezeugte Kind, FamRZ 1998, S. 1145 ff.

Rauchfleisch, Udo: Schwule, Lesben, Bisexuelle: Lebensweisen, Vorurteile, Einsichten, Göttingen 1994; zit.: Rauchfleisch, Schwule, Lesben, Bisexuelle.

Rauchfleisch, Udo: Alternative Familienformen - Eineltern, gleichgeschlechtliche Paare, Hausmänner, Göttingen 1997; zit.: Rauchfleisch, Alternative Familienformen.

Reinisch, June M. / Beasley, Ruth: Der neue Kinsey-Institut-Report: Sexualität heute, München 1991.

Riewenherm, Sabine: Die Wunschgeneration - Basiswissen zur Fortpflanzungsmedizin, Berlin 2001.

Ring, Gerhard / Olsen-Ring, Line: Dänemarks Vorreiterrolle bei der Etablierung des Instituts einer registrierten (Lebens-)Partnerschaft in Europa, ZRP 1999, S. 459 ff.

Robbers, Gerhard: Eingetragenen Lebenspartnerschaften - Verfassungsrechtliche Überlegungen, JZ 2001, S. 779 ff.

Roellecke, Gerd: Kommen Kinder aus der Klinik?, NJW 2002, S. 2539 f.

Roth, Andreas: Die Zustimmung eines Mannes zur heterologen Insemination bei seiner Ehefrau, FamRZ 1996, S. 769 ff.

Röthel, Anne: Nichteheliche Lebensgemeinschaften - Neue Rechtsfragen und Regelungsaufgaben im In- und Ausland, ZRP 1999, S. 511 ff.

Rüsken, Reinhart: Künstliche Befruchtung als Heilbehandlung, NJW 1998, S. 1745 ff.

Sachs, Michael: Grundgesetz - Kommentar, 2. Auflage, München 1999; zit.: Sachs/Bearbeiter.

Sachs, Michael: Rechtsförmliche Lebenspartnerschaften für Menschen gleichen Geschlechts - Verfassungsgebot oder Verfassungsverstoß?, JR 2001, S. 45 ff.

Scherpe, Jens M.: Zehn Jahre registrierte Partnerschaft in Dänemark, DEuFamR 2000, S. 32 ff.

Schillen, Ida: Politische Statements, in: Regenbogenfamilien - Wenn Eltern lesbisch, schwul, bi- oder transsexuell sind, Hrsg.: Berliner Senatsverwaltung für Schule, Jugend und Sport und für Arbeit, Soziales und Frauen, Berlin 2001, S. 27 f.; zit.: Schillen, Regenbogenfamilien.

Schillen Ida: Das Familienbuch - Eine Aufklärung über negierte Familienrealitäten, in: Familienbuch, Hrsg.: Sozialverein des Lesben und Schwulenverbandes in Deutschland (LSVD sozial e.V.) mit Unterstützung des Bundesministeriums für Familie, Senioren, Frauen und Jugend, Berlin 2002, S. 11 ff.; zit.: Schillen, Familienbuch.

Schimmel, Roland: Anmerkung zu BVerfG, 3. Kammer des 1. Senats, Beschluss von 4. Oktober 1993 - 1 BvR 640/93, FuR 1993, S. 348 f.

Schimmel, Roland: Eheschließungen gleichgeschlechtlicher Paare?, Berlin 1996; zit.: Schimmel, Eheschließungen.

Schimmel, Roland / Meier, Christian: Gleichgeschlechtliche Ehen schon nach geltendem Recht? StAZ 1993, S. 210 ff.

Schlenker, Susanne: Die Stellung gleichgeschlechtlicher Lebensgemeinschaften in Spanien und in spanischen Teilrechtsordnungen, in: Die Rechtsstellung gleichgeschlechtlicher Lebensgemeinschaften, Hrsg.: Max-Planck-Institut für ausländisches und internationales Privatrecht, Tübingen 2000, S. 145 ff.

Schlüter, Wilfried: Die gesetzliche Regelung von außerehelichen Partnerschaften gleichen und verschiedenen Geschlechts, FF 2000, S. 76 ff.

Schlüter, Wilfried: BGB - Familienrecht, 9. Auflage, Heidelberg 2001; zit.: Schlüter, FamR.

Schlüter, Wilfried / Heckes, Jasmin / Stommel, Sonja: Die gesetzliche Regelung von außerehelichen Partnerschaften gleichen und verschiedenen Geschlechts im Ausland und die deutschen Reformvorhaben, DEuFamR 2000, S. 1 ff.

Schmidt, Manfred G.: Demokratietheorien - eine Einführung, Opladen 1995.

Schmidt-Didczuhn, Andrea: (Verfassungs)Recht auf Kenntnis der eigenen Abstammung?, JR 1989, S. 228 ff.

Schmitt, Irene: Lesben im Recht - Lesben ohne Rechte?, STREIT 1999, S. 51 ff.

Schneider, Norbert F. / Rosenkranz, Doris / Limmer, Ruth: Nichtkonventionelle Lebensformen - Entstehung, Entwicklung, Konsequenzen, Opladen 1998.

Scholz, Rupert / Uhle, Arnd: „Eingetragene Lebenspartnerschaft“ und „Grundgesetz“, NJW 2001, S. 393 ff.

Schomburg, Gerhard: Die kindschaftsrechtlichen Regelungen des Lebenspartnerschaftsgesetzes, Kind-Prax 2001, S. 103 ff.

Schoppmann, Claudia: Zeit der Maskierung - Lebensgeschichten lesbischer Frauen im Dritten Reich, Frankfurt a.M. 1998.

Schöttler, Gabriele: Zunehmende Akzeptanz - Wege zu demokratischen Familienstrukturen, in: Regenbogenfamilien - Wenn Eltern lesbisch, schwul, bi- oder transsexuell sind, Hrsg.: Berliner Senatsverwaltung für Schule, Jugend und Sport und für Arbeit, Soziales und Frauen, Berlin 2001, S. 11 ff.

Schröder, Michael: Kommissionskontrolle in Reproduktionsmedizin und Gentechnologie, Köln, Berlin, Bonn, München 1992.

Schumacher, Klaus: Zum gesetzlichen Regelungsbedarf für nichteheliche Lebensgemeinschaften, FamRZ 1994, S. 857 ff.

Schwab, Dieter: Eingetragene Lebenspartnerschaft - ein Überblick, FamRZ 2001, S. 385 ff.

Schwab, Dieter: Familienrecht, 11. Aufl., München 2001; zit.: Schwab, FamR.

Schwab, Dieter / Wagenitz, Thomas: Einführung in das neue Kindschaftsrecht, FamRZ 1997, S. 1377 ff.

Schwartz Gottman, Julie: Children of Gay and Lesbian Parents: Homosexuality and Family Relations, Marriage and Family Review 1989, Volume 14, Numbers 3 / 4, S. 177 ff.

Shidlo, Ariel: Internalized Homophobia: Conceptual and Empirical Issues in Measurement, in: Psychological Perspectives on Lesbian and Gay Issues, Vol. 1: Lesbian and Gay Psychology: Theory, Research, and Clinical Applications, Hrsg.: Greene, Beverly / Herek, Gregory M., Thousand Oaks 1994, S. 176 ff.

Siegfried, Dirk: Rechtliche Situation lesbischer und schwuler Familien, in: : Familienbuch, Hrsg.: Sozialverein des Lesben und Schwulenverbandes in Deutschland (LSVD sozial e.V.) mit Unterstützung des Bundesministeriums für Familie, Senioren, Frauen und Jugend, Berlin 2002, S. 79 ff.

Sommer, Kai: Die Strafbarkeit der Homosexualität von der Kaiserzeit bis zum Nationalsozialismus, Frankfurt a.M. 1998; zit.: K. Sommer.

Sommer, Volker: Wider die Natur? - Homosexualität und Evolution, München 1990; zit.: V. Sommer.

Sonnenfeld, Susanne: Betreuungs- und Pflegschaftsrecht, 2. Auflage, Bielefeld 2001.

Stacey, Judith / Biblarz, Timothy J.: (How) Does the sexual orientation of parents matter?, American Sociological Review, 2001, Vol. 66, S. 159 ff.

Starck, Christian: Die künstliche Befruchtung beim Menschen - Zulässigkeit und zivilrechtliche Folgen - 1. Teilgutachten: verfassungsrechtliche Probleme, Gutachten A für den 56. Deutschen Juristentag, München 1986.

Statistisches Jahrbuch: Statistisches Jahrbuch 2001 für die Bundesrepublik Deutschland, Hrsg.: Statistisches Bundesamt, Wiesbaden 2001.

Staudinger, Julius von: Kommentar zum Bürgerlichen Gesetzbuch, 4. Buch: Familienrecht, Berlin; zit.: Staudinger/Bearbeiter;
- §§ 1589 - 1600 e, Neubearbeitung 2000;
- §§ 1638 - 1683, 13. Bearbeitung, 2000;
- §§ 1741 - 1772, 13. Bearbeitung, 2001;
- §§ 1896 - 1921, 13. Bearbeitung, 1999.

Stein-Hilbers, Marlene: Gewalt gegen lesbische Frauen: Studie über Diskriminierungs- und Gewalterfahrungen, Hrsg.: Ministerium für Frauen, Jugend, Familie und Gesundheit des Landes NRW, Düsseldorf 1999.

Steinmeister, Ingrid: Eingetragene gleichgeschlechtliche Lebensgemeinschaft - Eine Hülle ohne Rechte, ZRP 1996, S. 214 ff.

Stern, Klaus: Das Staatsrecht der Bundesrepublik Deutschland, Band I: Grundbegriffe und Grundlagen des Staatsrechts, Strukturprinzipien des Verfassung, 2. Auflage, München 1984.

Strick, Kerstin: Gleichgeschlechtliche Partnerschaft - Vom Straftatbestand zum Status?, DEuFamR 2000, S. 82 ff.

Stüber, Stephan: Gleichstellung homosexueller Lebensgemeinschaften als „Eingetragene Lebenspartnerschaft" mit der Ehe verfassungsgemäß?, KJ 2000, S. 594 ff.

Stümke, Hans-Georg: Homosexuelle in Deutschland - Eine politische Geschichte, München 1989.

Thiel, Angelika: Kinder? Na Klar! Ein Ratgeber für Lesben und Schwule, Frankfurt a.M., New York 1996.

Trimbach, Herbert: Das Lebenspartnerschaftsgesetz, NJ 2001, S. 399 ff.

Trimbach, Herbert / Webert, Annette: Ist die Homo-Ehe noch verfassungswidrig?, NJ 1998, S. 63 ff.

Verschraegen, Bea: Gleichgeschlechtliche „Ehen", Wien 1994; zit.: Verschraegen, Gleichgeschlechtliche Ehen.

Verschraegen, Bea: Nichteheliche Partnerschaft - Eine rechtsvergleichende Einführung, FamRZ 2000, S. 65 ff.

Verschraegen, Bea: Gleichgeschlechtliche Beziehungen im Spiegel des Rechts, DEuFamR 2000, S. 64 ff.

Visher, Emily B. / Visher, John S.: Stiefeltern, Stiefkinder und ihre Familien - Probleme und Chancen, 2. Auflage, Weinheim 1995.

Vonholt, Christl R.: Homosexuelle „Elternschaft" hat keine Zukunft, in: Homo-Ehe - Nein zum Jawort aus christlicher Sicht, Hrsg.: Geis, Norbert / Löhr, Mechthild, Langwaden 2001, S. 117 ff.

Wacke, Andreas: Die Registrierung homosexueller Partnerschaften in Dänemark, FamRZ 1990, S. 347 ff.

Wardle, Lynn D.: The Potential Impact of Homosexual Parenting on Children, University of Illinois Law Review, 1997, S. 833 ff.

Weinreich, Gerd: Das Lebenspartnerschaftsgesetz (LPartG), FuR 2001, S. 481 ff.

Weiß, Manfred: „Eingetragene Lebensgemeinschaften" als Eheersatz? - Ein nicht akzeptables neues Rechtsinstitut, Recht und Politik 2000, S. 27 f.

Wichmann, Klaus: Die Reform des Kindschaftsrechts in der Diskussion, FuR 1996, S. 161 ff.

Willutzki, Siegfried: Die Zulässigkeit der gleichgeschlechtlichen Eheschließung, MDR 1993, S. 117 f.

Zglinicki, Claudia von: Familienporträts, in: Familienbuch, Hrsg.: Sozialverein des Lesben und Schwulenverbandes in Deutschland (LSVD sozial e.V.) mit Unterstützung des Bundesministeriums für Familie, Senioren, Frauen und Jugend, Berlin 2002;

- Kampf der Co-Mütter, S. 25 ff.;
- Vietnam ist kein Basar, S. 41 ff.;
- Unterschiedlicher als diese beiden - das geht kaum, S. 49 ff.;
- Wenn man lesbisch ist, kann man keine Kinder kriegen, S. 75 ff.;
- Wer ist die andere Frau?, S. 91 ff.;
- Kinder haben - oder allein leben, S. 97 ff.

Zuck, Rüdiger: Die schwule Braut, NJW 1995, S. 175 f.

Zuleeg, Manfred: Verfassungsgarantie und sozialer Wandel - das Beispiel von Ehe und Familie, NVwZ 1986, S. 800 ff.

FSC
www.fsc.org
MIX
Papier | Fördert gute Waldnutzung
FSC® C083411

Kolibri 360 GmbH
Ferdinand-Jühlke-Straße 7
99095 Erfurt, Deutschland
produktsicherheit@kolibri360.de

Druck:
CPI Druckdienstleistungen GmbH
im Auftrag der
Kolibri 360 GmbH
Ferdinand-Jühlke-Str. 7
99095 Erfurt